Existencialismo

Dados Internacionais de Catalogação na Publicação (CIP)
(Câmara Brasileira do Livro, SP, Brasil)

Reynolds, Jack

   Existencialismo / Jack Reynolds ; tradução de Caesar Souza.
2. ed. – Petrópolis, RJ : Vozes, 2014. – (Série Pensamento Moderno)

   Título original: Understanding existentialism
   Bibliografia.

   8ª reimpressão, 2023.

   ISBN 978-85-326-4410-7

1. Existencialismo I. Título. II. Série

12-08102   CDD-142.78

Índices para catálogo sistemático:

1. Existencialismo : Filosofia   142.78

JACK REYNOLDS

Existencialismo

TRADUÇÃO DE CAESAR SOUZA

Petrópolis

© 2006, Jack Reynolds

Tradução autorizada a partir da Acumen Publishing Ltd. Edition.
Edição brasileira publicada por intermédio da Agência Literária Eulama Internacional.

Tradução realizada a partir do original em inglês intitulado
Understanding Existentialism

Direitos de publicação em língua portuguesa – Brasil:
2013, Editora Vozes Ltda.
Rua Frei Luís, 100
25689-900 Petrópolis, RJ
www.vozes.com.br
Brasil

Todos os direitos reservados. Nenhuma parte desta obra poderá ser reproduzida ou transmitida por qualquer forma e/ou quaisquer meios (eletrônico ou mecânico, incluindo fotocópia e gravação) ou arquivada em qualquer sistema ou banco de dados sem permissão escrita da editora.

CONSELHO EDITORIAL

Diretor
Gilberto Gonçalves Garcia

Editores
Aline dos Santos Carneiro
Edrian Josué Pasini
Marilac Loraine Oleniki
Welder Lancieri Marchini

Conselheiros
Elói Dionísio Piva
Francisco Morás
Ludovico Garmus
Teobaldo Heidemann
Volney J. Berkenbrock

Secretário executivo
Leonardo A.R.T. dos Santos

Editoração: Fernando Sergio Olivetti da Rocha
Diagramação: Sheilandre Desenv. Gráfico
Capa: WM design

ISBN 978-85-326-4410-7 (Brasil)
ISBN 978-1-84465-043-9 (Reino Unido)

Este livro foi composto e impresso pela Editora Vozes Ltda.

Sumário

Agradecimentos **7**

Abreviaturas **9**

1 O existencialismo e sua herança **11**

2 Heidegger e a analítica existencial **35**

3 Condenado à liberdade – A ontologia fenomenológica de Sartre **80**

4 Sartre – O inferno são os outros **133**

5 Merleau-Ponty e o corpo **162**

6 De Beauvoir – O feminismo e a ética existencial **199**

7 O legado do existencialismo: desconstrução, responsabilidade e o tempo da decisão **236**

Questões para discussão e revisão **257**

Leituras complementares e referências **263**

Cronologia de eventos-chave, textos e pensadores **273**

Índice **277**

Agradecimentos

Por este livro, estou em dívida, acima de tudo, para com meus pais, Laurel e Angus. Minha negligência fez com que, até agora, eu nunca lhes tenha agradecido em uma nota de autor, mas espero que saibam de sua constante importância para minha vida e meu trabalho. Mais academicamente, Marion Tapper e Penny Deutscher foram vitais para este livro. Tendo estado envolvido em seus cursos sobre existencialismo por um período de vários anos, e em diversas atividades diferentes, elas contribuíram positivamente para nutrir minha satisfação e apreço pelo existencialismo. Sem dúvida, há aspectos deste livro que estão em débito para com seus ensinamentos, embora como sempre as falhas permaneçam somente minhas. Bernadette Pierce também me concedeu algumas de minhas primeiras oportunidades para discutir o existencialismo em um fórum público, e por isso, assim como por seu encorajamento intelectual, eu sou grato.

Mais recentemente, gostaria de expressar reconhecimento e agradecer às seguintes pessoas, que leram os rascunhos deste livro e cujas sugestões contribuíram para seu aprimoramento, tanto em termos de conteúdo como de estilo: Kim Atkins, Craig Barrie, David Cerbone, Stan van Hooft, Jonathan Roffe, Tessa Saunders, Robert Sinnerbrink, Ashley Woodward e os *referees* anônimos da Acumen. Um pouco mais idiossincraticamente, eu gostaria também de agradecer a Ryan e May Johnston, Pein e Anh Lee, Andrew McUtchen,

Steve Orr e Joane Shiells. Todos vocês me ajudaram e me inspiraram de formas muito diferentes. Em um nível institucional, eu estou em débito para com a University of Tasmania e para com meus colegas. Sem seu apoio, e particularmente aquele de meus diretores, Robyn Ferrell e Jeff Malpas, este livro poderia ter demorado muito mais.

Com relação à publicação, eu devo também agradecer à Ohio University Press por me permitir usar e reconfigurar algumas páginas de minha exegese sobre Merleau-Ponty de minha monografia *Merleau-Ponty and Derrida: Intertwining Embodiment and Alterity* (2004). Finalmente, agradecimentos são devidos a Tristan Palmer, Steven Gerrard e Kate Williams da Acumen, que foram de grande ajuda, tanto com este livro como com a série da qual ele faz parte.

Jack Reynolds

Abreviaturas

BN   SARTRE, J.-P. *Being and Nothingness: An Essay on Phenomenological Ontology* (1994 [1943]).

BT   HEIDEGGER, M. *Being and Time* (2004 [1927]).

BW   HEIDEGGER, M. *Basic Writings* (1996).

EA   DE BEAUVOIR, S. *The Ethics of Ambiguity* (1976 [1947]).

EH   SARTRE, J.-P. *Existentialism is a Humanism* (2001 [1941]).

M   DESCARTES, R. *Meditations on First Philosophy* (1986 [1641]).

MS   CAMUS, A. *The Myth of Sisyphus* (1942).

OT   FOUCAULT, M. *The Order of Things* (1970).

PC   DE BEAUVOIR, S. *Pyrrhus et Cinéas* (2005 [1943]).

PP   MERLEAU-PONTY, M. *Phenomenology of Perception* (1996 [1945]).

PrP MERLEAU-PONTY, M. *The Primacy of Perception* (1996 [1946]).

S   MERLEAU-PONTY, M. *Signs* (1964).

SB   MERLEAU-PONTY, M. *The Structure of Behaviour* (1965 [1938]).

SIT SARTRE, J.-P. *Situations* (1965).

SNS MERLEAU-PONTY, M. *Sense and Non-Sense* (1964).

SS   DE BEAUVOIR, S. *The Second Sex* (1972 [1949]).

VI   MERLEAU-PONTY, M. *The Visible and the Invisible* (1968 [1964]).

1

O existencialismo e sua herança

O existencialismo, talvez em uma extensão sem precedentes na história da filosofia, conseguiu captar a atenção do público geral. Estimativas sobre o número de pessoas presentes ao funeral de Jean--Paul Sartre em 1980 variam de 50.000 a 100.000, e isso se deu bem depois de seu auge cultural e intelectual. O famoso tratado de Simone de Beauvoir sobre a situação das mulheres, *O segundo sexo*, foi um dos livros de não ficção mais amplamente lidos no século XX. Peças de teatro e romances existenciais – em particular *A náusea*, de Sartre, e *O estrangeiro*, de Albert Camus – têm sido vorazmente lidos e criticamente aclamados. Sartre e seu colega, mais academicamente inclinado, Maurice Merleau-Ponty, foram coeditores da influente revista *Les Temps Modernes*, que tratava de temas filosóficos, políticos e estéticos, fornecendo um ponto de referência intelectual para grande parte da França. Sem exatamente a mesma acessibilidade em voga, ou inclinação literária (não obstante sua preocupação com a poesia), Martin Heidegger exerceu uma influência enorme sobre gerações de filósofos, assim como sobre pessoas trabalhando em ciência cognitiva e inteligência artificial, e seu trabalho ajudou a engendrar ao menos dois movimentos filosóficos contemporâneos muito significativos: a hermenêutica e a desconstrução.

Existem obviamente muitas razões para esse fenômeno fundamentalmente filosófico capturar a atenção do público do modo que o existencialismo o fez, notadamente, a Segunda Guerra Mundial e a ocupação alemã da França, que intensificaram as preocupações existenciais com liberdade, responsabilidade e morte. As manifestações literárias do existencialismo também permitiram que uma maior quantidade de pessoas possuísse ao menos uma compreensão provisória acerca do que ele significava e certamente uma compreensão maior do que aquela que poderia ter sido obtida através da filosofia, por vezes, obscura de Heidegger, Sartre, Merleau-Ponty e de Beauvoir. Esses quatro filósofos serão o foco principal deste livro, e isso significa que cronologicamente estaremos ocupados com os pós-heideggerianos, ou o que poderíamos denominar os existencialistas ateístas, embora em breve ficará claro que ateísmo não é um componente necessário do pensamento existencial. Este livro poderia alternativamente ser chamado "Compreendendo a fenomenologia existencial" porque todos esses filósofos estão significativamente em débito para com o projeto fenomenológico, ainda que também contestem a fenomenologia "pura", de Edmund Husserl. Mas sem divagar indevidamente em justificações sobre os pensadores a serem considerados aqui, este livro focará nesses filósofos, de certo modo contemporâneos, devido à convicção de que é o intercâmbio de ideias entre eles que revela o existencialismo tanto em sua forma mais sofisticada como em suas mais diversas formas.

Muitos dos ancestrais filosóficos importantes desses filósofos serão brevemente discutidos nesta introdução, incluindo os filósofos do século XIX Søren Kierkegaard e Friedrich Nietzsche, assim como os pensadores do início do século XX Husserl, Karl Jaspers e Gabriel Marcel. Alguns dos principais temas que preocuparam esses pensadores existenciais iniciais serão introduzidos (reconhecendo que suas respostas a esses temas não foram unificadas e consensuais), particularmente em relação aos aspectos de seu trabalho que também foram adotados por encarnações subsequentes de existencialismo. Proceder desse modo permite a esta introdução servir como cartilha

12 Pensamento Moderno

para grande parte do que se seguirá no coração deste livro, e alguns dos temas existenciais fundamentais a serem tratados incluem:

- liberdade;

- morte, finitude e mortalidade;

- experiências fenomenológicas e "disposições" como angústia (ou ansiedade), náusea e tédio;

- uma ênfase sobre autenticidade e responsabilidade assim como a tácita condenação de seus opostos (inautenticidade e má-fé);

- uma sugestão de que a individualidade humana tende a ser obscurecida e negada pelos costumes sociais comuns da multidão, e, possivelmente, um pessimismo sobre as relações humanas *per se* (devido à influência da dialética senhor-escravo de Hegel sobre Sartre e de Beauvoir);

- uma rejeição de qualquer determinação externa de moralidade ou valor, incluindo certas concepções de Deus e a ênfase na racionalidade e no progresso que foram destacadas durante o Iluminismo.

É claro que essas formulações são aproximadas e aguardam um tratamento mais matizado no corpo principal do livro, que irá comparar e contrastar os "fenomenólogos existenciais" acerca desses seis temas, com a intenção de explorar suas muitas áreas de desacordo e discórdia, enquanto, apesar disso, revela as áreas compartilhadas de interesse que dão ao existencialismo sua integridade como um momento discernível na história da filosofia.

Uma dificuldade desse projeto é que o termo "existencialismo" não foi inicialmente usado por nenhum desses filósofos, e não aparece em quaisquer dos textos canônicos da tradição: nem em *O ser e o nada* de Sartre nem em *Ser e tempo* de Heidegger. Na verdade, o termo foi inicialmente cunhado por Marcel, descrevendo Sartre e outros, e somente veio a ser aceito por Sartre e de Beauvoir alguns anos mais tarde em 1945. Merleau-Ponty nunca aceitou o rótulo

Existencialismo **13**

incondicionalmente, ao passo que Heidegger rejeitou-o veementemente. Por isso é difícil argumentar que o existencialismo representa um movimento filosófico único, unificado. O famoso comentário de Sartre de que a "existência precede a essência" talvez seja um bom ponto de partida, ainda que essa afirmação tenha sido também usada por muitos outros filósofos – como Ayn Rand – para propósitos decididamente diferentes. Podemos resumir o comentário de Sartre como sugerindo que a existência humana é notável pelo fato de que estamos sempre adiante de nós mesmos, e "a caminho", com vários projetos, intenções e aspirações para o futuro. Em vez de nossa identidade ser determinada por nosso *status* biológico ou social, o existencialismo insiste que ela deve ser continuamente criada, e que existe uma ênfase resultante sobre nossa liberdade ou, no vocabulário preferido dos existencialistas, nossa transcendência.

De diferentes modos, essa insistência é comum a todos os teóricos existenciais. Mas o que se tornará mais óbvio à medida que este livro avança é que existem muitas outras áreas compartilhadas de preocupação entre esses teóricos existenciais, em relação aos seis pontos acima, e que há, certamente, claras interações de um com o outro. É notório que Sartre tira ideias de Heidegger, em geral, muito acriticamente, enquanto Heidegger, muito criticamente, responde a ele em alguns lugares. Merleau-Ponty com frequência escreve em resposta direta a Sartre, mesmo que suas críticas a Sartre sejam mais sutis do que aquelas a, digamos, Heidegger. Em seu trabalho, de Beauvoir responde a Merleau-Ponty e a Sartre, e desenvolve o trabalho de ambos, embora também ofereça uma descrição da experiência fenomenológica do olhar que precedeu e influenciou a descrição posterior de Sartre, que se tornou mais conhecida. Contudo, antes de começar a analisar a posição desses teóricos em algum detalhe, algumas influências históricas importantes sobre esses pensadores do século XX necessitam ser consideradas.

Alguns pensadores e temas existenciais iniciais centrais

Kierkegaard e a religião

O existencialismo, para muitos, remonta ao filósofo cristão dinamarquês Søren Kierkegaard (1815-1855), e não sem boas razões. Em textos como *Ou/Ou* (1843), *Fragmentos filosóficos* (1844) e *Pós-escrito conclusivo não científico* (1846), Kierkegaard contesta a ênfase iluminista na racionalidade, assim como a sistematização excessiva da dialética hegeliana. Embora Merleau-Ponty argumente que o trabalho inicial de Hegel, como *A fenomenologia do espírito*, possa ser descrito como um precursor do existencialismo (SNS: 66), Kierkegaard sustenta a posição oposta. Para ele a insistência hegeliana tardia de que o movimento da história segue uma necessidade lógica e dialética (essa ideia foi mais tarde apropriada e transformada por Karl Marx) obscurece o significado da existência individual. Em contraste com esse tipo de explicação, Kierkegaard, em troca, adota uma explicação altamente subjetiva do significado, que rejeita o cristianismo doutrinário e ortodoxo que busca pregar a verdade para as pessoas.

Filho de um protestante, Kierkegaard sustenta que acreditar em Deus sempre envolverá uma escolha e um "ato de fé" individuais, e ele chega ao ponto de argumentar que a verdadeira fé religiosa é contrária às demandas das organizações públicas como a Igreja. Como ele eloquentemente sugere, a tradição cristã requer que o devoto "dance na ponta do paradoxo" de que Deus, através de Cristo, caminhou entre os entes humanos. Para Kierkegaard esse paradoxo (de que o infinito poderia se tornar finito), e, na verdade, a experiência de Deus *per se*, não pode ser resolvido por meio do pensamento ou da religião institucionalizada, porque a realidade que subjetivamente experienciamos na fé não é passível de síntese racional (contra Hegel). Em outras palavras, para Kierkegaard, o que está envolvido em uma vida de fé não pode ser refutado, ou igualmente validado, pela lógica convencional. Não é a doutrina do cristianismo, mas o exemplo de Cristo, que é indispensável, à medida que destaca que a resolução do paradoxo religioso – e as tensões e contradições de toda existência – pode se dar somente por meio de um ato de fé no qual o indivíduo torna esse paradoxo significativo através de um compromisso de vida com um modo de agir. Embora a filosofia da religião tenha tradicionalmente procurado reconciliar fé e razão, Kierkegaard toma o caminho oposto e insiste em sua incompatibilidade; ou seja, em uma absoluta descontinuidade entre o humano e o divino. *Temor e tremor*, de Kierkegaard, por exemplo, destaca, dramaticamente, a incomensurabilidade dessas ordens através de uma análise da história bíblica da decisão de Abraão de sacrificar Isaac e a "loucura" que sua decisão envolve da perspectiva da ordem humana.

Com certeza, devemos reconhecer que, ao menos numa compreensão superficial dos existencialistas pós-hegelianos, o existencialismo pode parecer negar a possibilidade da fé: algo a que, do seu próprio modo, Kierkegaard se ateve sobremaneira. Afinal, Sartre e a maioria de seus compatriotas franceses eram ateus, mesmo que Merleau-Ponty tenha sido católico por algum tempo. Todavia, vale a pena chamar a atenção para o fato de que mesmo Sartre sugere que a declaração de ateísmo não é um componente necessário do pensamento existencial. Isso porque o existencialismo não é, ou ao menos não pretende ser, metafísica. Ele não é uma tentativa metafísica de explicar e categorizar o que é o mundo e o que é o além, e por isso não busca provar ou refutar Deus. Embora tentativas ontológicas, cosmológicas e teleológicas de provar a existência de Deus possam ser consideradas equivocadas, deveríamos observar que, para Kierkegaard, Deus é simplesmente o desconhecido, e por isso ele evita a armadilha que pensa afligir muito a teologia: presumir que o discurso racional possa tornar a experiência religiosa compreensível.

Além de Kierkegaard, o existencialismo deu origem a várias outras figuras religiosas, incluindo o protestante Karl Jaspers e o católico Gabriel Marcel, que serão considerados abaixo. Dentro da tradição teológica propriamente dita, Rudolph Bultmann e Paul Tillich têm sido produtivamente associados a interesses existenciais. Se a fé não pressupõe senão acreditar em alguma coisa sem prova, então isso é muito necessário para o pensamento existencial, para o qual não existem fatos externos ou valores que ditem nossa ação, embora sejamos confrontados, porém, com a necessidade de agir e escolher. Sem a orientação de regras universais de moralidade, da natureza humana ou de um Deus cognoscível, que emitiu certos mandamentos indiscutíveis (e várias teologias podem acordar com isso), devemos dotar o mundo de significado e somente nós podemos fazer isso. Devemos realizar este ato de fé: criar o significado em que buscamos viver. Cada ato, então, que não esteja comprometido por uma forma do que Sartre chama "má-fé", pode ser visto como um tipo de fé: como um compromisso de agir diante do "nada" e de não fingir que as coisas são impostas ou exigidas, seja socioculturalmente, seja biologicamente.

Importa destacar que Kierkegaard foi também um dos primeiros a sublinhar a relevância filosófica de experiências como desespero e temor, precursoras da *Angst* heideggeriana e da angústia sartreana. Para Kierkegaard, uma escolha individual, ou ato de autodeterminação, é inevitavelmente acompanhada por uma experiência de temor, em que nos damos conta de que o cálculo racional nunca será suficiente para fornecer as respostas ao paradoxo religioso, ou para outros temas de maior relevância existencial em nossas vidas (como por exemplo se Kierkegaard deveria ou não deixar sua noiva, Regina), muito menos para nos motivar a adotar qualquer forma de agir particular com base nessa deliberação. De um modo interessante, o filósofo francês contemporâneo Jacques Derrida inspira-se na descrição que Kierkegaard faz da decisão. Examinaremos sua posição no capítulo 7. Por ora, basta verificar que da perspectiva de Kierkegaard a reflexão pressupõe uma retirada para a incerteza, e como tal é quase inevitavelmente acompanhada pelo desespero.

Vale a pena enfatizar, porém, que o "subjetivismo" de Kierkegaard – e na verdade qualquer subjetivismo ou individualismo que possa ser atribuído ao existencialismo de um modo mais geral – não pode ser equiparado à ênfase liberal na escolha livre que permeia a cultura capitalista contemporânea e possivelmente não considera seriamente os tipos de consequências que a liberdade radical de escolha exige tanto em um nível pessoal como moral. Para Kierkegaard, necessitamos suportar e viver *com*, e não contra, a tensão de uma crença – ou seja, em desespero – e não resolver, dogmática e alegremente, uma crença paradoxal seja em uma verdade objetiva final seja em um frívolo capricho consumista.

O trabalho de Kierkegaard está preocupado também com algo que diz respeito ao pensamento existencial mais recente: a distinção entre uma vida autêntica e uma vida inautêntica. Para ele, é a vida inautêntica que domina. A maioria das pessoas foge do desespero e da angústia da tomada de decisão para modos inautênticos de existência: a estética e a ética, nos termos de seu livro *Ou/Ou*.

Ponto-chave
Os três estágios da vida, segundo Kierkegaard

• O *estágio estético* abarca o momento sensível, prazer e beleza, mas é considerado trivial.

• O *estágio ético* tenta legitimar os padrões morais absolutos baseados nos costumes sociais, ou racionalidade, mas é considerado meramente transitório.

• O *estágio religioso* pressupõe a pessoa por si própria, destituída de sua confiança nos hábitos sociais, e sem a autoconfiança e dogmatismo do estágio ético.

Uma transição de um estágio para o próximo requer um salto, ou uma mudança radical de direção; não pode se dar progressivamente através de desenvolvimento racional, parte por parte. Kierkegaard insiste que a raiz de qualquer moralidade genuína que não seja mera convenção reside no terceiro estágio: o indivíduo por si próprio. Não consiste na "moralidade do rebanho", na qual o indivíduo acredita meramente no que os outros acreditam, nem em estabelecer algum garantidor externo de valor, seja ele Deus, a riqueza, o poder ou mesmo a racionalidade. A insistência de Kierkegaard, de que a moralidade reside mais no caráter e nas atitudes da pessoa que está agindo (um tipo de "ética da virtude", para usar o jargão contemporâneo) do que em saber se uma certa ação maximiza ou não a felicidade geral de uma sociedade (utilitarismo) ou se respeita cada pessoa singular como um "fim em si mesma" (ética kantiana), é um dos *insights* duradouros do existencialismo em geral.

Embora permaneçam algumas questões importantes a respeito de se tanta preocupação com o indivíduo enquanto fundamento da moralidade pode ou não, de fato, impossibilitar o ético, é necessário observarmos que além desse pessimismo sobre outras pessoas que sustenta os escritos de Kierkegaard, um pessimismo definido sobre a perspectiva da morte também impregna seu trabalho. Muitos membros da família de Kierkegaard morreram de várias doenças antes dos 30 anos, e ele estava convencido de que a maldição da família também o alcançaria (ele conseguiu chegar aos 42 anos). Como uma consequência, sua existência foi vivida à sombra dessa morte iminente. Argumentos *ad hominem* à parte – ou seja, argumentos que avaliam a pessoa e não a ideia – esse sentimento de morte iminente que Kierkegaard descreve recebeu uma análise filosófica prolongada de Heidegger, como veremos em breve.

Nietzsche, ressentimento e a morte de Deus

Embora Kierkegaard se volte para o "interior" em vez de para o "exterior", o mesmo não acontece com o famoso filósofo alemão Friedrich Nietzsche (1844-1900). Pressagiando alguns aspectos da fenomenologia da corporificação de Merleau-Ponty, Nietzsche afirma a importância do corpo e do que é ostensivamente "externo". Além disso, enquanto Kierkegaard reinventava uma versão tanto de

Deus como do cristianismo, Nietzsche repete a declaração de Ludwig Feuerbach de que Deus está morto e castiga o cristianismo por encorajar uma forma do que ele chama "moralidade escrava". Embora Kierkegaard se descreva como uma versão atual de Sócrates, Nietzsche acusa Sócrates de também exibir esse tipo de moralidade escrava, ou o que, da perspectiva do indivíduo em questão, ele denomina *ressentiment* (ressentimento). O termo francês basicamente sugere que tanto cultural como filosoficamente a tradição ocidental perpetuou tacitamente uma atitude de desgosto pela vida.

De acordo com a genealogia quase histórica de Nietzsche em *Sobre a genealogia da moral* (1887), isso começou quando os escravos cristãos se voltaram para dentro, e postularam uma alma – uma reserva mental interior – como um último recurso a fim de permitir-lhes escapar e, finalmente, virar o jogo contra seus mais poderosos opressores greco-romanos, que estavam claramente no controle do reino físico. Embora esses "nobres" proclamassem, metaforicamente, sua própria grandeza ao invés de denegrirem os menores (o que Nietzsche chama a "moralidade do bem e do mal dos senhores"), os cristãos, antes de tudo, denegriram seus opressores como maus e apenas secundariamente se afirmaram como bons por contraste (o que Nietzsche chama a "moralidade do bem e do mal dos escravos"). A primeira é afirmativa; a última é negativa e tende em direção ao rancor, porque muito tempo e energia são investidos em denegrir aqueles que têm o controle. Nietzsche quer rejeitar essa última tendência e em seu lugar valorizar a vida, ainda que ele não seja ingênuo o bastante, ao menos após *O nascimento da tragédia* (1872), para acreditar que qualquer simples retorno aos gregos e à moralidade do senhor seja possível (sua notória noção do *Übermensch*, ou super-homem, não é redutível à moralidade do senhor).

Importa destacar que Nietzsche também se concentra nos problemas de sua época, particularmente como eles se manifestavam na Alemanha e na Europa, e não está muito preocupado com disputas acadêmicas tradicionais. Em troca, ele se ocupa com a moral e os valores. Declarando que ninguém antes dele, filósofo ou não, viu que a moralidade era um problema, uma vez que a moralidade sempre serve a fins imorais, ele exige uma reavaliação de todos os valores e afirma que não existe árbitro final de valores fora da experiência da satisfação. Mas, diferente do utilitarismo, que leva esse *insight* a um extremo, Nietzsche não quer simplesmente maximizar o prazer para o maior número de pessoas, ou de seres sencientes, por diversas razões. Primeiro, ele vê o sofrimento e a crueldade como necessários para a criatividade e para o que pode ser chamado um nível mais elevado de satisfação, e, em segundo lugar, ele é um tipo de elitista, que se interessa mais por inspirar certos indivíduos a grandes atos de criatividade do que por emancipar as massas. Isso é, sem dúvida, excessivamente esquemático, mas Nietzsche claramente encoraja os indivíduos a se moverem para além das pretensões de sua época.

Um recurso que ele usa para tentar obter isso é a famosa noção do *eterno retorno do mesmo*. Embora Nietzsche argumente em favor de algumas interpretações diferentes e nem sempre compatíveis do eterno retorno, de acordo com a descrição oferecida em *A gaia ciência* (1887), a ideia do eterno retorno coloca uma única, porém complicada, questão que pode ser esquematizada do seguinte modo: e se um gênio maligno disser a você que qualquer que seja o modo de agir que você escolha agora, ele se repetirá indefinidamente da maneira que você o experienciou? Nietzsche pretende que esse experimento de pensamento funcione como um teste designado para intensificar a experiência, e para assegurar que escolhemos fazer algo que estamos preparados para afirmar repetidamente. Para qualquer modo de agir, deveríamos agir como *se* essa ação particular fosse se repetir indefinidamente, e o imperativo de Nietzsche seria algo como: age de tal modo que você nunca pudesse dizer "isso simplesmente aconteceu", mas antes "eu o quis assim". É uma exaltação para experienciar genuinamente o momento. Você agiria de acordo com a moralidade escrava, ou com o preceito das massas, se você soubesse que uma ação particular seria repetida indefinidamente? A maioria das pessoas está inclinada a concordar que elas provavelmente não agiriam assim, e por isso você pode ver como esse experimento de pensamento tem uma importância existencial em encorajar o comportamento "autêntico", mesmo que Nietzsche não use esse termo.

Igualmente famoso, em *A gaia ciência* Nietzsche faz um louco declarar que Deus está morto. Contudo, esse comentário não pretende ser uma simples tese e nem constitui um argumento confirmado contra a teologia. Mais precisamente, é uma indicação de que, embora a crença em Deus tenha se dissipado na cultura europeia, a moral da cultura judaico-cristã permanece dominante, todavia sem seu fundamento e apoio. Embora isso acarrete implicações dostoievskianas de que devido à morte de Deus claramente tudo é permitido, Nietzsche está mais interessado no modo como isso revela que a moralidade é um problema, não alguma coisa preordenada por Deus.

Outras ideias relevantes quanto à relação de Nietzsche com o existencialismo são suas batalhas constantes com e contra o niilismo (a concepção de que não há justificação para valores), assim como sua rejeição perspectivista de qualquer padrão moral absoluto, que é claramente muito influente tanto em Camus como em Sartre. Ao mesmo tempo, todavia, sua tendência para negar que agimos livremente e sua curiosa versão do naturalismo biológico o coloca distante do existencialismo – que foi por muito tempo associado a argumentos pela liberdade e também a uma espécie de humanismo – e é uma figura enigmática na história da filosofia, não redutível facilmente a qualquer escola ou movimento. Seus outros textos principais incluem *Para além do bem e do mal* (1886) e *Assim falava Zaratustra* (1883-1885). Ele exerceu muita influência em teóricos-chave associados ao pós-modernismo e pós-estruturalismo, como Foucault, Derrida, Deleuze e Lyotard.

Jarpers, Existenz e *"situações-limite"*

O filósofo alemão Karl Jaspers (1883-1969) buscou combinar os melhores *insights* de Nietzsche e Kierkegaard enquanto também estendia seu pensamento ao problema em torno da relação entre filosofia e ciência. Diferente de Kierkegaard e Nietzsche, ele foi um filósofo acadêmico profissional, mas, como eles, há muitos aspectos de sua história que colocam em questão a filosofia tradicional e sua construção de sistemas universais, metafísicas e moralidades. Ele enfatiza a importância da autenticidade individual contra esses sistemas e com isso apresenta questões dirigidas para o projeto inteiro da filosofia, ao menos se a filosofia for concebida como criadora de sistemas universais.

Ao mesmo tempo, porém, Jaspers também busca descrever e enumerar três aspectos do ser: ser-aí, ser-um-eu e ser-em-si. Para nossos propósitos, ser-um-eu, ou a transcendência do pensador reflexivo, é importante. Ele sustenta que esse modo de ser, que supõe um movimento para além e um deslocamento dos afazeres do dia a dia, é inevitavelmente acompanhado pela experiência da angústia, como Kierkegaard também sustentava. Além disso, ser-um-eu é radicalmente disjunto do que ele chama ser-aí: o mundo empírico objetivamente determinado. Essa disjunção jamais pode ser simplesmente superada, mas essas três ordens de ser, todavia, limitam, rompem e interpenetram uma à outra.

Jaspers também tematiza a noção de *Existenz*, que pode ser resumida como a ideia segundo a qual não existe eu predeterminado ou essencial; o eu é, em troca, somente suas possibilidades e o que ele pode tornar-se. Essa noção do eu não predeterminado, mas mais como uma orientação futura, foi diretamente influente no trabalho de seu compatriota, Heidegger, e indiretamente no de Sartre, de Beauvoir e Merleau-Ponty. Na verdade, é possivelmente ainda uma característica dominante do pensamento francês contemporâneo, e isso será examinado no capítulo 7.

Importa destacar que Jaspers argumenta que a condição de *Existenz*, a revelação da falta de um eu essencial, é melhor revelada no que ele denomina "situações-limite", que inclui a morte, o sofrimento, a culpa e, como Kierkegaard, a incerteza das decisões. Essa convicção de que certas disposições e sentimentos podem desvelar verdades filosóficas sobre a estrutura do mundo também desempenha um amplo papel no trabalho de Heidegger e Sartre, mas, para Jaspers, sofrimento, culpa e incerteza ocorrem quando existe um conflito entre a situação contingente e a necessidade absoluta de escolher: em outras palavras, entre a situação, que por si só não possui significado inerente, e as aspirações humanas, que buscam impor um tal significado. Como veremos dentro em pouco, isso está intimamente relacionado à teoria do absurdo, de Camus, mas o ponto importante, para Jaspers, é que em situações-limite o conflito entre essas ordens se torna mais severo. Em certo sentido, Jaspers é mais claramente um pensador existencial do que seu compatriota alemão, Heidegger, porque seu trabalho é um convite à experiência, além de uma descrição dela; não é uma descrição ontológica do ser aos moldes do trabalho de Heidegger, como veremos em breve.

Como Kierkegaard e Nietzsche, Jaspers protesta contra qualquer provisão de substitutos externos e objetivos para decisões pessoais como partido, riqueza, estado ou a mediocridade do rebanho. Sua ética é, uma vez mais, fundamentalmente negativa em suas críticas às posições de outros, como ficará aparente ao longo deste livro, nenhum existencialista será o que Kierkegaard e Derrida chamam um "cavaleiro da boa consciência", pregando verdades morais prescritivas para todos.

Husserl e a fenomenologia

Todos os pensadores a serem considerados no corpo principal deste livro foram em graus variados influenciados por Edmund Husserl (1859-1938) e o método da fenomenologia – em linhas gerais, o esforço persistente de descrever as experiências sem especulações teóricas – que ele fundou, ou ao menos foi o primeiro a explicitamente tematizar. Heidegger, por exemplo, foi assistente de Husserl por alguns anos e terminou substituindo-o na Universidade de Friburgo. Ele também levou a fenomenologia para uma direção nova e radical. Embora em *Ser e tempo* Heidegger evite cuidadosamente usar termos husserlianos – como consciência, ego transcendental, atitude natural, redução fenomenológica e *epochē* – e embora também tenha chegado a considerar o projeto de Husserl idealista, comenta em sua introdução a esse trabalho que "o que segue não teria sido possível se as bases não tivessem sido preparadas por Edmund Husserl, com cujas *Investigações lógicas* a fenomenologia primeiramente emergiu". Ainda que Heidegger em outro lugar estenda as origens da fenomenologia aos gregos antigos, sua dívida para com Husserl é clara, a despeito de empregar expressões muito diferentes daquelas de seu mestre e predecessor.

Similarmente, os existencialistas franceses estiveram entre os primeiros intérpretes sérios de Husserl na França. As interpretações divergentes que Merleau-Ponty e Sartre fizeram de Husserl revelavam um ao outro a riqueza e profundidade de seu trabalho. Como Sartre observou em seu comovente elogio a Merleau-Ponty intitulado "Merleau-Ponty vivo": "Sozinhos, cada um de nós estava muito facilmente convencido de ter entendido a ideia da fenomenologia. Juntos, éramos, um para o outro, a encarnação de sua ambiguidade" (SIT: 159). Junto com Emmanuel Lévinas, que traduziu alguns dos principais textos de Husserl para o francês, eles foram os principais protagonistas a tornar a fenomenologia tão dominante na França em qualquer um dos lados da Segunda Guerra Mundial. Além disso, Sartre e Merleau-Ponty se consideravam "husserlianos", embora dessem caracterizações diferentes aos dois principais componentes do método fenomenológico (ver adiante). O que unifica o trabalho de Sartre e Merleau-Ponty é seu esforço compartilhado de tornar a

Existencialismo **25**

fenomenologia de Husserl um pouco menos abstrata, e esse é também o caso com Heidegger, que enfatiza a importância ontológica das "disposições" como tédio e ansiedade. Em termos aproximados, esses três pensadores, e talvez também de Beauvoir, embora sua lealdade à fenomenologia seja menos clara, podem ser caracterizados como propondo uma versão de fenomenologia existencial. É claro que o fato de esses pensadores muito diferentes se considerarem fenomenólogos coloca em questão exatamente aquilo a que o termo "fenomenologia" se refere, e por isso é importante clarificar os dois principais componentes da fenomenologia.

Ponto-chave
Os dois componentes do método fenomenológico
1) O movimento negativo consiste em suspender o juízo sobre qualquer coisa que possa nos impedir de atentar às "coisas em si mesmas" (a famosa *epochē*, ou suspensão da "atitude natural", que assume, por exemplo, que existe um mundo exterior).
2) O movimento positivo supõe um "retorno" ao modo específico de aparição do fenômeno e requer algum tipo de busca pelas essências (tecnicamente chamado uma *redução eidética*).

Provavelmente, o conceito mais importante a ser compreendido nessa tradição seja o que é denominado *redução fenomenológica* (ponto 1, acima). A fenomenologia é, com frequência, caracterizada como um "retorno às coisas em si mesmas", ou aos fenômenos como são experienciados *antes* da "atitude natural". Na chamada "atitude natural" assumimos que um mundo exterior e outras pessoas existem. A fenomenologia husserliana quer que abandonemos essas e outras pressuposições, e vejamos se esses *insights* são na verdade dados a nós na pureza da experiência. Esse problema então será o de como podemos na verdade saber se outras pessoas existem, por exemplo, baseados unicamente na atenção à nossa própria experiência. Sem responder ainda a essa questão, a filosofia muitas vezes constrói teorias e então retorna à experiência para ver se essas teorias são verdadeiras. A fenomenologia, no entanto, quer começar com as próprias experiências, e, em seguida, realizar uma *redução eidética* para ver se essas experiências possuem quaisquer condições essenciais ou necessárias (ponto 2, acima). No trabalho de Sartre isso é aparente em seu uso consistente de exemplos, que parecem de caráter quase literário, mas dos quais deduz certas condições essenciais e necessárias: usualmente a de que somos livres. Seu uso da análise eidética envolve também tentativas de caracterizar a essência da má-fé, assim como olhar para uma emoção e deduzir a essência de todas as outras emoções a partir dessa.

Vale a pena notar duas coisas sobre a fenomenologia antes de irmos adiante. Primeiro, a fenomenologia não é simplesmente uma forma de subjetivismo introspectivo por supor uma busca pelas essências, ou exemplificações, e, por isso, guardar uma tendência generalizante. De fato, como se sabe, Husserl vai ao extremo de proclamar o oposto – que a fenomenologia é uma ciência rigorosa –, embora insistisse que ela seria uma ciência da consciência ao invés das coisas empíricas. Isso não surpreende, uma vez que nas mãos de Husserl a fenomenologia começou como uma crítica tanto do naturalismo (que é, em termos gerais, a ideia de que tudo pertence ao mundo da natureza e pode ser estudado pelos métodos apropriados para estudar esse mundo) como da valorização da ciência e do método científico. Os fenomenólogos tendem a argumentar que o estudo da consciência, na verdade, deve ser muito diferente do estudo da natureza. De fato, a fenomenologia não procede a partir da coleção de uma grande quantidade de dados e generaliza uma teoria para além dos dados (o método científico da indução). Mais especificamente, ela tem em vista considerar exemplos particulares sem pressuposições teóricas (como o fenômeno do amor, de duas mãos tocando uma na outra etc.), antes então de discernir o que é essencial a essas experiências, além de suas condições de possibilidade.

Existencialismo **27**

Essa técnica de argumento é empregada por todos esses fenomenólogos, embora deva ser observado que para Heidegger, Sartre e Merleau-Ponty uma fenomenologia "pura", ou um completo parentesamento do mundo exterior, é impossível. Podemos atentar à experiência a fim de discernir condições essenciais, mas qualquer tipo de parentesamento contínuo – ou redução epocal, nos termos de Husserl – é impossível, uma vez que somos o que Heidegger chama entes-no-mundo, inseparáveis de nossa situação social. Para eles, a fim de entendermos a vida humana "concreta", necessitamos prestar mais atenção à nossa historicidade essencial sem abstrair dela, privilegiando a reflexão racional, como os três pensadores acima acusam Husserl de fazer de diferentes modos.

Por fim, devemos observar que os existencialistas também obtiveram de Husserl uma compreensão da importância da intencionalidade (mesmo que Heidegger tenha abandonado o vocabulário para enfatizar o que ele chamou de um "comportamento para"): que atos de consciência são dirigidos para objetos e a consciência de objetos é sempre mediada por significados sociais. Para Merleau-Ponty, por exemplo, a noção de mundo da vida (*Lebenswelt*) de Husserl foi muito importante a esse respeito. Embora o trabalho rico e desafiador de Husserl não possa ser adequadamente sumarizado aqui, a extensão da dívida dos existencialistas para com Husserl e à fenomenologia se tornará mais aparente à medida que este livro avança.

Marcel e o corpo

O pensador católico Gabriel Marcel (1889-1973) ofereceu uma descrição mais otimista do mundo, e de nosso relacionamento com os outros, do que Sartre, Kierkegaard e os outros principais existencialistas. Ao mesmo tempo ele compartilha sua rejeição de uma visão exclusivamente técnica do mundo. De fato, sob risco de generalização, podemos sugerir que todos os existencialistas têm algum tipo de crítica ao "cientificismo", ou mesmo à ciência. Seguindo os passos da condenação que Husserl faz ao naturalismo, os pensadores existencialistas geralmente consideram que, embora os esforços científicos sejam inestimáveis, eles não são o principal modo de nos relacionarmos com as coisas, muito menos com o mundo. O cientificismo de nossa cultura cometeu o erro de pensar que o modo científico de compreender as coisas e o mundo é o nosso único acesso à verdade, mas, como veremos em detalhe no trabalho de Heidegger e de Merleau-Ponty, bons argumentos podem ser mobilizados para sugerir que o modo científico de conhecer é, de fato, secundário aos aspectos mais práticos de nossa relação instrumental para com o mundo. Pensadores existenciais insistem que interpretar mal essa ordem de prioridade tem consequências tanto éticas como epistemológicas.

Mas para retornar a Marcel, sua importância para o existencialismo consiste principalmente em sua reintrodução da questão do corpo. Nos anos de 1920 ele declarou "Eu sou meu corpo", e embora essa possa parecer uma afirmação bastante banal, no contexto da tradição que o precedeu (com exceção de Nietzsche), foi uma afirmação importante. Historicamente, grande parte da tradição filosófica ocidental subestimou a importância de nossos corpos. Nossos corpos, argumentou-se, são capazes de nos enganar, e certamente não são tão confiáveis quanto o pensamento abstrato; pense em Platão e Descartes a esse respeito, que são meramente as figuras mais óbvias nessa tradição. Embora o tema do corpo no trabalho de Heidegger seja complicado, é seguro dizer que todos os pensadores existenciais do século XX enfatizaram a importância de nossa experiência vivida e corporificada, bem como de nossa relação perceptual com o mundo, mesmo que discordem um do outro precisamente sobre que tipo de relação é essa.

Essa ênfase na experiência corporificada também envolveu uma ênfase na sexualidade. Mesmo antes que de Beauvoir escrevesse seu monumental estudo sobre as mulheres, *O segundo sexo*, em 1949, tanto Sartre como Merleau-Ponty haviam escrito vários trabalhos sobre a sexualidade. Embora existam razões para considerar suas explicações sexistas (no caso de Sartre) ou presumindo um sujeito de gênero neutro que é irrepresentativo das especificidades da sexualidade feminina (no caso de Merleau-Ponty), eles se ocuparam com esses temas de um modo desconhecido para a tradição, ao menos desde os gregos, e Marcel foi um precursor-chave para essa linha de investigação.

Camus e o absurdo

O trabalho do romancista, dramaturgo e filósofo francês Albert Camus (1913-1960) não é ensinado com frequência em cursos sobre o existencialismo em nossos tempos, o que é motivo para alguma lástima. Ao mesmo tempo existem boas razões para essa omissão. Camus não era um filósofo acadêmico, e em certa medida estava na periferia do intercâmbio de ideias na França que revolvia em torno de figuras como Husserl, Hegel e Heidegger. A despeito de inevitavelmente ser associado ao termo, sempre negou ser um existencialista. Camus descreve seu trabalho mais como uma "sensibilidade" para com a existência do que como uma filosofia da existência propriamente dita. Além disso, diferente de alguns de seus compatriotas, Camus é de leitura quase autoexplanatória, e a necessidade de uma discussão exegética de seu trabalho não é tão premente. Contudo, permanece o caso de que no domínio literário e político ele foi um protagonista importante no existencialismo francês, e extratos de *O Mito de Sísifo* (1942), seu primeiro livro filosófico de não ficção substancial, são muito apropriados para introduzir o existencialismo, em particular, devido à acessibilidade de sua expressão quando comparada ao vocabulário de Heidegger e de Sartre.

Em vez de focar na questão concernente à liberdade, ou à nossa falta dela, em *O Mito de Sísifo* a ênfase de Camus é sobre a natureza absurda da existência, e em como lidar com ela e continuar vivendo.

O personagem referido no título, Sísifo, é um homem da mitologia grega que foi condenado a rolar uma rocha incessantemente colina acima, apesar de ser consciente de que ela inevitavelmente rolaria novamente para baixo. Para Camus esse tipo de comportamento é típico da condição humana e ele emprega o conceito do *absurdo* para descrever essa situação. O tédio associado à repetição de Sísifo é elaborado fenomenologicamente por Heidegger, mas é sobre a resolução dessa absurdidade que o livro de Camus trata, e ele sugere que, embora sobrecarregado por essa rocha, podemos imaginar Sísifo feliz: "Este mundo em si mesmo não é razoável, isso é tudo o que pode ser dito. Mas *o que é absurdo é a confrontação do irracional e da aspiração irrefletida* por clareza, cujo chamado ecoa no coração humano" (MS: 26, ênfase adicionada). Ele prossegue também para oferecer uma outra clarificação sobre o que está em jogo em uma filosofia do absurdo:

> O ente humano se encontra face a face com o irracional. Ele sente dentro de si sua aspiração por razão e felicidade. O absurdo nasce desse confronto entre a necessidade humana e o silêncio desarrazoado do mundo. Isso não pode ser esquecido porque toda a consequência de uma vida pode depender disso. O irracional, a nostalgia humana e o absurdo que nascem de seu encontro – esses são os três personagens no drama... (MS: 31-32).

Em outras palavras, Camus se refere ao absurdo como a brecha entre o que os entes humanos esperam da vida e o que de fato encontram. Os indivíduos buscam por ordem, harmonia e mesmo perfeição, ainda que não possam encontrar evidência alguma de que essas coisas existam. Em *O Mito de Sísifo* Camus busca retificar isso, basicamente encorajando os indivíduos a desistirem de seu desejo por uma ordem razoável e coerente para o mundo. É o anseio humano por razão em um mundo desarrazoado que é responsável pela absurdidade da condição humana, e ele sugere que a busca incessante por razão, destacada no Iluminismo, alienou a humanidade de si mesma. Camus põe mais importância nas funções práticas e estéticas da razão, em vez de na "razão pura" da metafísica, que busca conhecer a realidade última, o que realmente existe e o que torna essa existência possível. Nesse sentido ele está distante de alguns dos outros existencialistas considerados neste livro, que colocam essas questões, e são filósofos sistemáticos, embora de novos modos.

Por essa razão não foi dedicado um capítulo ao seu pensamento, mas, se estivermos de acordo com Camus sobre a irreconciliabilidade do desejo humano por ordem e inteligibilidade e o mundo que resiste a esse desejo, a questão importante se torna aquela de como continuar vivendo em um mundo assim e na verdade se podemos admitir qualquer verdade sem mentir e sem introduzir uma esperança que falta, fundamentalmente, à condição humana. Cometer suicídio ou não? Camus começa *O Mito de Sísifo* afirmando que essa é a única questão filosófica verdadeiramente séria. Embora essa possa parecer uma posição muito extrema para sustentar, ela levanta, de fato, uma questão importante e duradoura para a literatura e para a filosofia existenciais: como continuar autenticamente a viver dada a absurdidade, ou a contingência, ou o "estar-lançado" (esses termos serão introduzidos em breve) da condição humana. Além disso, ao nos lembrar da importância da questão do suicídio, Camus rejeita o sistema de construção elaborado e obtuso a que se dedicam alguns filósofos, assim como o trabalho analítico detalhado ao qual se dedicam outros. As questões mais importantes são aquelas que dizem respeito ao significado da vida, ou à sua falta.

O estrangeiro

Em seu primeiro trabalho teórico e ficcional, Camus exibe um insistente individualismo que protesta contra simplesmente fazer o que os outros fazem e acreditar no que os outros acreditam. Isso é mais dramática e poderosamente ilustrado em seu famoso romance *O estrangeiro* (1942), no qual o personagem principal, Meursault, recusa-se a buscar justificação para suas ações e é deliberadamente contraposto a outros indivíduos que estão buscando essa justificação externa para seu comportamento. Existem figuras religiosas, jurídicas e o povo de Argel, a cidade na Argélia onde o romance está situado. Todos fazem parte do "mecanismo", esse sistema de "rituais implacáveis", convenções arbitrárias, costumes e moralidades que impedem o povo de Argel de reconhecer a absurdidade essencial da existência (e de viver, portanto, uma vida verdadeiramente autêntica) e Meursault é um estrangeiro precisamente devido à sua inabilidade de participar dessas ilusões.

O processo judicial inteiro que se segue ao disparo de Meursault contra um "árabe" é exposto como se baseando em costumes convencionais e arbitrários, e a implicação é que Meursault está sendo condenado não devido ao assassinato desse homem, mas principalmente em decorrência de seu estranhamento para com a sociedade. No processo de Meursault cada pequeno evento é considerado ter imensa importância. A associação de Meursault com Raymond, seu caso "irregular" com Marie, sua risada em um filme de Fernandel, após a morte de sua mãe, e o ter aceitado café e um cigarro em seu leito de morte são todos fatores fundamentais em sua condenação final. O próprio Meursault se esforça para compreender como as qualidades de um homem ordinário "poderiam ser usadas como evidência incriminatória de culpa". Mas o ponto é que ele não é um homem ordinário, ao menos no contexto da sociedade argelina que Camus descreve. Parece que somente Meursault é autêntico. Somente ele se recusa a sentimentalizar e a mistificar a verdade. A narrativa de Camus sugere que ele desfruta consequentemente de uma liberdade maior do que aqueles que buscam garantidores externos de significado, que deriva de sua aceitação da absurdidade e sua consequente falta de interesse em qualquer coisa que não a própria vida.

Conclusão

Examinamos algumas das mais importantes influências sobre os pensadores existenciais a serem considerados na parte principal deste livro. Embora bons argumentos pudessem ser levantados para incluir Hegel em uma lista assim, como Merleau-Ponty o faz em seu ensaio "Hegel como existencialista", isso requer uma leitura muito intensa do trabalho de Hegel, além de também obscurecer o papel fundamental que a rejeição de Kierkegaard à filosofia sistemática de Hegel desempenha na história do existencialismo. Figuras literárias como Dostoievsky, Tolstoi (que influenciaram a compreensão de Heidegger acerca da morte), Kafka e outros também têm sido produtivamente associadas ao existencialismo. Personagens de seus romances, e mesmo o movimento de seus romances como um todo, têm sido caracterizados como existenciais. Esse foi historicamente o caso com relação à literatura secundária inicial sobre o existencialismo à medida que os trabalhos de Kierkegaard, Heidegger e Sartre foram sendo traduzidos pela primeira vez para o inglês, e havia boas razões para isso. Filósofos existenciais tendem a ter um estilo literário desenvolvido em decorrência de seu desejo de que seus textos tenham uma força afetiva sobre seus leitores em vez de serem apenas sobre a acumulação de conhecimento. Em minha opinião, porém, nenhum dos romancistas acima foi fundamental para o desenvolvimento dos quatro pensadores em que este livro vai se focar, os quais adotam certos *insights* existenciais, já dados no trabalho filosófico de Nietzsche, Kierkegaard, Jaspers e Camus, e os tornam mais sistemáticos.

2

Heidegger e a analítica existencial

O relacionamento de Martin Heidegger (1889-1976) com o existencialismo é tema de alguma controvérsia, não somente devido às suas críticas ao foco de Sartre na consciência e subjetividade em seu ensaio de 1945, "Carta sobre o humanismo", mas também em decorrência de algumas diferenças filosóficas consideráveis entre o seu projeto e os de seus contemporâneos franceses. Ao mesmo tempo, pode não haver dúvidas quanto à extensão da influência de Heidegger sobre o existencialismo. De fato, um entendimento adequado sobre esse movimento seria impossível sem ao menos alguma compreensão de seu trabalho, particularmente, de seu enormemente influente *Ser e tempo* (1927). Assim, consideraremos a seguir os aspectos de seu pensamento que foram importantes para o existencialismo: principalmente o material que ele chama a "analítica existencial".

Primeiro, porém, é necessário divagar um pouco a fim de considerar o projeto filosófico mais amplo de Heidegger, e não existe modo fácil de fazer isso. Não somente a linguagem de Heidegger é notoriamente densa e difícil, e provavelmente muito diferente de qualquer coisa que você tenha encontrado antes, mas as questões que orientam e motivam sua analítica existencial são também, à primeira vista, altamente abstratas (a complicação de sua linguagem se deve, ao menos *parcialmente*, às suas tentativas de escapar dos efeitos distorcidos dos modos existentes de pensar que ele considerava problemáticos). Nas primeiras poucas páginas deste capítulo eu tento, então, expor o ímpeto básico *por trás* dos aspectos mais existenciais de seu trabalho do modo como são expressos na "Introdução" de *Ser e tempo*, e em seu ensaio "O que é metafísica?" Contudo, alguns leitores podem ser tentados a pular esta seção do capítulo e começar com o material mais obviamente existencial sobre o *"Dasein"*. Caso isso seja feito é importante, em algum momento, retornar a essas primeiras poucas páginas e, melhor ainda, à "Introdução" de *Ser e tempo*, à medida que elas problematizam qualquer combinação apressada de Heidegger com o existencialismo.

A questão do ser

Para Heidegger, a tradição filosófica ocidental tem sido permeada de problemas. Do debate corpo-mente ao problema do mundo externo e à questão de se existem ou não outras pessoas, parece que temos estado cercados por uma multidão de complicações. Para alguns, essa é, sem dúvida, a natureza e a atração da filosofia. Para Heidegger, no entanto, é a natureza da filosofia ocidental com sua inclinação metafísica (em linhas gerais, a metafísica busca estabelecer qual é a realidade última para além das aparências). Sugerindo que o *corpus* completo da filosofia ocidental postulou a *presença* das coisas como a realidade última e, consequentemente, o próprio objeto da investigação filosófica, ele afirma que a tradição inteira, por essa razão, ignorou o problema filosófico mais fundamental no processo: o problema sobre o que permite às coisas, de algum modo, estarem presentes, ou o que ele chama o problema do ser.

Antes que essa afirmação possa fazer qualquer sentido, uma breve explicação sobre o próprio termo é necessária. Afinal, o termo "ser" tem uma longa história na filosofia como o conceito mais universal, embora indefinível, e é também uma daquelas palavras que é frequentemente disseminada por aí, mas que, na concepção de

Heidegger, é raramente compreendida. Isso parcialmente se deve ao fato de não ser algo que possamos precisar ou definir, excedendo todos os nossos recursos para tentar descrevê-lo. O próprio Heidegger, por essa razão, resiste deliberadamente a qualquer tentativa de definir ser. Embora Heidegger fosse condenar isto, uma definição provisória de ser poderia ser a seguinte: ser é o que torna a existência, de alguma forma, possível. Nesse modo de ver, a ontologia significa simplesmente o estudo do ser, ou a explicação conceitualmente desenvolvida do que possibilita que as coisas sejam. Heidegger opõe o seu procedimento de "ontologia fundamental" (que está ocupado com o ser) à metafísica ocidental tradicional (que está ocupada com o que *é*, e foca nos entes particulares do mundo ao invés de focar no ser *per se*).

Ainda que a questão do ser esteja necessariamente envolta em obscuridade, Heidegger argumenta que todos nós temos também alguma compreensão vivida do significado de ser, embora vaga, e é por essa razão que nossa *própria existência* está em jogo ao perseguirmos essa questão aparentemente opaca. Ser é pressuposto em todas as nossas práticas diárias, e Heidegger argumenta também que é precisamente esta tensão entre nossa compreensão vivida do ser e a inabilidade da tradição filosófica de oferecer qualquer explicação teórica cogente para ele que mostra a necessidade de nos perguntarmos sobre o seu significado. A seu ver, essa é a mais urgente das questões, mesmo que à primeira vista ela pareça epitomar a abstração filosófica. Embora ainda não seja claro ao que exatamente o ser se refere – e isso não seria surpreendente dado que Heidegger dedica sua carreira inteira a buscar diferentes modos de provar essa questão –, é importante notar que Heidegger traça uma importante distinção entre ente e ser que é às vezes referida como a diferença ôntico-ontológica.

> **Ponto-chave**
> **A diferença ôntico-ontológica**
> • A *investigação ôntica* examina entidades, ou entes.
> • A *investigação ontológica* examina o que possibilita às entidades existirem, ou o ser.

Na concepção de Heidegger entes como objetos e entidades do mundo têm em comum o ser, mas permanece aí uma diferença ontológica entre todos esses vários entes e o ser. A despeito de os entes participarem do ser, eles não são a mesma coisa. Podemos dizer que o ser das entidades não é ele próprio uma entidade.

Heidegger argumenta, todavia, que desde os gregos essa diferença tem sido encoberta e ignorada, e sugere que isso se deve ao fato de os filósofos terem estado embaraçados pelo tempo (por isso, o título de seu livro), invariavelmente interpretando o ser como atemporal, eterno e imutável. Ele sugere que os filósofos tentaram tornar o ser presente *seja* nas coisas empíricas (entes) *ou* no domínio do que é transcendente e "sobrenatural" (assim como o mundo imutável e eterno das Formas de Platão). Em vez de considerar a questão do ser – a questão ontológica fundamental acerca do que possibilita às coisas empíricas aparecerem para nós, e para que haja um "mundo" significativo – a filosofia ocidental frequentemente postulava uma coisa especial que torna todas as outras coisas empíricas possíveis. A mais óbvia dentre essas explicações é Deus, mas para Heidegger existem muitas ontologias que não invocam explicitamente Deus, mas retêm a forma geral de ter um tipo de coisa transcendente que torna possível todas as outras coisas; ele chama essas filosofias de "ontoteologias". Efetivamente, no entanto, isso é esquecer a questão do ser e ignorar a diferença ôntico-ontológica entre as coisas do mundo e suas condições de possibilidade. Heidegger argumenta que a investigação filosófica necessita focar no tempo, e no que ele chama *"Dasein"*, para esclarecer, tanto quanto possível, o significado da questão do ser. Embora alguns dos detalhes do entendimento de Heidegger sobre a questão do ser e sua recuperação do projeto filosófico da própria ontologia não sejam relevantes para um livro sobre o existencialismo, eles necessitam ser discutidos rapidamente, de modo a não separarmos seus achados de sua proposta filosófica e contexto principais; afinal, é disso que ele acusa a apropriação existencialista que Sartre faz de seu trabalho.

"O que é metafísica?"

A esse respeito, vale a pena considerar brevemente um outro texto inicial de Heidegger que desenvolve este contraste entre seu próprio projeto de ontologia fundamental e a metafísica ocidental da qual ele se distancia (BR: § 1): seu ensaio "O que é metafísica?" Nesse texto ele argumenta que o ser é necessariamente não ser, à medida que não pode ser localizado no mundo como podem os entes. Ele sugere que a tradição filosófica ocidental ignorou essa ausência, esse "nada" que é o ser, e como uma consequência lutou desde então para se libertar das implicações. Se esse termo "nada" não é mais claro que o termo ser, a afirmação de Heidegger, posta de um modo tão simples quanto possível, é a de que a tradição, preocupada com o desejo de conhecer e conter o ser como uma totalidade (considere a preocupação socrática com a questão "o que é?"), falhou em reconhecer a ausência como uma precondição para a presença. Esse tipo de mctafísica está, por sua própria natureza, excluído da experiência do ser, porque sempre representa o ser somente com vistas àquilo do ser que já se manifestou como ente, ou seja, como coisas ou objetos no mundo (BW: 104). Separada da verdade do ser, a metafísica então pode recorrer somente às verdades de conhecimento (epistemologia) em vez de à ontologia fundamental (BT: § 13). Qualquer investigação ontológica sobre a possibilidade da própria presença é ignorada, e qualquer experiência da "questão do ser" é, por essa razão, rapidamente seguida, sugere Heidegger, pelo "esquecimento do ser".

A conotação depreciativa que o termo "metafísica" possui nos círculos filosóficos contemporâneos é parcialmente devida a essa análise (assim como à rejeição anglo-americana da metafísica, que possivelmente começou com Bertrand Russell), que Heidegger vigorosamente utiliza para muitos dos mais famosos filósofos ocidentais, incluindo Platão, Aristóteles, Kant e Nietzsche. Para Heidegger, a metafísica é inevitavelmente uma *metafísica da presença*: uma metafísica, ou ciência, do que *é*. Para repetir sua afirmação fundamental, o ser tem sido entendido como coisa(s), como objetivamente presente e "aí", e qualquer descrição metafísica da "realidade" é então interpretada na base desse entendimento prévio do significado do ser. Na verdade, Heidegger argumenta que existe uma priorização resultante de modos teóricos de conhecer e compreender – o que ele chama o "simplesmente-dado" – e isso é, de fato, um modo distorcido de experienciar, que não é fundamental à existência humana.

Ao mesmo tempo, Heidegger não quer insistir rudemente que o cânone filosófico inteiro foi destituído de inteligência e inexplicavelmente ignorante, e ele deve, por essa razão, oferecer algum tipo de explicação sobre esse "esquecimento do ser". Ele faz isso ao sugerir que o ser não pode ser positivamente afirmado por si mesmo (BT: § 13) e tenta chegar ao seu significado examinando os fenômenos sobre o esquecimento do ser no trabalho de várias figuras na história da filosofia ocidental. Essa sugestão satisfaz o que pode parecer ser necessidades concorrentes. O ser pode ser encontrado, como veremos em breve, e, todavia, é compreensível que ele tenha sido geralmente ignorado por grande parte da tradição filosófica ocidental. De fato, o trabalho de Heidegger, particularmente após *Ser e tempo*, usa um processo que ele denomina "recuperação destrutiva" para mostrar em detalhe por que vários filósofos foram incapazes de abordar completamente a questão do ser, embora, ao mesmo tempo, o trabalho deles testemunhasse sua existência. Com alguns ajustes importantes, esse aspecto do projeto de Heidegger se metamorfoseou na desconstrução, de Derrida, com o que não podemos ocupar-nos aqui. Basta apontar que Heidegger afirma que a questão do ser se ramifica em duas questões: uma interpretação do *Dasein* em termos de temporalidade; e uma história destrutiva da ontologia (BT: § 8). Vamos nos ocupar somente da primeira neste capítulo, porque é sua interpretação do *Dasein* em termos de temporalidade, o que ele chama sua "analítica existencial", que mais claramente se relaciona com o existencialismo. Seis temas principais da "analítica existencial" de Heidegger são particularmente importantes para o existencialismo. São eles:

1) a prioridade inicial que Heidegger confere à "cotidianidade" e ao que ele chama o "à-mão";

2) sua análise da autenticidade e inautenticidade;

3) suas descrições de decadência, do *das Man* (impessoal) e do si-mesmo-impessoal;

4) sua discussão sobre a importância das disposições como medo, ansiedade e tédio;

5) sua insistência no cuidado como sendo fundamental ao *Dasein*;

6) suas famosas reflexões sobre a morte e sua significação ontológica na divisão 2 de *Ser e tempo*.

Dasein

Algumas questões preparatórias adicionais necessitam ser inicialmente respondidas. Em particular, o que é o *Dasein* e por que Heidegger pensa que uma análise dele permite acesso privilegiado à questão do ser? Em *Ser e tempo* Heidegger se abstém de referências à consciência, ou à humanidade, e sua descrição antissubjetivista da existência, em troca, emprega o termo "*Dasein*", que é literalmente

Existencialismo **41**

traduzido como "ser-aí". Na concepção de Heidegger, termos como humano, sujeito, objeto, consciência, espírito, pessoa e mesmo o "eu" portam suposições metafísicas. Se ele os utilizasse em *Ser e tempo*, subverteria seu projeto completo de recuperação da questão do ser, e é por isso que *Dasein* é usado em lugar de consciência humana, ainda que seja o caso que o termo *Dasein* funcionalmente sirva, no entanto, para distinguir o humano do não humano em *Ser e tempo*.

Significativamente, Heidegger sugere que o *Dasein* é o ente particular, ou entidade, que deve ser investigado a fim de compreendermos o ser. Isso, porque o *Dasein* é o único ente que pode levantar a questão acerca de seu próprio ser, que está envolvido com seu próprio ser, e, de um modo um pouco sinônimo, para quem sua própria existência está em questão (Sartre reproduzirá essas afirmações nos primeiros capítulos de *O ser e o nada*, assim como a prioridade que é dada aos fenômenos de questionamento). O *Dasein* é um sítio privilegiado de investigação porque ele possui uma compreensão do significado do ser em geral (Heidegger chama essa compreensao de "pré-ontológica"), mesmo que seja, com frequência, reprimida e oculta. De fato, em *Ser e tempo*, Heidegger chega ao ponto de sugerir que existe ser somente enquanto o *Dasein* é – uma formulação que Sartre não aceitará. Ele afirma que é somente através da compreensão do *Dasein* acerca do mundo que podemos ter qualquer acesso ao ser dos entes. Somente através do *Dasein* as coisas podem mostrar-se como são (BT: § 4). A consequente análise que Heidegger faz desses aspectos do *Dasein* em sua "analítica existencial" é o fundamento para as interpretações existencialistas de seu pensamento.

Embora o privilégio que ele conceda a uma análise do *Dasein* em *Ser e tempo* seja aquele que ele abandonará em seu trabalho posterior, também é significativo que Heidegger caracterize o modo de ser do *Dasein* como existência, ou *Existenz* – emprestando a terminologia de Kierkegaard e Jaspers –, significando que o *Dasein* não tem essência ou natureza predeterminada. Nas palavras de Heidegger, "a essência do *Dasein* reside em sua existência" (BT: § 9). Isto foi claramente uma inspiração para a famosa máxima existencialista de Sartre, segundo a qual para os entes humanos a "existência precede a essência", mesmo que o próprio Heidegger mais tarde renunciasse a essa formulação sartreana por ser ainda muito metafísica. O ponto de Heidegger é que o *Dasein* se sobressai da mera imersão no mundo, é autointerpretante (BT: § 9), e não possui atributos objetivos ou essências que possam adequadamente defini-lo. Heidegger também sugere que existem dois outros aspectos do *Dasein* que são peculiares a ele e para os quais vale a pena chamar a atenção:

1) Somente o *Dasein* pode "compreender-se em termos de sua existência, em termos de sua possibilidade de ser ou não ele mesmo" (BT: § 4). Na concepção de Heidegger existe algo peculiar sobre uma criatura que é capaz de não ser si mesma, ou de ser inautêntica. (Sartre também vai analisar e chamar a atenção para essa característica da existência humana em suas discussões sobre o que ele chama má-fé.)

2) O *Dasein* também tem o caráter do que é, às vezes, traduzido como "o sempre-meu", basicamente significando especificidade e individualidade, mas não um sentido duradouro de identidade pessoal. Mais precisamente, o ponto é que, para qualquer caso particular de responsabilidade e para qualquer decisão particular e assim por diante, podemos dizer que é *minha* responsabilidade e *minha* decisão. O *Dasein* nomeia essa individualidade enquanto é vivida como oposta à objetivamente descrita, e essa ênfase na experiência "vivida" e concreta é conservada em todos os pensadores existenciais.

Ser-no-mundo

Em *Ser e tempo* Heidegger analisa as características essenciais da estrutura do *Dasein*, e se refere a essas características como *exis-*

tenciais (em alemão, *Existenzialien*, forma plural de *Existenzial*). Um *existencial* é um elemento do ser do *Dasein*, e como tal pode ser contrastado com as *categorias*, que são as características essenciais dos entes que não o *Dasein*.

O primeiro e mais amplo conjunto de existenciais discutido em *Ser e tempo* é denominado "ser-no-mundo", e no capítulo de mesmo nome Heidegger examina o modo pelo qual o *Dasein* se relaciona com outras entidades. Torna-se claro que para Heidegger, diferente do que diz Descartes e seu projeto da dúvida radical sobre o mundo externo (que no fim culmina em seu famoso argumento do *cogito*, "penso, logo existo"), estamos essencialmente no mundo e somos inseparáveis dele. Fundamentalmente, não somos abstraídos do mundo, como algumas práticas científicas tendem a assumir – na verdade, o próprio conceito de "metodologia" é possivelmente baseado na pressuposição de uma separação entre o observador e o que é observado –, mas, ao contrário, estamos sempre imersos no dia a dia do mundo da vida (*Lebenswelt*, como Husserl o chamou). É possível que a tese de Heidegger sobre a primazia do ser-no-mundo também signifique que a própria redução fenomenológica radical de Husserl, que em alguns aspectos pode ser vista como continuando o projeto cartesiano, seja indefensável.

Sem despender muito tempo nas discussões de Heidegger sobre a estrutura ontológica da mundanidade (BT: cap. 3), é suficiente dizer que uma característica importante do ser-no-mundo é que ele está envolvido com o *morar*, e não com qualquer descrição mais objetiva da locação. Em outras palavras, o ser-no-mundo está envolvido com explicar o que torna o mundo nossa casa, e somente o *Dasein* pode ser dito ter um mundo, a noção de "mundo" aqui se referindo a um contexto e a uma associação de referências e possíveis projetos no mundo que têm significado. Nesse sentido, uma coisa muito importante a resultar desta seção de *Ser e tempo*, na qual focaremos agora, é a prioridade que Heidegger confere ao que

Macquarrie e Robinson traduzem como o "à-mão" (*ready-to-hand*). Em diferentes modos, sua análise do à-mão influenciou muito Sartre e Merleau-Ponty, além de vários filósofos e cientistas que trabalham em ciência cognitiva e inteligência artificial.

A prioridade do à-mão

Já vimos que a filosofia tradicionalmente priorizou o *encontro teórico* com as coisas, seja Descartes se engajando na dúvida radical como parte de sua busca por ideias claras e distintas ou mesmo a redução husserliana às coisas elas mesmas. Na concepção de Heidegger, porém, o *Dasein* se associa com coisas acima de tudo sob uma base *prática* e imediata que ele chama o "à-mão", que se refere à disponibilidade de coisas para nosso uso e implementação com relação à execução de tarefas. Para Heidegger, coisas úteis estão necessariamente em uma situação e estão sempre relacionadas a outras coisas úteis por uma rede de associações. Heidegger chama essa conexão entre vários objetos e nosso potencial uso deles de "totalidade instrumental" (que é, basicamente, sinônimo da noção de mundo), analisando-a em detalhe.

Uma interrogação sobre esse tipo de "cotidianidade" é priorizada na divisão 1 de *Ser e tempo*, porque aqui, Heidegger nos diz, as coisas são menos distorcidas pelas abstrações metafísicas. Para Heidegger, os problemas da filosofia raramente são problemas que encontramos em nossa existência prática. O escândalo da filosofia não é que o problema do mundo externo não tenha sido resolvido, mas que ele tenha persistido por tanto tempo. A intenção metafísica de conhecer e conter o mundo ignorou as praticidades de nossa existência cotidiana onde, de acordo com Heidegger, estamos melhor situados para apreender o ser, porém, de um modo necessariamente limitado (BT: § 5). Isso porque, implícita em nossas atividades, encontra-se uma compreensão do que significa ser, mesmo que essa "pré-ontologia" ainda necessite ser adequadamente conceitualizada.

Heidegger também argumenta que um tipo de conhecimento e inteligibilidade acompanha o à-mão. De fato, ele argumenta que todos os outros modos de conhecer são subsidiários ao modo do à-mão: as praticidades da existência cotidiana são epistemologicamente anteriores a qualquer outra consideração; elas são também ontologicamente mais significativas. Para Heidegger, no modo derivativo de conhecer que ele denomina o simplesmente-dado, entidades são forçadas a se tornar objetos materiais que estão disponíveis para inspeção (ou construtos mentais), em vez de utensílios para nosso uso. Uma consideração simplesmente-dada de um objeto pode explorar seu tamanho, forma, cor, configurações ou composição molecular, mas ignorará a relação mais fundamental do objeto com o *Dasein*. Contra a concepção cartesiana, o mundo não é, principalmente, o mundo científico, mas o mundo prático da vida diária. Para Heidegger, os objetos que nos cercam são, acima de tudo, utensílios para nosso uso, e a estrutura da existência humana é, por essa razão, melhor desvelada na atividade prática. Heidegger diz que o *Dasein* está em casa no mundo como um trabalhador em seu local de trabalho, e, ao falar de um martelo nesse contexto, explica que, "quanto menos nós apenas olhamos para a coisa martelo, e quanto mais o seguramos e o usamos, mais primordial se torna nossa relação com ele" (BT: § 15). Em outras palavras, ser-no-mundo tem a ver com manusear as coisas e se envolver na prática, em vez de abstrair das coisas na cognição teórica. A esse respeito, Heidegger faz a seguinte distinção importante:

- *à-mão* – uma relação prática com objetos e com o mundo enquanto uma "totalidade instrumental";

- *simplesmente-dado* – uma relação mais abstrata com objetos na qual eles não são definidos por seu envolvimento na atividade humana e, em troca, assumem uma "presença objetiva".

Podem ser levantadas questões acerca de se essa distinção pertence ou não a todas as culturas igualmente, mas, sem levar em conta essas considerações antropológicas, e presumindo que os objetos sejam interpretados instrumentalmente, Heidegger deixa claro que não podemos simplesmente sair dessa relação primordial de instrumentalidade (do à-mão) para algum domínio de objetos rarefeitos ou, no caso, de pensamento, como a metafísica com frequência pretende. Para Heidegger, não existe objeto fora do contexto humano e toda teorização simplesmente-dada deve reconhecer que uma condição de sua possibilidade é esse comportamento mais primordial e pragmático dirigido às coisas que ele designa como o à-mão.

Esse ponto é também importante quando se trata do tema da percepção. A concepção de Heidegger significa que não podemos ver uma garrafa de cerveja quebrada como simplesmente a soma objetiva de sua cor, forma, composição molecular e assim por diante (como simplesmente-dada), porque os objetos que encontramos no mundo são, acima de tudo, sempre objetos de um certo tipo, e interpretados em relação ao nosso uso possível deles (o à-mão). Como Heidegger afirma, "o que ouvimos 'primeiro' não são ruídos ou sons complexos, mas o vagão rangendo, a motocicleta" (BT: § 34). Em outras palavras, uma forma de compreensão já está sempre pressuposta em nossa percepção do mundo, contra o que na literatura filosófica é chamado descrição representacionalista da percepção. Esse paradigma acerca de como a percepção ocorre – uma visão física passiva de alguma coisa e então uma interpretação mental ativa dessa percepção física bruta – é um modelo falso que não reconhece nosso ser-no-mundo essencial. Como Heidegger explicita, "significado é um existencial do *Dasein*, não uma propriedade anexada às entidades, subjacente a elas ou flutuando em algum lugar como um domínio intermediário" (BT: § 32). O mundo existe desse modo prático para nossa percepção, não em algum domínio reificado de apreensão sensória pura de cores, formas etc., que mais tarde vem a ser mediado pelo pensamento e pela interpretação.

O colapso do à-mão

É claro que não estamos, usualmente, conscientes desse modo prático e habitual de relação com as coisas, o à-mão, e isso porque podemos cometer o erro de considerar a reflexão racional (o simplesmente-dado) como primordial. Como Heidegger pode, então, oferecer a descrição que ele oferece do à-mão, se na verdade esse é um modo secundário de relação com as coisas que está sempre pressuposto, mas raramente é o objeto de nossa consciência explícita? Em sua concepção, certos modos do que ele chama "cuidado" desvelam a importância do à-mão e da instrumentalidade para nós. Em particular, experienciamos nossa confiança no à-mão quando ele, de repente, nos falha ou colapsa. Quando encontramos um instrumento inutilizável que não satisfaz mais sua tarefa, ele se torna semelhante a uma presença objetiva para nós, em vez de algo disponibilizado para nosso uso (e o ceticismo se torna possível nesse modo reflexivo, mas se alimenta da experiência mais primordial do à-mão). Uma situação similar ocorre quando descobrimos que esse instrumento está perdido e percebemos que objetos podem atrapalhar; em ambos os casos os objetos uma vez mais evidenciam um tipo de obstinação que impossibilita serem absorvidos no à-mão. Na terminologia de Heidegger, existem três principais modos pelos quais essa "presença objetiva" das coisas nos é revelada – conspicuidade, intromissão e obstinação – mas o ponto importante a verificar é que em sua falha o utensílio se torna opaco em vez de transparente; o utensílio é visto como um utensílio, e a natureza do à-mão também se torna clara, ao menos de uma perspectiva ôntica.

Em resposta a isso, podemos tratar o utensílio como simplesmente-dado e analisar as várias partes do carburador, por exemplo, a fim de verificar por que está emanando fumaça dele. Embora isso não seja exigido, com frequência, existem, claramente, boas razões para esse movimento; ele pode ser muito útil. Na verdade, o pensamento do simplesmente dado é a base para as descobertas consideráveis da ciência moderna. Contudo, para Heidegger, os problemas ocorrem quando esse modo é tomado como sendo ontologicamente primordial (ver seu ensaio de 1935, "A questão da técnica") e seu ponto é que tanto a reflexão como a ação emergem do confronto mais fundamental que é evidenciado no à-mão, uma posição que está relacionada muito intimamente ao equilíbrio habitual, que, segundo Merleau-Ponty, o corpo busca perpetuamente cultivar, como veremos no capítulo 5.

Mitsein

Como já observamos em nossas descrições sobre o "ser-no-mundo", Heidegger insiste que não pode existir sujeito isolado algum que subsequentemente encontre outros. Mais precisamente, para ele, o *Dasein* está sempre no mundo, um ser-com, ou *Mitsein* no alemão de Heidegger (BT: § 26, 27). Na verdade, ele argumenta que o ser-com é uma condição necessária do *Dasein*. Embora seja onticamente um fato que algumas pessoas possam estar sós, como um eremita em uma caverna, ontologicamente o *Dasein* é sempre um ser-com. Sob essa perspectiva, não podemos ser um eu, ou sujeito, sem outros. Heidegger também argumenta que, quando vemos objetos em termos de seu valor de uso no modo do à-mão, outras pessoas são também pressupostas nisso. Para ele é somente em um mundo de outros que coisas podem estar à-mão e nos darem uma totalidade instrumental. O mundo é já sempre aquele que partilhamos com outros, com o "impessoal" (BT: § 27).

Ponto-chave

Como veremos no capítulo 4, Sartre argumenta que a compreensão de Heidegger acerca do *Mitsein*, em vez de oferecer uma prova fenomenológica de outros – o que Sartre chama uma "equipe" – pressupõe sua existência, e, por essa razão, não podemos considerar que isso refuta adequadamente o solipsismo sem petição de princípio (BN: 244-250).

Existencialismo **49**

Essa seção de *Ser e tempo* também oferece uma descrição mais detalhada do *Dasein* e deixa claro que Heidegger pensa que conceber o eu como um sujeito isolado que permanece constante em todas as experiências (como o critério de identidade de memória de John Locke provavelmente assume) é tratar essa pessoa como uma coisa, ou como um objeto bruto. Esse tipo de análise pode ser útil sob certos aspectos, e a psicologia contemporânea é evidência disso, mas, na concepção de Heidegger, não nos mostra coisa alguma sobre o *Dasein*, senão como uma entidade. Tanto Heidegger como Sartre são veementemente contra esse tipo de autoinvestigação ôntica que trata o eu como um objeto com uma identidade ou essência pré--dada. Contrário a essa concepção, Heidegger sugere que o *"Dasein* não é, inicialmente e em grande parte, ele próprio"* (BT: § 27) e a relação que isso apresenta com as próprias formulações paradoxais de Sartre que ele chama "ser-para-si" – "não é o que é, e é o que não é" (BN: 79) – está longe de ser coincidente. Além disso, como veremos em breve, a tendência do *Dasein* de ignorar ou encobrir essa falta de fundamento, esse modo no qual o *Dasein não* é *si mesmo*, é a base para o que Heidegger chama inautenticidade.

Das Man: o impessoal

Uma das partes mais famosas de *Ser e tempo* é sua descrição do que em alemão é chamado *das Man*, diversamente traduzido como o rebanho, os muitos, a multidão, o impessoal, o si-mesmo-impessoal e, algumas vezes, como o "a gente". A fama desse termo deriva parcialmente da relação complicada e, ao menos, parcialmente cúmplice, de Heidegger com o nazismo, mas necessita ser explicitado, desde o princípio, que ele não pretende usar o conceito de *das Man* como um princípio normativo por meio do qual julgar e avaliar a conduta humana, como muitos de seus críticos assumem. O termo se refere aos aspectos de nossas vidas que são ordinários e anônimos e nos quais tendemos a nos misturar com a massa indistinguível das

50 Pensamento Moderno

multidões. Contudo, como seria aparente da discussão precedente sobre o *Mitsein*, para Heidegger, não existe "eu" essencial que seja distinguível do "impessoal" (o sentimento de "sempre-meu" do qual ele fala não envolve uma identidade pessoal duradoura). Nos termos de Heidegger, uma vez que não somos, em grande parte, nós mesmos, somos outros e somos *das Man*. Como ele enigmaticamente sugere: "Todo mundo é outro e ninguém é si próprio" (BT: § 27).

Ao mesmo tempo, Heidegger deixa claro que esse domínio de anonimato, *das Man*, é, em última instância, considerado como inautêntico e como algo que deveria ser abandonado tanto quanto possível. Ele sugere que o modo como cada *Dasein* se distancia da multidão determina seu sentido de eu, e Heidegger, por essa razão, distingue o eu autêntico do "si-mesmo-impessoal" anônimo, onde somos predominantemente indistintos de qualquer um. Embora nunca possamos ser simples e univocamente autênticos para Heidegger (e a própria autenticidade requer inautenticidade a fim de se iluminar), o eu do *Dasein* cotidiano é, na verdade, este "si-mesmo-impessoal" em vez do eu autêntico. Continuaremos retornando a essa distinção famosa e controversa entre o autêntico e o inautêntico no que segue abaixo, particularmente com respeito à análise que Heidegger faz da decadência. (Em vez de tratar da distinção autêntico-inautêntico em uma seção, Heidegger lida com diferentes aspectos dela em todos os capítulos-chave de *Ser e tempo*.)

O ser-em enquanto tal

O capítulo 5 de *Ser e tempo* discute três características importantes e distintivas do *Dasein*:

1) disposição (ou estado de ânimo, como é algumas vezes traduzido);

2) compreensão;

3) discurso/decadência.

No próximo capítulo Heidegger argumenta que essas diferentes modalidades do *Dasein* são todas unificadas pelo que ele chama "cuidado" (BT: § 41), mas, por ora, basta observar que essas três categorias são consideradas por Heidegger igualmente fundamentais.

Disposições

Muitos comentadores heideggerianos encontram falhas na tradução de Macquarrie e Robinson do termo alemão de Heidegger *"Befindlichkeit"*, como estado de espírito (*state of mind*). Basicamente, a preocupação deles é que "estado de espírito" carrega conotações de estados mentais subjetivos, mas Heidegger pretende que seu conceito seja mais amplo do que isso e tenha uma significação pública e social. Por essas razões outros tradutores usaram o termo "sintonia", mas em nome da simplicidade podemos também traduzi-lo simplesmente como disposição, tendo em mente nossa advertência sobre não torná-lo puramente um sentimento subjetivo e também reconhecer que a disposição não pode ser reduzida ao que o *Dasein* acredita quando tem uma disposição.

Para Heidegger, disposições são existenciais vitalmente importantes e fundamentais do *Dasein*; elas não deveriam ser consideradas fraquezas ou exceções para a regra de racionalidade. Mais precisamente, as disposições nos defrontam com um enigma que não pode ser racionalizado e têm uma enorme importância ontológica (BT: § 29). Paixões, desejos etc., são considerados como condições necessárias para a razão, a compreensão e o conhecimento. Além disso, na concepção de Heidegger, eles também podem desvelar o mundo de um modo que a razão não pode. Para colocar o ponto de forma muito geral, o desvelamento do ser na cognição não é tão profundo quanto o desvelamento do ser nas disposições. Esse é um lugar no qual a reputação pública do existencialismo, ao falar sobre melancolia, desespero, niilismo e assim por diante, parcialmente combina com a própria filosofia. Heidegger pensa que existe algo significativo sobre certas disposições que revelam os aspectos mais opressivos da existência, particularmente a disposição que ele chama *Angst* (que traduziremos como ansiedade), mas também culpa, tédio e medo.

Estar-lançado

Heidegger argumenta que, nas disposições, vislumbramos o que ele chama nosso "estar-lançado", que no seu entender se refere a estarmos entregues a uma situação, ao que ele chama um "aí", assim como ao reconhecimento posterior de que esse mesmo "aí" é contingente e que as coisas poderiam ter sido diferentes; poderíamos ter nascido em algum outro lugar, de outros pais e várias circunstâncias amplamente diferentes. O estar-lançado é destinado a comunicar o fato de estarmos entregues à contingência sem razão alguma, e enfatiza a inalterabilidade do passado, do qual não somos os criadores, mas do qual devemos nos apropriar, tornando-o nosso. As disposições tendem a revelar somente indiretamente esse estar-lançado porque em geral o *Dasein* se distancia dessas revelações opressivas na inautenticidade e na decadência. É importante observar também que na análise de Heidegger as disposições são em grande medida independentes de nosso controle. Encontramo-nos lançados em certas disposições e isso desvela a submissão do *Dasein* ao mundo. Como veremos, a análise que Sartre faz das disposições em *O ser e o nada* não enfatiza isso na mesma extensão. Sartre sustenta, por exemplo, que a consciência se afeta com a tristeza como um recurso contra uma situação que é muito urgente, e, mesmo quando a náusea e a angústia se apossam de nós, parece haver mais controle dessas experiências do que a filosofia de Heidegger admitirá.

Na concepção de Heidegger, disposições ontologicamente importantes como ansiedade e tédio não vêm de fora nem de dentro. Elas surgem de nosso ser-no-mundo, e ele insiste que não podemos fazer disposições particulares acontecerem; nem podemos, igualmente, prescindir delas completamente. O *Dasein* tem sempre alguma disposição (um temperamento calmo é também uma disposição, assim como a indiferença) e é importante notar que uma disposição é superada somente por meio de uma contradisposição; não existe superação das próprias disposições (BT: § 29). A existência autêntica da qual Heidegger tão frequentemente fala não é, portanto, livre de disposições. Pelo contrário, nosso estar-lançado é a base para o mundo ser significativo para o *Dasein*. Se fôssemos pura possibilidade (sem disposição, sem contingência e sem um passado), não nos interessaríamos pelas coisas, elas não nos motivariam nem nos impeliriam com senso algum de urgência. Nesse sentido, Heidegger argumenta que é a disposição que torna possível nos dirigirmos às coisas e nos envolvermos em projetos significativos no mundo.

Embora Heidegger seja cuidadoso ao não se envolver em qualquer moralização aberta, está claro que, em relação a essas disposições que desvelam nosso estar-lançado, não deveríamos simplesmente lamentar a absurdidade e perguntar "Por que eu?" Em vez disso, deveríamos perguntar: "Como eu deveria pensar sobre isso?" O estar-lançado e as possibilidades de liberdade que ele torna acessíveis são considerados como coexistindo. Apesar de a concepção de Heidegger acerca da liberdade e da possibilidade não ser discutida antes da próxima seção, é importante reconhecer que a contingência e o estar-lançado estão longe de ser tudo sobre o qual Heidegger insiste. Outros aspectos de seu trabalho (especialmente o existencial da compreensão) contrariam essa ênfase sobre o "estar-lançado", e por isso *Ser e tempo* não é simplesmente um lamento sobre estarmos lançados em um mundo imprevisível, que é uma interpretação possível da noção de absurdo de Camus.

Heidegger também insiste que essa ênfase sobre a onipresença das disposições tem consequências para a prática da filosofia. Isso significa que nenhuma posição teórica pode deixar as disposições para trás e se despojar do sentimento e do afeto. As próprias ideias claras e distintas de Descartes são possibilitadas e condicionadas

54 Pensamento Moderno

pela disposição, e Heidegger sugere que tem sido um dos méritos da investigação fenomenológica ter trazido uma vez mais esses fenômenos (afetos) mais irrestritamente à nossa consideração. Embora até aqui não tenhamos discutido quaisquer disposições particulares em detalhe, no § 30 Heidegger discute mais extensamente a disposição do medo. Ele afirma que o medo revela a completa dadidade do mundo e o modo pelo qual estamos vinculados a ele; nosso modo de ser é tal que é passível de ser ameaçado. Em última instância, porém, ele sugere que disposições como o medo não são ontologicamente tão reveladoras como a ansiedade, que é considerada num estágio posterior de *Ser e tempo* e à qual retornaremos em breve.

> **Ponto-chave**
> **Três características essenciais da disposição**
> • O desvelamento do estar-lançado e da facticidade (não podemos prescindir das disposições).
> • O desvelamento do ser-no-mundo como um todo (isso possibilita projetos e nosso direcionamento às coisas).
> • O desvelamento do que o *Dasein* encontra importa para o *Dasein*.

Compreensão

Embora Heidegger sugira que as disposições estejam predominantemente envolvidas com o passado e com o que tem sido, no existencial que ele denomina "compreensão", o *Dasein* é lançado em direção ao futuro, e é isso o que torna a liberdade possível (BT: § 31). No nível mais simples, a "compreensão" está vinculada ao reconhecimento e à projeção de possibilidades. O *Dasein* já está sempre consciente das possibilidades, e no modo do à-mão, por exemplo, o mundo se apresenta sob uma luz particular com relação a alguma coisa que eu esteja em dúvida sobre fazer, ou em relação a algum projeto no qual estou para me envolver. Para oferecer um exemplo mundano, uma cadeira é significativa porque estou prestes a me sentar e começar a ler um manuscrito. O que é importante constatar nisso é que o mundo não oferece objetos neutros ao *Dasein*, que são subsequentemente interpretados. Em vez disso, no nível mais básico, ele oferece possibilidades ao *Dasein*, e a esse respeito o *Dasein* nunca pode ser reduzido à mera realidade.

Embora Heidegger declare que a "compreensão" e as disposições sejam igualmente uma estrutura fundamental do *Dasein*, essa orientação futura, que é pressuposta na compreensão, é provavelmente privilegiada em seu trabalho. Ainda que o real e o possível não possam ser reduzidos um ao outro, e ainda que a realidade tenha uma enorme importância existencial, como vimos na discussão precedente sobre as disposições, a possibilidade tem uma prioridade ontológica uma vez que *Ser e tempo* é voltado para a compreensão do que significa ser. Além disso, seu foco nas possibilidades contidas na "compreensão" reforça sua definição fundamental do *Dasein* como primordialmente aquele que "ainda não" é, incluindo os vários objetivos e ambições que todos temos para o futuro, sejam eles explicitamente conceitualizados ou não. A potencialidade, ou a possibilidade de ser, torna-se intimamente associada ao *Dasein*, muito mais que a realidade ou o que *é* (lembre da diferença ôntico-ontológica), e isso é algo que o trabalho de Heidegger partilha com a concepção de Sartre, similarmente orientada para o futuro da existência humana.

Dito isso, deveria ser reconhecido que, para Heidegger, como entes lançados, ou o que ele chama "lançadores lançados" (BT: § 31), temos somente certas possibilidades definidas e nossa compreensão dessas possibilidades está sempre, ao menos parcialmente, determinada pelo passado e por nossas disposições de um modo que Sartre não aceita. Para Sartre, existe uma ruptura, ou interrupção, radical entre o passado e o presente (assim como entre o presente e o futuro), e isso significa que nossa consciência das possibilidades futuras não pode estar circunscrita do modo que Heidegger supõe.

56 Pensamento Moderno

A interpretação e o círculo hermenêutico virtuoso em vez do vicioso

Na famosa concepção de Heidegger, a investigação e a "interpretação" analíticas não são senão o desenvolvimento das possibilidades que já estão projetadas pela "compreensão" (BT: § 32). De fato, ele chega ao ponto de afirmar que, "na interpretação, a compreensão se torna ela mesma e não outra coisa". Isso significa que toda interpretação é ao menos parcialmente fundamentada em algo que vemos antecipadamente, no que Heidegger denomina a "estrutura prévia de nossa compreensão", pois na interpretação "nunca há uma apreensão sem pressuposição de alguma coisa apresentada a nós". Qualquer apelo ao que realmente "está aí" diz respeito apenas a suposições não discutidas da pessoa que está interpretando. Embora a interpretação seja meramente o "desenvolvimento de possibilidades projetadas na compreensão" (BT: § 32), a reprodução mais explícita de nossa compreensão imediata, esse desenvolvimento das possibilidades já envolvido na compreensão pode ser elucidativo. Heidegger não está, portanto, sugerindo que deveríamos reconhecer a futilidade da interpretação e da reflexão analítica e desistir delas, mas ele sustenta que a pré-estrutura de nossa compreensão fundamenta a possibilidade da interpretação, e argumenta que isso foi ignorado por muitos filósofos anteriores ao advento da fenomenologia.

Para oferecer alguns exemplos dessa estrutura da nossa compreensão – que Heidegger também denomina o "como hermenêutico-existencial" (BT: § 32) – podemos mencionar que, inevitavelmente, ouvimos um certo som crepitante particular *como* um cortador de grama começando a funcionar, percebemos a porta *como* uma rota de fuga caso estejamos sendo perseguidos, vemos as ruínas *como* foram em sua antiga glória, talvez *como* evidência do declínio do Império Romano, se estiverem na localização relevante, e a afirmação fundamental de Heidegger é que não podemos sair desse modo de "ver como". Além disso, embora algumas vezes seja útil, a tentativa de ver algo livre dessa estrutura "como" é também deficiente e derivativa: o objeto ou experiência é desprovido de seu mundo, e, de certa forma, não é mais, de modo algum, compreendido. Isso significa que não existe uma coisa tal como uma percepção pura que seja sem noções teóricas e práticas preconcebidas. Mais precisamente, toda percepção é inevitavelmente também uma interpretação.

Apesar de a descrição que Heidegger faz da estrutura prévia de nossa compreensão ser mais nuançada do que posso apresentá-la aqui, envolvendo distinções entre ter prévio, ver prévio, e concepção prévia (BT: § 32), para nossos propósitos é importante notar que ele rejeita a sugestão de que essa posição o compromete com um relativismo epistemológico vicioso. Embora admita que a estrutura da compreensão e da interpretação que ele descreve seja circular, Heidegger argumenta que, longe de ser um problema, o erro é, na verdade, ansiar por uma forma estável de conhecimento que seja independentemente justificável e, portanto, não circular, que a seu modo de ver conflita inevitavelmente com algo semelhante ao paradoxo da aprendizagem que Menon, famosamente, descreveu.

Ponto-chave
Paradoxo da aprendizagem, de Menon
Se temos um conhecimento completo do que estamos procurando em nossa busca intelectual, então não há razão para estarmos procurando (uma vez que qualquer coisa encontrada seria já conhecida), mas se somos ignorantes acerca do que estamos procurando, então nunca poderíamos saber quando tivéssemos encontrado o objeto de nossa investigação e, com isso, satisfeito nossa busca intelectual.

O paradoxo de Menon parece sugerir que existe algo errado com uma concepção de conhecimento como passível de justificação rigorosa que seja independente dos interesses humanos e noções preconcebidas. Consequentemente, o que é decisivo, Heidegger argumenta, não é sair do círculo hermenêutico, mas entrar nele do jeito certo.

Devemos ter uma vaga compreensão do que estamos procurando (i. e., como contido no à-mão e em sua concepção pré-ontológica do significado do ser), e essa concepção de interpretação anuncia a renovação de um método hermenêutico que tem, desde então, sido produtivamente explorado por vários dos alunos de Heidegger, em especial Hans-Georg Gadamer.

Decadência e inautenticidade

No terceiro conjunto de existenciais que ele denomina "discurso" (BT: § 34), Heidegger discute o falatório, a ambiguidade e a curiosidade à medida que afligem a vida do "si-mesmo-impessoal". De um modo interessante, Heidegger discute a ambiguidade sob uma luz predominantemente negativa, diferente das formulações positivas explícitas no trabalho de Merleau-Ponty e de Simone de Beauvoir. Para nossos propósitos, são as discussões de Heidegger sobre decadência e inautenticidade que requerem atenção. Já vimos que não podemos viver permanentemente na autenticidade. Mais precisamente, Heidegger insiste que inautenticidade e absorção em meio à multidão são as condições para a autenticidade e não podem ser simplesmente eliminadas. Isso porque, ao utilizarmos os objetos no modo do à-mão, agimos como todo mundo age. Além disso, um traço característico estrutural do *Dasein* é o que Heidegger chama sua decadência.

> **Ponto-chave**
>
> A *decadência* é a tendência da individualidade e singularidade se perderem ou serem reabsorvidas no anonimato da vida ordinária, bem como o modo pelo qual o *Dasein* inevitavelmente foge de sua finitude e encobre seu estar-lançado..

Consequentemente, decadência e imersão em meio à multidão são consideradas inautênticas, mas ao mesmo tempo todos nós somos decaídos, e Heidegger se recusa, portanto, a fazer uma avaliação negativa da vida inautêntica. Em afirmações precisamente expressas, Heidegger sugere que autenticidade e inautenticidade são dois modos básicos de ser do *Dasein*, e não possibilidades autoescolhidas. Grande parte da "analítica existencial de Heidegger", em *Ser e tempo*, está ocupada com a análise do modo pelo qual somos inevitavelmente envolvidos e tragados pelas banalidades do dia a dia (decadência e inautenticidade). Ela revela também o movimento oposto no qual esse anonimato é exposto pelo que é e somos radicalmente individualizados pela experiência da ansiedade quando somos forçados a tomar uma decisão difícil, ou quando confrontamos a possibilidade de nossa própria morte (autenticidade). Existe uma clara relação aqui com a concepção de Jaspers sobre situações-limite, ainda que, em momento algum, isso seja reconhecido por Heidegger. Embora a concepção de Heidegger acerca da existência autêntica só possa ser completamente compreendida seguindo a consideração do que ele pensa estar envolvido em resolutamente enfrentar nossa própria morte, é, no entanto, útil resumir alguns pontos gerais sobre esta distinção entre autenticidade e inautenticidade que continuará a ser desenvolvida nas seções subsequentes deste livro.

Ponto-chave
Autenticidade e inautenticidade

1) A existência autêntica pressupõe um sentido individualizante de "sempre-meu" – e. g., *minha* decisão – assim como um reconhecimento da totalidade (BT: § 12) porque, em vez de fugir, ela assume a finitude e a ausência de fundamento da existência do *Dasein*.

2) A existência autêntica também está fundada predominantemente na possibilidade, embora a existência inautêntica seja predominantemente fundada na realidade (como quando o eu é interpretado como um objeto ou como mera coisa).

3) A existência autêntica é consciente do significado da existência, enquanto a inautêntica não.

Podemos deduzir da conjunção das afirmações 2 e 3 que o significado da existência está inextricavelmente vinculado à dimensão da possibilidade, e Heidegger explicitamente argumenta isso na divisão 2 de *Ser e tempo*. Suas várias discussões sobre autenticidade sugerem que nossa vida é significativa devido ao que pode ser (no futuro), ou mesmo àquilo que pode ter sido (no passado), mais do que devido àquilo que presentemente *é*. Nesse sentido, Heidegger argumenta que o *Dasein* tende a conflitar com três principais fugas da existência autêntica: uma confiança em vários tipos de determinismo psicológico (a insistência de que todo comportamento é causalmente determinado pelo passado); uma concepção de um futuro particular como inevitável; e uma concepção de nós mesmos como tendo uma essência ou natureza.

Ponto-chave

A crítica de Adorno

O filósofo marxista Theodor W. Adorno escreveu um livro chamado *O jargão da autenticidade*, atacando o uso que Heidegger faz do termo "autenticidade" e afirmando que esse uso envolve uma dependência abusiva e não revelada na psicologia popular alemã. Na descrição de Adorno a postura intelectual de Heidegger obscurece o fato de que ele está fazendo uma afirmação relativamente simples e problemática sobre como os entes humanos deveriam ser. Para ele, isso tornou o envolvimento subsequente de Heidegger com o nazismo previsível e talvez mesmo inevitável.

O cuidado como o ser do *Dasein*

Como vimos, o ser-no-mundo assume muitas formas, e Heidegger argumenta que essas diferentes modalidades do *Dasein* são todas unificadas por uma estrutura subjacente que ele refere como "cuidar", ou cuidado (*Sorge*) (BT: § 41). É essa estrutura que é evidente em, e subjaz a, todos os vários existencialistas até aqui considerados. Podemos dizer que o ser do *Dasein* é fundamentalmente o do cuidado – que é o modo que o *Dasein* se comporta em relação ao mundo – embora seja novamente importante notar que Heidegger não pensa que sejamos todos bodisatvas iluminados cuidando dos entes sencientes nossos semelhantes. Mais precisamente, sua insistência sobre a importância do "cuidado" para o *Dasein* significa, dentre outras coisas, que somos criaturas para as quais o tipo de vida que viveremos é um tema para nós.

Na análise de Heidegger, ocupação e solicitude são subcategorias do cuidado. O *Dasein* está *ocupado* com a tarefa de martelar e está ocupado com relação às entidades, mas o modo de cuidado apropriado para com os outros (*Mitsein*) é denominado *solicitude*. Uma outra forma de expressar essa distinção é a seguinte:

> ### Ponto-chave
> O cuidado é subdividido em *ocupar-se de* (i. e., ocupar-se dos objetos do mundo) e *importar-se com* (i. e., solicitude: importar-se com outras pessoas).

Embora essa distinção pareça, de algum modo, contenciosa, uma vez que significa que não podemos nos *importar com* animais ou com o estado de nosso ensaio, mas somente nos *ocupar deles*, o argumento geral de Heidegger segundo o qual o cuidado subjaz a todos os diferentes existenciais até aqui considerados (decadência, compreensão, e assim por diante), permite a ele oferecer uma primeira resposta provisória à questão acerca do que significa existir. Para o *Dasein*, ser significa cuidar, no sentido distintivo que ele dá a essa ideia, embora seja importante recordar que essa resposta permanece em um nível diferente da questão à qual ele terminará retornando para considerar o significado do próprio ser. Os esforços de Heidegger para entender o que significa ser o *Dasein*, na divisão 1 de *Ser e tempo*, são meramente os meios "preparatórios" para ele tratar da questão ontológica mais fundamental com respeito ao que significa existir *per se*, o que ele examina na divisão 2.

Ansiedade e *Angst*

O termo alemão de Heidegger, *Angst*, é às vezes mantido dessa forma nas traduções inglesas. Outros tradutores usualmente escolhem termos como temor ou angústia. Macquarrie e Robinson preferem o termo mais comum "ansiedade", mas destituído de suas conotações médicas. Independentemente da tradução, ansiedade ou *Angst* é uma disposição que tem uma tremenda importância em *Ser e tempo* devido ao papel individualizante que, para Heidegger, ela desempenha (BT: § 40). A seu ver, a experiência de ansiedade generalizada nos revela, existencial e dramaticamente, que os papéis sociais nunca podem oferecer uma descrição completa, compreensiva, da identidade. Somos confrontados pelo reconhecimento de que hábitos e costumes sociais não são suficientes para tornar a vida significativa para o indivíduo em questão. Ao mesmo tempo Heidegger argumenta que a ansiedade indica, assim, o potencial para um desvelamento individual e distintivo do mundo.

A fim de mostrar por que Heidegger pensa que a ansiedade faz isso, é importante observar que na experiência da ansiedade o mundo familiar perde seu significado normal; todos os nossos modos habituais e cotidianos de nos relacionarmos com o mundo declinam e caem na insignificância. Forçada a confrontar nossos próprios estar-lançado e finitude, a ansiedade nos individualiza porque não nos sentimos mais em casa no mundo do à-mão, do *das Man*, e da multidão. Mais precisamente, o *Dasein* é forçado para fora de seu "si-mesmo-impessoal" para considerar seu papel e a si mesmo. Ao me individualizar, portanto, a ansiedade revela *minhas* possibilidades precisamente como minhas, mas Heidegger também sugere que, a despeito desse sentimento de "sempre-meu", existe também um sentido no qual o eu é aniquilado nesse processo. Certamente qualquer eu essencial dado é aniquilado e substituído pela ansiedade no colapso da vida do indivíduo e seu repentino reconhecimento de que nada importa exceto que nada importa. Isso porque, na descrição de Heidegger, na ansiedade o *Dasein* descobre que não possui quaisquer possibilidades essenciais próprias; as possibilidades evidenciadas por ele no à-mão estão aí para todos. Elas não têm sig-

Existencialismo **63**

nificado intrínseco ou único algum para o indivíduo em questão e o reconhecimento disso pode nos deslocar para fora de nossas zonas habituais de conforto. Nós descobrimos que as coisas são estranhas (*unheimlich*), e isso pode provocar a consciência de que somos livres para confrontar autêntica ou inautenticamente as possibilidades diante de nós.

Para desenvolver essa distinção entre o autêntico e o inautêntico Heidegger discute as disposições de medo e ansiedade como representativas de dois modos diferentes pelos quais podemos encarar nosso passado. Nesse sentido, Heidegger é fortemente influenciado por Kierkegaard e seu ponto é, essencialmente, que o medo tem um objeto definido, diferente da ansiedade, cujo objeto, se existe algum, não é precisamente coisa alguma. Além disso, é somente a ansiedade que nos força para fora de nossos modos habituais de ser na multidão e que *pode* atuar como um ímpeto para a autenticidade. (Como veremos, Sartre também argumenta que a experiência da angústia revela que o eu não possui possibilidades essenciais e que são injustificáveis, de certo modo, quaisquer possibilidades que possam ser escolhidas.)

Ser-para-a-morte

A segunda divisão de *Ser e tempo* é dedicada a uma análise do tempo. Embora essa divisão seja mais ontológica do que o material que consideramos até aqui, ela ainda está envolvida em um projeto que tem ramificações para qualquer análise existencial. Isso porque, diferente de Husserl, Heidegger não pensava que poderíamos considerar o tempo isoladamente, ou executando uma redução fenomenológica contínua. Em vez disso, tempo e existência são necessariamente coimplicados, e isso significa que suas discussões sobre o tempo são entrelaçadas com análises posteriores do *Dasein* em termos de cuidado, e, o que é mais importante para nossos propósitos, com o que ele chama ser-para-a-morte e resolutividade. É bastante claro que se estabeleça uma relação entre o tempo e a morte, mas Heidegger questiona o entendimento comum dessa relação.

Embora reflexões sobre a mortalidade representassem uma grande parte do pensamento filosófico grego, particularmente no período helenista, na tradição cristã e na Modernidade elas têm sido menos comuns. Heidegger buscou redimir essas questões, argumentando, para colocar seu ponto de forma muito geral, que a perspectiva da morte concede unidade e completude ao *Dasein* (BT: § 52). Ele também argumenta que uma compreensão genuína da inevitabilidade de nossa própria morte reconhece algo semelhante a uma verdade ontológica da constituição do *Dasein*. Aceitar que sejamos o que ele chama "entes-para-a-morte" é ser autêntico, recordando que a existência autêntica é caracterizada por uma compreensão explícita do que significa existir.

Ao mesmo tempo, Heidegger aceita o ponto óbvio – tornado famoso pelo filósofo grego Epicuro – segundo o qual, enquanto existe, um sujeito "ainda não" atingiu seu fim. De fato, para Heidegger, a orientação futura capturada neste "ainda não" é tomada como característica da existência do *Dasein*. O *Dasein* está sempre "a caminho", "adiante de si próprio", sendo sempre "o que não é" (uma formulação que Sartre usará frequentemente), e se projetando em direção a possibilidades futuras que estão "por vir" (prefigurando o uso desta frase no trabalho de Jacques Derrida). O problema para a descrição de Heidegger é que se isso é assim então parece difícil refutar o "argumento sem sujeito" epicurista, que sugere que não experienciamos, nem podemos experienciar, nossa própria morte, mas somente a morte de outros. Afinal, como o famoso aforismo de Epicuro indica, "onde a morte é, não sou; onde sou, a morte não é". Outros filósofos existenciais, incluindo Sartre, consideram isso, praticamente, tudo o que pode ser dito sobre o tema.

Contudo, a posição de Heidegger diverge muito drasticamente de uma visão como essa. De fato, ele argumenta que essa tendência

Existencialismo **65**

de evitar considerar nossa própria morte é um grande problema. Para utilizar uma imagem, tomada emprestada de meu colega Jonathan Roffe, isso significa que agimos como se fôssemos vampiros; ainda que não sejamos imortais, para todos os efeitos, agimos como se fôssemos. Reconhecemos que, cedo ou tarde, todos morrem, mas consideramos isso a partir de uma perspectiva objetiva e imparcial. Não consideramos seriamente o fato de que nós mesmos morreremos. Em resposta a essa atitude que considera generalizada, Heidegger argumenta que ainda que não possamos literalmente experienciar o estarmos mortos, podemos e deveríamos, no entanto, confrontar isso antes do evento. Em outras palavras, necessitamos antecipar nossa própria morte, e não apenas a morte de outros. Por quê? Porque esta experiência de "ser-para-a-morte" revela uma parte importante do que é ser humano e Heidegger pensa que reconhecer isso tem consequências importantes para o tipo de vida que podemos levar. Para entendermos isso é melhor procedermos negativamente, e começarmos estabelecendo o que Heidegger pensa estar errado com a compreensão da morte que ele designa como "inautêntica".

A apreensão inautêntica da morte

Heidegger sugere que existem dois principais modos inautênticos de compreender a morte – indiferença e medo – e esses modos de apreender a morte são designados como "inautênticos" porque não reconhecem completamente o que significa existir. O primeiro desses modos de compreender a morte, a indiferença, divide-se em dois tipos diferentes. O menos comum dentre eles é a indiferença com relação à morte que os argumentos de Epicuro tentam fomentar. O ponto de Epicuro é que nenhum sujeito pode experienciar o sofrimento de estar morto (como oposto a morrer), então por que se preocupar com isso?

Ao mesmo tempo, o reconhecimento vago e geral de que todos nós vamos *perecer* biologicamente, o que poucos de nós contestariam, também exibe uma indiferença com relação à morte, embora de um tipo diferente, na qual a morte é tratada como algo que, indiferentemente, chega a todos nós; é o agente igualitário último. Isso pode parecer um modo realista de confrontar a morte, mas, para Heidegger, é considerar sua própria morte como se fosse a morte de outro. É uma apreensão inautêntica da morte, uma vez que a morte, nesse exemplo, não é entendida como realmente a sua; ela aflige alguém outro e é compreendida num nível abstrato e geral, e como algo que acontecerá no futuro em um momento indefinido no tempo.

Com certeza, podemos argumentar (como o fez Epicuro) que essa visão é rapidamente substituída pelo medo das ocasiões inevitáveis em que esses tipos de evasões e ofuscações não são mais possíveis. Em outras palavras, quando confrontados com a doença, o perigo, a velhice, ou qualquer relação mais íntima e provável com a morte, a indiferença da abstração e generalização é rapidamente suplantada pelo medo. Sob esse aspecto, Heidegger concorda e sugere que a apreensão inautêntica mais comum da morte para o *das Man* é o medo: ou seja, focar no evento real de nosso próprio *finamento* e ressentirmo-nos ou temermos por ele. Por que isso é inautêntico? Para Heidegger o problema é que o medo trata a morte como uma *realidade* empírica, e não como minha "*possibilidade* mais própria" (BT: § 52). Essa concepção inautêntica trata a morte somente como uma realidade futura, mas, para Heidegger, essa futura morte é, paradoxalmente, uma possibilidade futura. Tratar a morte somente como uma realidade, uma vez mais, significa que ela não é concebida como acontecendo com você. É uma realidade empírica que sua vida terminará, mas não é parte de sua vida, e isso foge da finitude, que está no coração da existência do *Dasein*. Heidegger argumenta que essa atitude é típica do *das Man*, ou do "si-mesmo-impessoal", que toma mais significação do que é real do que daquilo que é possível (e das condições de possibilidade do real), e aqui você pode ver como a questão da morte nos remete à questão ontológica sobre o ser, que Heidegger pensava ter sido encoberto e esquecido pela tradição filosófica ocidental.

Em uma frase famosa, Heidegger argumenta contra essa concepção e sugere que "a morte, enquanto o fim do *Dasein*, é sua possibilidade mais própria" (BT: § 52), e prossegue dizendo que, "quanto mais desvelada e compreendida se torna essa possibilidade, mais puramente a compreensão penetra nela enquanto a possibilidade da impossibilidade de qualquer existência" (BT: § 53). Isso levanta várias questões: primeiro, como podemos ser dirigidos para algo que nunca pode ser realizado (para nós)? Podemos estar dirigidos para o dia de nosso casamento, ou para nossa formatura na universidade, precisamente porque ela pode acontecer e ser realizada por nós em alguma data no futuro. Como pode Heidegger aceitar o argumento "sem sujeito" de Epicuro e, apesar disso, ainda insistir que somos um ser-para-a-morte? Como pode a morte ser minha possibilidade quando ela é também, como ele mesmo admite, uma "impossibilidade"? Sartre, cujo trabalho consideraremos a seguir, responderá simplesmente que por essa mesma razão a morte não pode ser parte da estrutura da subjetividade humana, mas Heidegger insiste que a morte é uma possibilidade que é interna ao próprio ser do *Dasein*. A morte é uma estrutura existencial que define a subjetividade humana, e isso significa que a possibilidade de morrer é parte da estrutura de nosso mundo à medida que o experienciamos agora, não apenas algo que é adiado para mais tarde. Em uma linguagem mais filosófica, podemos dizer que a morte é uma possibilidade futura que é constitutiva do "agora", do presente. Podemos entender essa afirmação no sentido de que meu presente é o que ele é, somente devido à minha compreensão de que esse presente é finito e que não prosseguirá para sempre. Em outras palavras, nossa compreensão de um "ainda não" final, de uma possibilidade final, é o que nos permite estruturar e organizar nossas vidas significativamente. A consciência de que vou morrer um dia me permite obter uma perspectiva da vida como um todo porque, como David Krell sugere, ela "invade meu presente, trunca meu futuro, e monumentaliza meu passado" (BW: 22). Sem esse sentido do futuro como pressupondo a morte, nossas motivações para perseguir certos tipos de projetos estariam perdidas; seríamos vampiros, ainda finitos, à medida que certas escolhas excluem outras, mas não mortais. A esse respeito, Heidegger insiste que impedimentos como a morte são uma condição necessária para a liberdade e a individualidade.

Para Heidegger, nossas possibilidades futuras se tornam mais focadas ao genuinamente encararmos a perspectiva de nossa própria morte. Somente se estivermos conscientes de nossa própria finitude seremos impelidos a agir agora e com urgência. Isso torna mais provável que atinjamos a disposição autêntica que Heidegger chama "resolutividade". Sem esse reconhecimento Heidegger sugere que uma vida de inautenticidade, frivolidade e de crença acrítica no que os outros acreditam ameaça a dominar. Se a compreensão que Heidegger tem da morte parece irreal, é importante notar que um enfrentamento da morte *pode* nos ajudar a focar no que significa existir. Isso não ocorre, necessariamente, assim. O reconhecimento genuíno da morte iminente pode transformar o modo que vemos e experienciamos a vida, mas experiências empíricas pessoais de estarmos no limiar da morte e não nos sentirmos desse modo não são importantes aqui, e não são suficientes para refutar Heidegger. A esse respeito, é claro também que a descrição de Heidegger sobre uma atitude autêntica com relação à morte exclui a possibilidade de buscarmos imergir-nos em alguma figura transcendente, como Deus, ou a promessa de salvação. Qualquer confiança na perspectiva de uma vida após a morte é ignorar o significado da morte e da finitude humana, é não encará-la corajosa e resolutamente.

De um modo interessante, Heidegger também afirma que deveríamos antecipar a morte, em vez de simplesmente esperá-la. A distinção que está sendo traçada aqui é muito sutil, mas, para ele, a antecipação é autêntica, embora a expectativa seja inautêntica porque trata a morte como uma realidade (uma coisa objetiva que acontece a todo mundo) em vez de como nossa "possibilidade mais própria". Para Heidegger, devemos reconhecer que somos, neste exato momento, um ser-para-a-morte. Devemos viver nossas vidas encarando esse reconhecimento de que nosso presente é permeado pelo horizonte da morte porque, para Heidegger, é a antecipação da morte que individualiza o *Dasein* e concede uma completude e uma integridade à vida. Para mostrar por que isso é assim faz-se necessário reconsiderar o fenômeno da ansiedade, ou *Angst*, mas dessa vez em relação à perspectiva de nossa própria morte.

Ansiedade e a autêntica apreensão da morte

Para Heidegger uma apreensão autêntica da morte tende a resultar na (ou ser motivada pela) ansiedade, não esquecendo que a ansiedade deve ser distinguida do medo, uma vez que o medo se refere à possibilidade de coisas externas nos prejudicarem, enquanto a ansiedade é um tremor diante de nossas muitas e variadas possibilidades. Todavia, o ponto de Heidegger não é sugerir que a própria morte seja um objeto explícito de *Angst*. Mais precisamente, é a perspectiva da morte que ocasiona ansiedade em relação ao nosso modo geral de ser-no-mundo. Uma vez mais, ele não está interessado no evento da morte, mas na vida em relação à perspectiva desse evento, e contra Sartre e Epicuro ele sustenta que não necessitamos estar no fim para nos apercebermos de que estamos nos encaminhado para o fim. Isso porque somos um ente-para-a-morte, não um ente-à-morte ou um ente-na-morte.

Por que, então, Heidegger pensa que na ansiedade nós apreendemos autenticamente a morte? A experiência esclarece que a morte não é escolhida por nós, mas é lançada ou compelida sobre nós. Como vimos, tentamos usualmente evitar uma compreensão completa do que significa morrer imergindo-nos em platitudes comuns como "todo mundo vai morrer", e isso é parte de uma tendência mais geral – decadência – de nos considerarmos como simplesmente um dentre muitos. Na *Angst*, porém, Heidegger assinala que não nos sentimos mais em casa neste mundo e no anonimato das massas. O anonimato da vida cotidiana é retirado (Heidegger não pensa que essa experiência seja particularmente comum) e nos encontramos sozinhos com o "si-mesmo-impessoal" extirpado. A esse respeito, uma apreensão autêntica da morte nos individua ao destruir nossa ilusão de ter uma identidade fixa e estável que seja fundamentada por costumes sociais, por nosso *status* dentro dessa sociedade e pelas várias convenções que fortalecem a existência social diária: falatório, polidez vazia, e assim por diante. A ansiedade nos força a nos afastarmos da suposição de que nossa identidade é dada por essas formas de interação e, nos termos de Heidegger, revela "uma certa possibilidade" do *Dasein* "de não ter possibilidades necessárias", e por meio disso nos faz ver que o significado de nossa existência depende somente de nós.

A morte nos *individua*: nenhum outro pode morrer por mim

Reconhecer que eu devo morrer, e não apenas que todo mundo morre, exige um modo de me compreender como um indivíduo, em vez de simplesmente um em meio à multidão. A fim de entender o ponto de Heidegger, imagine por um momento que você esteja condenado à morte. É claro que seria uma experiência muito estranha, e nesse sentido é útil pensar uma vez mais sobre *O estrangeiro*, de Camus. Próximo ao fim do livro se torna claro que ser condenado à morte libera o personagem principal, Meursault, mas poderia também ser muito assustador. E, mesmo assim, por que em nossas vidas cotidianas raramente experienciamos esse reconhecimento? Todos nós sabemos que vamos morrer, assim como Meursault sabe enquanto espera por sua execução. A única diferença é que não sabemos exatamente quando vamos morrer, enquanto ele sabe (é claro que ele pode ser perdoado enquanto espera por seu destino). Nesse sentido, Heidegger sugere que o si-mesmo-impessoal evita uma compreensão autêntica da morte manipulando a indefinição do momento da morte – nós não sabemos quando ela acontecerá, e por isso não entendemos completamente que vamos morrer –, mas ele também argumenta que isso é claramente um truque.

É importante notar que, quando Heidegger comenta que "nenhum outro pode morrer por mim", ele não está sujeito a refutação empírica, como no exemplo de um mártir histórico que morreu por seu amigo. Ele quer dizer que nenhum outro pode morrer por mim, no sentido de viver, por mim, a antecipação da morte. Como vimos, essa ideia de antecipar a morte é crucial para sua descrição de uma apreensão autêntica e decidida da morte, assim como para organizar significativamente nossas vidas e imbuí-las de um significado individual para além da "cotidianidade".

Ponto-chave

Heidegger, sobre a morte

• A morte é muito minha – é minha "mais própria".

• A morte não pode ser partilhada por outros – é não relacional.

• A morte é a possibilidade que não pode ser evitada – é inevitável (nenhuma outra possibilidade é como essa e retém seu *status* como possibilidade).

Consciência e culpa

Vimos que, para Heidegger, a liberdade é, de certo modo, um fardo, em particular, por nos privar de nossas zonas de conforto habituais. Como um resultado desse fardo, e devido ao anonimato que está necessariamente pressuposto no à-mão, tendemos a evitar fazer escolhas, e em vez disso somos levados pela multidão. Por isso, ao menos em alguma medida, somos inevitavelmente enredados na inautenticidade. Em que base, então, podemos ser esperançosos com relação às possibilidades para a autenticidade, dado que Hei-

72   Pensamento Moderno

degger argumenta que autenticamente ser-si-mesmo assume a forma de uma modificação existencial do "si-mesmo-impessoal"? De que recursos pode o *Dasein* fazer uso para ser autêntico, lembrando o princípio geral de Heidegger segundo o qual a fonte da autenticidade deve estar disponível para todo *Dasein*, e deve situar-se dentro dos limites do que já é parcialmente entendido? Ele argumenta que esse potencial para ser-si-mesmo é verificado pela experiência da consciência. Para colocar o ponto de forma muito geral, consciência e culpa são as bases que nos permitem encontrar nosso eu autêntico, tendo em vista que esse eu não é um tipo qualquer de identidade estática, pré-dada.

Com certeza, a noção de "consciência" tem uma história teológica e sociocultural longa e complicada, mas o entendimento que Heidegger tem da consciência é consideravelmente distinto dessas perspectivas morais. Em sua concepção, a consciência é descrita simplesmente como um "chamado", como um apelo ao *Dasein* para tomar nota das possibilidades e potenciais individuais do *Dasein*: em outras palavras, para assumir a responsabilidade. Esse fenômeno da consciência nos dá algo para compreendermos (assim como o faz a disposição) e Heidegger insiste que ela não pode ser redutivamente explicada pela biologia ou pela psicologia. Nem, sugere ele, pode uma prova empírica da consciência ser esperada. Em sua concepção, isso é deixar o nível ontológico e tentar fazer dos fenômenos algo apenas simplesmente-dado.

Heidegger comenta que, estritamente falando, o chamado da consciência nada diz, e não dá informação alguma sobre os eventos do mundo. Mais precisamente, em uma frase famosa, ele diz que o eu é conclamado, ou chamado, à sua "mais própria potencialidade-para-ser" (BT: § 56). Em sua análise, o *Dasein* é simultaneamente tanto o que é chamado como aquele que está fazendo o chamado. Embora essa formulação apresente algumas dificuldades lógicas, podemos dizer que o *Dasein*, enquanto sua "potencialidade mais própria" e radicalmente individualizado (D1), chama o *Dasein* enquanto decaído e um si-mesmo-impessoal (D2). Sem dúvida, isso é demasiadamente esquemático, mas está claro que, para Heidegger, quem chama (D1) é radicalmente desconhecido ao si-mesmo-impessoal e ao mundo cotidiano. Na verdade, é essa característica que permite a Heidegger explicar como podemos ouvir o chamado da consciência contra nossa "vontade" e para nosso próprio embaraço. Como ele diz, "o chamado vem de mim e, todavia, de fora de mim" (BT: § 57), e ele torna explícito que o chamado da consciência se dirige ao *Dasein* seja como culpa, como possivelmente culpado (e. g., uma advertência), seja como consciente de não ter culpa alguma (e. g., uma boa consciência) (BT: § 58).

Significativamente, Heidegger também reafirma consistentemente que a consciência paradoxalmente discursa no modo de se manter em silêncio (BT: § 58), como Kierkegaard argumentou extensamente antes dele em *Temor e tremor*, e Derrida mais recentemente também enfatizou em *O dom da morte*. Para Heidegger, o chamado não pode ser reportado e ele inclusive sugere que o conceito de uma consciência do mundo, ou uma consciência pública, é uma construção dúbia. Ele prossegue e argumenta que, quanto mais o chamado é compreendido não relacionalmente (como a morte também deve ser compreendida), menos o *Dasein* é pervertido por considerações sobre aceitabilidade, prudência em um contexto, ou sobre se ajustar a uma sociedade (BT: § 58). Por isso, a consciência individualiza de uma maneira muito semelhante à ansiedade, e Heidegger reafirma que a autenticidade é não relacional. Esse individualismo é possivelmente um traço definidor do existencialismo, a despeito da rejeição transcendental do solipsismo no trabalho de Heidegger (ver a ideia de *Mitsein*), assim como na análise de Sartre acerca da experiência da vergonha.

As experiências de consciência e culpa tornam o "eu" concreto e dão a ele uma significação vivida e existencial, e a questão importante então se torna aquela com relação a como deveríamos responder à culpa. Poderíamos negar que nosso comportamento era livre apontando para causas externas ou para alguma versão de determinismo psicológico, mas isso seria inautêntico na concepção de Heidegger. Isso posto, confrontar autenticamente a culpa também está muito longe de simplesmente nos envolvermos em autoflagelação e nos acusarmos de delitos passados. Ambas são interpretações decaídas da consciência. Buscar encontrar em outros, ou em nós mesmos, a culpa por infrações ou regras e regulações para erros passados é o que o si-mesmo-impessoal inautenticamente faz. Para sermos autênticos devemos querer ter uma consciência, mas não uma boa consciência. Devemos estar prontos para sermos solicitados, e prontos para a *Angst* e para a consciência, mas não tão rápido para estabelecermos que somos ou para sempre empiricamente culpados (i. e., em dívida) ou para sempre liberados de culpa.

Heidegger também afirma que a ética e a moral emergem de uma consideração sobre a culpa, em vez do contrário, como tem sido tradicionalmente suposto por vários filósofos que argumentaram que a experiência da culpa pressupõe um código de ética que foi transgredido. A esse respeito, Michael Gelven captura bem o tema em questão quando pergunta: "Eu primeiro descubro ou aprendo o que devo fazer, e então sinto culpa se violei essa máxima; ou eu primeiro sinto um chamado para ser bom ou autêntico, e então estabeleço uma ordem moral para satisfazer esse desejo?" (GELVEN, 1989: 161).

Para Heidegger, o segundo é o caso, mas não nos sentimos impelidos a ser bons por razões egoísticas ou hedonistas, como, por exemplo, com o objetivo de maximizar a felicidade ou mesmo o bem-estar de todos os seres sencientes, como alguns utilitaristas sustentam. Mais precisamente, todos nós temos uma compreensão tácita da autenticidade e uma consciência do que significa ser desde o "início". Essa prioridade ontológica da culpa sobre a moralidade é o que assegura que o projeto de Heidegger permaneça um projeto de ontologia fundamental, e significa também que a experiência da culpa não é redutível ao medo de represálias por parte daqueles que foram prejudicados, ou a um sentimento de dívida para com eles ou à sociedade em geral; uma compreensão da culpa deve ser separada de qualquer compreensão sobre lei, obrigação moral ou do "deve" porque ela é a base sobre a qual esses são construídos.

Resolutividade

"Resolutividade" é o termo de Heidegger para autenticamente ser-si-mesmo. Para falantes da língua inglesa, ela traz conotações de decisão e de resolução. Essa impressão não é completamente falsa com relação ao entendimento de Heidegger acerca do termo, mas ao mesmo tempo necessita ser enfatizado que as experiências de consciência e culpa são os fundamentos para a resolutividade e isso significa que ela nunca será autoafirmação arrogante ou dogmatismo. Além disso, embora ela venha da (e seja motivada pela) individualização da consciência e da culpa, a resolutividade não separa o *Dasein* do mundo. De fato, Heidegger declara que ela não é senão ser-no-mundo e que o *Dasein* resoluto "se libera *para* seu mundo" (BT: § 60). Ele prossegue argumentando que é a resolutividade que nos leva à solicitude, porque é somente por meio do autenticamente sermos-nós-mesmos que podemos autenticamente ser-com-outros. Esse é um sentimento que também desempenha um grande papel no trabalho de Simone de Beauvoir, mas, a fim de clarificar o que ele quer dizer com resolutividade, Heidegger também sugere que somente para o resoluto há o que ele chama uma "situação". O si-mesmo-impessoal, por outro lado, conhece a generalidade do hábito, mas nada sabe sobre a situação, uma vez que uma situação é sempre particularizada por um ente individualizado que antecipa várias possibilidades. Antecipar é muito importante para estabelecer a disposição da resolutividade à medida que pressupõe irmos ativamente em direção a possibilidades futuras e já sempre agirmos, em vez de passivamente esperarmos que as coisas venham até nós. No fim das contas, Heidegger sugere que ser autêntico é existir em resolutividade antecipatória.

"Carta sobre o humanismo"

O ensaio de 1945 de Heidegger, "Carta sobre o humanismo", foi, dentre outras coisas, uma resposta a *O existencialismo é um humanismo*, de Sartre, e a uma rápida leitura de *O ser e o nada* (praticamente todas as páginas da cópia de Heidegger, desse livro, não estavam cortadas, como necessitavam estar naqueles dias antes que o livro pudesse ser lido). Basicamente, Heidegger argumenta que essa versão de existencialismo que foca na consciência humana não mostra relação alguma com seu próprio pensamento, que em *Ser e tempo*, e mais obviamente para além desse texto, deixou esses compromissos antropológicos para trás. Ele também sugere que a fórmula existencialista favorita de Sartre – a existência precede a essência – simplesmente inverte o platonismo e é, portanto, ainda uma forma de metafísica, em vez de uma ontologia fundamental. A "Carta sobre o humanismo" foi um texto muito importante no pensamento contemporâneo francês, influenciando igualmente tanto estruturalistas como pós-estruturalistas em suas apreciações de Sartre e do existencialismo, e essa recepção será examinada no capítulo 7.

Sumário dos pontos-chave

A diferença ôntico-ontológica

- Investigação ôntica – examina entidades, ou entes.
- Investigação ontológica – examina o que possibilita às entidades serem, ou o ser.

Dasein

• A essência do *Dasein* é sua existência (o *Dasein* se destaca da mera imersão no mundo, e não tem atributos ou essências objetivos que possam adequadamente defini-lo).

• O *Dasein* se compreende em termos de sua existência (sua possibilidade de ser, ou não ser, si mesmo).

• O *Dasein* é, em cada caso, meu, uma vez que existe uma especificidade e uma individualidade com relação a experiências (*minha* decisão, *minha* responsabilidade etc.).

O *à-mão* e o *simplesmente-dado*

• *À-mão* – uma relação prática com os objetos e o mundo enquanto uma "totalidade instrumental".

• *Simplesmente-dado* – uma relação mais abstrata com os objetos na qual eles não são definidos por seu envolvimento na atividade humana e, em vez disso, assumem uma "presença objetiva".

Três características essenciais da disposição (estado de espírito)

• O desvelamento do estar-lançado e facticidade (não podemos prescindir das disposições).

• O desvelamento do ser-no-mundo como um todo (isso torna possíveis projetos e o direcionamento próprio às coisas).

• O desvelamento do que o *Dasein* encontra importa para o *Dasein*.

Autenticidade e inautenticidade

• A autenticidade envolve um sentido individualizado de "sempre-meu" – e. g., *minha* decisão – assim como o reconhecimento da completude (BT: § 12), porque ela assume (em vez de fugir) a finitude e a falta de fundamento da existência do *Dasein*.

- A existência autêntica é também fundada predominantemente na possibilidade, embora a existência inautêntica seja fundada predominantemente na realidade (como quando o eu é interpretado como um objeto ou uma mera coisa).
- A existência autêntica é consciente do significado da existência, enquanto a existência inautêntica não.

Ansiedade

Na experiência de ansiedade somos forçados a confrontar nosso próprio estar-lançado e a finitude. Isso nos individualiza porque não nos sentimos mais em casa no mundo do à-mão, do *das Man*, e da multidão.

Morte

- A morte é muito minha – é minha "mais própria".
- A morte não pode ser partilhada por outros – é não relacional.
- A morte é uma possibilidade que não pode ser evitada – é inevitável (nenhuma outra possibilidade é como essa e retém seu *status* como possibilidade).
- Uma existência autêntica requer o reconhecimento de que somos seres-para-a-morte.

3

Condenado à liberdade
A ontologia fenomenológica de Sartre

De acordo com vários comentadores, Jean-Paul Sartre (1905-1980) foi lido mais extensamente em vida do que qualquer outro filósofo na história da filosofia, e em torno de 100.000 pessoas o homenagearam em seu funeral em Paris. Ele é também possivelmente o único autoproclamado existencialista, ao menos dentre as maiores figuras históricas associadas à tradição, mesmo que seja verdade que sua aceitação inicial da designação consistisse grandemente em um ressentido assentimento à proliferação midiática do termo com o qual, pela primeira vez, Marcel o descreveu bem como sua parceira, de Beauvoir. Dito isso, Sartre é corretamente considerado o existencialista canônico, tanto em termos da recepção pública (ele regularmente agraciava as páginas da *Vogue* nos Estados Unidos nos anos de 1950 e era sinônimo da vida intelectual francesa) como da acadêmica, na qual sua obra *O ser e o nada: Um ensaio sobre a ontologia fenomenológica* (1943) permanece ainda como o trabalho icônico e definidor da tradição.

O ser e o nada foi parcialmente inspirado pelo encontro de Sartre com *Ser e tempo*, de Heidegger, quando Sartre era um prisioneiro de guerra. As principais influências de Sartre nesse trabalho são Heidegger, Husserl e Hegel, mas é difícil determinar o quanto cada um deles o influenciou, principalmente porque as interpretações que Sartre faz deles são sempre criativas e de algum modo violentam seus textos (talvez seja por isso que a resposta de Heidegger a Sartre na "Carta sobre o humanismo" seja tão acerba). Embora seja verdade que Sartre tivesse publicado trabalhos filosóficos de grande acuidade antes de *O ser e o nada* – mais notavelmente sua monografia, *A transcendência do ego* (1938), assim como um trabalho sobre a imaginação e as emoções, e seu romance enormemente popular *A náusea* (1938) –, foi *O ser e o nada* que estabeleceu sua reputação, filosoficamente falando, e que deu ao existencialismo francês sua fundamentação. É também com esse texto, que ele publicou em 1943, que estaremos basicamente ocupados aqui, embora seu último livro, *Crítica da razão dialética* (1960), envolva uma sofisticada reaproximação entre seu existencialismo e o marxismo.

Todos os temas existenciais mencionados anteriormente dominam esse livro: liberdade, morte, finitude e mortalidade; experiências fenomenológicas como a angústia, a náusea e assim por diante; uma ênfase nos temas pertencentes à autenticidade, à responsabilidade e à condenação da má-fé; um pessimismo quanto às relações humanas; e uma rejeição a qualquer determinação externa de moralidade ou valor, incluindo concepções de Deus e a ênfase na racionalidade do Iluminismo. Na verdade, mais do que ocorre com Heidegger, Sartre enfatiza a importância do indivíduo e atribui à existência humana uma liberdade ontológica que não pode ser reduzida. Ao mesmo tempo, esses principais temas existenciais são também enfatizados em uma extensão muito maior do que em Heidegger (com exceção da morte), e são também descritos mais claramente. Isso explica parcialmente a popularidade e o reconhecimento público sem precedentes que Sartre desfrutou nos anos de 1940 e 1950, embora seus trabalhos de literatura e constantes engajamentos políticos também fossem significativos a esse respeito.

Existencialismo **81**

O método de ontologia fenomenológica

O subtítulo de *O ser e o nada* é "um ensaio sobre ontologia fenomenológica", e isso reflete sua dívida para com Heidegger, para quem a única ontologia genuína é uma fenomenologia. Sartre argumenta que existe uma distinção entre seu próprio método de ontologia fenomenológica, que descreve as estruturas da existência, e a metafísica, que especula sobre o que está além e detrás das aparências. Contudo, "ontologia fenomenológica" permanece uma descrição curiosa do projeto de Sartre. Afinal, ele parece começar esse livro com uma metafísica, ou, mais generosamente, uma ontologia, muito elaborada, uma vez que nomeia e descreve vários tipos diferentes de ser, e isso inclui sua distinção orientadora entre ser e nada. No nível humano, porém, ele também faz distinções ontológicas entre ser-para-si, ser-em-si e ser-para-o-outro. Essas são consideradas categorias fundamentais desde o início de sua investigação, ou são pressupostas como categorias (exceto ser-para-o-outro, que é introduzido num estágio posterior em seu livro, que pode ser "descoberto" por meio do método fenomenológico mais tradicional de atentar à experiência). Lembre que a fenomenologia, ao menos para Husserl, exige o parentesamento de quaisquer postulações desnecessárias (incluindo qualquer metafísica preconcebida), e visa, em vez disso, atentar à experiência, antes de discernir os aspectos essenciais, ou condições necessárias, dessa experiência. Ao menos em alguns lugares, o método de Sartre em *O ser e o nada* parece se mover na direção oposta, e isso é algo sobre o que Merleau-Ponty argumentou extensamente. Sartre pode reconciliar seu sistema metafísico elaborado com sua posição enquanto um fenomenólogo assumido, e além disso um fenomenólogo husserliano? Não há resposta clara para essa questão, mas algumas coisas necessitam ser destacadas. Primeiro, e mais obviamente, Sartre não pensa que qualquer redução constante às coisas elas mesmas seja possível. Isso porque ele, como Merleau-Ponty, retrata seu método como o de uma fenomenologia

82 Pensamento Moderno

existencial e, como tal, oposto à fenomenologia "pura". Além disso, a despeito de problematizar a redução, ele ainda assim permanece, de outras formas, fiel à técnica husserliana de argumentação, e isso ficará aparente à medida que considerarmos os detalhes de sua posição filosófica.

A existência precede a essência

Um pouco depois de Sartre ter se tornado famoso como filósofo, romancista e dramaturgo, mas bem antes que recusasse o Prêmio Nobel de literatura em 1964, alguns jornais conservadores franceses começaram a lamentar que ele estivesse promovendo uma filosofia niilista de angústia e desespero. Em uma conferência pública em 1945, publicada mais tarde como *O existencialismo é um humanismo*, em 1946, Sartre respondeu a essas alegações e ao mesmo tempo ofereceu talvez a descrição definidora do existencialismo, enquanto também dava a ele um ímpeto ético – declarando que ninguém é livre até que todos sejam – que, embora não tão aparente em *O ser e o nada*, seria em breve desenvolvido por de Beauvoir em *Por uma moral da ambiguidade* (1947). Ele argumentava que o existencialismo é tipificado por uma máxima relativamente simples: que a existência do ente humano precede sua essência (EH; cf. BN: 25, 568). Em outros termos, isso simplesmente significa que os entes humanos não têm alma, natureza, eu ou essência que os façam o que são. Nós, simplesmente, somos, sem quaisquer restrições que nos façam existir de qualquer modo particular, e é somente mais tarde que viemos conferir à nossa existência qualquer essência.

Sartre desenvolve sua posição pela comparação de um triângulo com uma caneta. Tanto triângulos como canetas têm uma forma, uma essência ou função que precede sua existência concreta. Por exemplo, para alguma coisa ser um triângulo ela deve primeiro ter uma certa forma essencial: ela necessitará possuir três ângulos e todos esses devem totalizar 180 graus. Contra Platão e seus vários sucessores, Sartre argumenta enfaticamente que isso não ocorre com os entes humanos, cujo modo de ser-no-mundo é distinto de todos os outros, por isso o humanismo mencionado no título de seu ensaio (Sartre não lida com o tema concernente aos animais nem com os temas relativos ao desenvolvimento infantil, diferente, por exemplo, de Merleau-Ponty). Para Sartre, a existência humana precede a essência, ou seja, primeiro existimos e só então definimos nossa essência pelo modo como vivemos.

> ### Ponto-chave
> Triângulos (e todos os objetos) têm uma forma, uma essência ou função que precede sua existência concreta. Para alguma coisa ser um triângulo ela deverá possuir três ângulos, e todos os ângulos devem totalizar 180 graus. Para alguma coisa ser uma caneta, ela deve potencialmente ser capaz de executar a função de escrever. Sartre argumenta que isso não ocorre com os entes humanos. Nossa *existência precede nossa essência*, ou seja, primeiro existimos, e só então definimos nossa essência pelo modo como vivemos.

Esta sugestão de que não viemos ao mundo com um eu, uma alma ou uma essência predefinidos vai contra grande parte da tradição filosófica ocidental. Na verdade, em seu ensaio inicial *A transcendência do ego*, Sartre explicitamente visa ao "eu penso, eu existo" cartesiano, que enfatiza justamente um eu assim, do mesmo modo que sua manifestação contemporânea husserliana. Contra essas descrições Sartre argumenta que existe uma disjunção entre o "eu penso" e o "eu existo" no *cogito* cartesiano, de modo que a consciência que diz "eu existo" não é, ou ao menos não é necessariamente, a consciência que diz "eu penso". Em outras palavras, ele pensa que existem dois modos fundamentalmente diferentes e irreconciliáveis de consciência (que ele denominará reflexivo e pré-reflexivo), e que Descartes fundiu em um, sem quaisquer argumentos de apoio. Para Sartre, o modo original ou primário de consciência é o que ele chama de *cogito* pré-reflexivo, que é onde experienciamos o mundo sem uma concepção do eu, ou ego, anexada a ele. O segundo modo de consciência é o *cogito* reflexivo, que postula um eu a fim de refletir sobre experiências passadas.

> **Ponto-chave**
> Sartre distingue dois modos de consciência: o *cogito pré-reflexivo* (que não requer um ego ou eu); e o *cogito reflexivo* (que postula um eu e unifica experiências passadas discrepantes).

O ponto principal a considerar disso é que em nosso modo primário de encontrar o mundo não existe eu algum. Nós simplesmente olhamos pré-reflexivamente através da janela, por exemplo, e não temos experiência fenomenológica alguma de nossa própria individualidade, nem qualquer acesso a nós mesmos como sujeitos metafisicamente duradouros. Por outro lado, quando recordamos eventos através da memória, como nosso olhar pela janela algumas horas atrás, retrospectivamente, concedemo-nos um eu ao impormos uma unidade à sequência temporal (*cogito* reflexivo). Isso, porém, não tem *status* ontológico ou metafísico algum. Qual é precisamente, então, a concepção de Sartre acerca da consciência? Em certa medida, a resposta a essa questão depende de nossa próxima discussão sobre a negação, mas sua visão pode ser representada como no seguinte ponto-chave.

> **Ponto-chave**
> **Sobre a consciência em Sartre**
> Para Sartre toda consciência, assim como cada ato intencional, é: (i) posicionalmente (ou teoricamente) consciente do objeto que ela postula – a consciência está dirigida para algum objeto e tem uma conduta em relação a ele, como o cenário sendo observado; e (ii) não posicionalmente (não teticamente) consciente de si enquanto consciência – está indiretamente consciente de que *não* é esse objeto que está percebendo ou postulando.

Existencialismo **85**

Note que, embora o segundo aspecto da consciência signifique que a autoconsciência é pressuposta em todo e qualquer aspecto da consciência – à medida que a consciência está sempre consciente de si mesma, "consciente de ser consciente" –, não existe conteúdo real para essa consciência. Além disso, essa consciência não supõe, ou requer, que um ego esteja vinculado a uma relação consciente com o objeto, e a descrição fenomenológica desse modo de consciência não pode, por essa razão, estabelecer a existência de um eu ou ego.

Sob alguns aspectos essa é uma posição humeana sobre o sujeito, mas Sartre não chega ao ponto de sugerir que o eu é apenas um feixe de percepções, ou que é um feixe de pulsões como Nietzsche, por exemplo, pensava. Para Sartre, existe uma unidade para a consciência, embora sua subsequente explicação de por que isso é assim requeira elaboração sobre o papel significativo que ele confere à ideia de um projeto fundamental nos capítulos finais de *O ser e o nada*. Para nossos presentes propósitos, é o bastante assinalar que uma das principais consequências que Sartre extrai dessa falta de eu, de essência ou de natureza, é que a existência humana é completa e irrevogavelmente livre. Para ele:

> A liberdade humana precede a essência do ente humano e a torna possível; a essência do ente humano está suspensa em sua liberdade. O que chamamos de liberdade é impossível de distinguir do ser da "realidade humana". O ente humano não existe primeiro a fim de ser subsequentemente livre; não existe diferença entre o ser do ente humano e seu ser livre... (BN 25).

Para Sartre, sem essência alguma nos definindo, somos livres para perseguirmos qualquer essência que desejarmos, ao menos dentro de um mundo intersubjetivo, e é essa filosofia da liberdade absoluta que tem sido a mais famosa e duradoura contribuição de Sartre à história da filosofia. Sua filosofia da liberdade permeia a totalidade de *O ser e o nada*, dividindo-se, de um modo geral, em três aspectos principais que serão considerados a seguir: argumentos ontológicos pela liberdade; apreensões fenomenológicas da liberdade; e discussões sobre a liberdade "concreta" ou situada.

A humanidade está condenada a ser livre

Não somente somos livres, mas, como Sartre expressa várias vezes, estamos "condenados a ser livres". Isso pode parecer um pouco contraditório, considerando que ele sustenta que é a existência humana que introduz valor no mundo, mas tudo que Sartre quer dizer é que não podemos renunciar a essa liberdade mesmo se quisermos. Dada essa declaração de nossa liberdade radical, necessitamos destacar que Sartre não está ignorando o fato de que nascemos em uma situação, com certas disposições físicas e sociais. Poderíamos ser pobres, oprimidos pelo regime nazista, escravizados pelo colonialismo, ou qualquer outra situação que você possa imaginar. Contudo, para Sartre, isso é o que ele chama nossa "facticidade" – a soma dos "fatos" sobre nós, incluindo nossa situação social e circunstâncias físicas – e isso de modo algum subverte nossa liberdade. Isso porque, de acordo com Sartre, não podemos ter liberdade sem um contexto, e podemos sempre nos rebelar contra essa opressão, e nos esforçarmos para interpretá-la de vários modos diferentes. Talvez um bom exemplo disso seja o fato de que, mesmo quando estejamos sendo torturados, Sartre argumenta que temos ainda diversos e diferentes modos possíveis de ação abertos a nós. Por exemplo, podemos querer mergulhar completamente em nosso sofrimento e, na verdade, considerarmo-nos como nada além desse sofrimento. Ao contrário, podemos também tentar ignorar esse sofrimento e olhar de modo desafiador para os olhos de nosso opressor, e existem inúmeros outros exemplos de diferentes modos de comportamento que podemos adotar em uma situação dessas. Para Sartre a situação em que nos encontramos não limita nossa liberdade, mas, de acordo com sua definição de liberdade (que tem antecedentes claros em Descartes e Kant), simplesmente fornece o contexto para exercitarmos essa liberdade. A liberdade então é algo absoluto, que não pode ser comprometido ou limitado. Mesmo quando aprisionados somos ainda livres, uma vez que podemos figurar diferentes intenções para agir, assim como os valores que motivam essas ações. Consequentemente, não podemos ganhar nem perder nossa liberdade, que é constitutiva da existência humana, e seus argumentos mais constantes para essa posição serão considerados abaixo na seção "Argumento tripartite pela liberdade".

Ponto-chave

Sartre declara que estamos "*condenados a ser livres*", o que significa que nossa liberdade não é algo que possa ser obtido ou perdido, mas um aspecto necessário do ente humano.

Na terminologia mais complicada do próprio Sartre, a liberdade é a condição da existência humana, que é definida, como ele diz, por um "ente que é o que não é e não é o que é" (BN: 79). Esse enunciado tem uma significação temporal que será inteiramente explicada, mas parte do que essa frase diz é que não somos apenas os fatos de nossas vidas porque escolhemos o significado desses fatos sobre nós mesmos. A existência humana, para Sartre, é tipificada, portanto, não somente pelo que ele chama nossa facticidade, mas mais pela negação desta facticidade: pela sugestão de que eu *não* sou apenas a soma dos fatos sobre mim neste momento presente. Estamos entrando em um território um pouco difícil aqui, mas isso é simplesmente a sugestão de Sartre de que um ente humano nunca é apenas sua história ou suas circunstâncias. Para clarificar por que ele pensa que isso seja assim, é necessário nos dirigirmos para sua ontologia.

Ontologia da existência humana

Eu tentei tornar as partes iniciais deste capítulo razoavelmente acessíveis, mas é hora de explicar alguns termos mais difíceis, assim como a ontologia fundamental, ou o sistema de metafísica, que Sartre constrói em *O ser e o nada*. Ontologia, no sentido tradicional, não heideggeriano, refere-se à estrutura do que *é*, ou ao estudo do modo de ser das coisas, e, no caso de Sartre, está intimamente relacionada com uma metafísica tradicional, que é sumarizada no seguinte ponto-chave.

> **Ponto-chave**
> Sartre pensa que a humanidade é fundamentalmente composta por dois aspectos diferentes, mas frequentemente inseparáveis: nossa *facticidade* (i. e., nosso passado, nossa biologia, nossas posses, a sociedade da qual fazemos parte etc.); e nossa liberdade para negar e, algumas vezes, interpretar essa facticidade, que ele descreve em outra parte como nossa *transcendência*.

É parte de nossa *facticidade* que nascemos em uma certa sociedade, com certos atributos físicos e sociais, e que nos encontramos em situações não diretamente escolhidas por nós. Contudo, para Sartre, a existência humana sempre *transcende*, ou se move para além (nega, ou niilifica, para usar o termo de Sartre) desses fatos sobre nossas circunstâncias. Somos sempre *livres* para pensar outras possibilidades, outros tipos de vidas, e para negar a situação dada na qual presentemente estamos. A existência humana deve sempre transcender esses fatos brutos sobre nossas vidas, os quais não podemos mudar. Podemos, e devemos, sempre nos lançar para além desses fatos para criar outros projetos, e somos sempre livres para interpretar esses fatos de vários modos diferentes. O fato de que podemos ser cegos, ou pobres, de acordo com Sartre ao menos, não determina nossa identidade ou nos determina causalmente a reagir a isso de modo particular algum. Sartre afirma que para sermos capazes de interpretar esses fatos de um modo diferente devemos colocá-los à distância de nós mesmos: nos termos de Sartre, negamos, ou niilificamos, nossa facticidade.

A afirmação fundamental de Sartre é que a consciência humana funciona através da *negação* desses fatos. Em outras palavras, eu *não* sou apenas a soma de meus sucessos passados, não apenas um certo trabalho ou papel que desempenhei, e qualquer sujeito humano, para Sartre, está sempre aspirando por e projetando objetivos futuros, e isso só é possível pela negação do que *é*. Como veremos, um ente humano que simplesmente ficasse contente com seu passado estaria de má-fé para Sartre: ou seja, ele estaria negando sua liberdade, pensando que a estivesse exercendo em sua própria tentativa de negá-la.

Ser-para-si e ser-em-si

Para introduzir alguns termos que não foram ainda considerados, e que não são exatamente sinônimos dessa distinção entre transcendência e facticidade, Sartre argumenta que existem duas categorias fundamentais envolvidas na existência humana – ser-para-si e ser-em-si; no entanto, uma terceira, que é redutível a essas duas, será introduzida no capítulo 4: ser-para-o outro. Diferente da relação entre ser e nada, que em breve consideraremos, o para-si e o em-si são concebidos como completamente separados.

O *ser-para-si*, como o termo sugere, refere-se a criaturas que são algo para si mesmas, que são autorreflexivas, mas ele não pode ser restrito meramente à consciência reflexiva. Mais precisamente, o para-si se refere a toda a consciência. Sartre sugere que o ser do para-si é a liberdade, e ele funciona pela negação do em-si; em seus próprios termos, o para-si está continuamente se determinando a *não ser* o em-si. Não é uma entidade real e existe somente ao saber o que ele não é, ao "julgar" outros entes. Para reempregar alguns de nossos termos anteriores, o para-si transcende o dado, ou aquilo que *é*, e nega nossa facticidade. Mas se a consciência existe somente ao negar o em-si e a facticidade (esses não são sinônimos), então a

90   Pensamento Moderno

consciência está sempre e necessariamente situada em termos de seu ser-no-mundo.

O *ser-em-si*, por outro lado, refere-se a objetos e mais geralmente a tudo que não é consciência. É uma "pura plenitude" e, de acordo com Sartre, não podemos propriamente falar dele. Para refinar nossa definição anterior, nossa facticidade é a relação entre o para-si (transcendência) e o em-si (objetos brutos). Para Sartre, podemos falar sobre nossa facticidade e descrevê-la, mas não podemos falar do objeto como ele é em-si-mesmo: ou seja, enquanto está fora de certos modos humanos de entender e compreender esse objeto. A esse respeito, Sartre está se inserindo em uma longa tradição da filosofia que remonta às discussões de Kant sobre "a coisa em si". Para Kant, existe uma coisa bruta, ou uma realidade bruta lá fora, mas a encontramos sempre através das faculdades humanas específicas para o entendimento e, como Husserl enfatizou, em termos de nossos vários objetivos e intenções no mundo. Isso significa que não podemos perceber neutramente a realidade tal como é, embora uma realidade assim esteja aí não obstante nossa inabilidade para acessá-la.

Ponto-chave

- *Ser-para-si*: consciência livre e transcendente, que nega tanto nossa facticidade como os objetos.
- *Ser-em-si*: pura objetualidade, ou "pura plenitude", sobre a qual não podemos dizer muito, exceto que é contingente e gratuito.
- *Facticidade*: refinando nossa definição anterior, designa a relação entre o para-si e o em-si, e isso incorpora nossa situação social.
- *Ser-para-o-outro* (a ser discutido no capítulo 4).

Recorde que a ontologia é o estudo do ser, ou, menos esotericamente, o estudo do modo como as coisas são. Para Sartre essa estrutura para-si e em-si é o modo como as coisas são na existência humana. Ora, existe um sentido no qual isso parece ser um dualismo, uma vez que existe uma distinção sujeito-objeto sendo traçada aqui. É por essa razão que o trabalho de Sartre é com frequência considerado cartesiano, a despeito de seus próprios protestos em contrário, e isso é algo que Merleau-Ponty também argumenta, como veremos no capítulo 5.

Argumento tripartite pela liberdade, e a ontologia de *O ser e o nada*

A chave para entender as partes iniciais de *O ser e o nada* é prestar atenção, em particular, à Parte 1, capítulo 1, "O problema do nada". (O capítulo introdutório "A busca do ser" é notoriamente difícil de ler e melhor evitá-lo até que estejamos familiarizados com o resto do sistema filosófico de Sartre.) Ao ler "O problema do nada" você notará que existem três argumentos principais que Sartre propõe para o porquê de sermos livres, que giram em torno dos temas de: (i) questionamento; (ii) ausência; (iii) destruição. Todos esses dependem da capacidade de negação do para-si. O projeto de Sartre de destacar a importância do nada e da negação tem antecedentes, mais obviamente em Hegel, mas também em Heidegger. Em *Ser e tempo*, por exemplo, Heidegger pergunta: "Alguém alguma vez formulou um problema sobre a fonte ontológica da negatividade, ou, antes disso, procurou pelas meras condições sobre as quais se funda o problema do 'não' e de sua negatividade e a possibilidade desta negatividade?" (BT: 58). Poderia ser sugerido que Sartre tenta esse próprio projeto.

(i) Questionamento (BN: 1-8, 23-24)

Uma das primeiras coisas que vale a pena notar na "Introdução" de Sartre é que ele pensa existir algo profundamente importante sobre a habilidade de colocar uma questão. Ora, isso deveria imediatamente nos lembrar do pai da filosofia "moderna", René Descartes. Descartes argumentou, famosamente, que o simples fato de que eu nunca posso duvidar de minha própria existência me fornece a única certeza possível. Quando eu duvido de (ou questiono) minha existência no mundo, eu não posso, apesar disso, duvidar de que eu esteja pensando. Para Sartre, é esse próprio colocar da questão que é ontologicamente (mas não epistemologicamente) importante; em outras palavras, a questão que o interessa não é a questão de Descartes sobre o conhecimento e seus limites. Mesmo em tempos mais recentes, Sartre não é original em conceder essa importância à questão. Vimos que Heidegger também argumenta que o questionamento é um aspecto constitutivo do *Dasein*. O *Dasein* é o único ente para quem o próprio ser está em questão, e é por isso também que Heidegger concede à filosofia, ou ao menos a um certo tipo de pensamento, em seu trabalho posterior, um papel tão importante. Heidegger pensa que a questão "Por que o 'por quê'?" como em "Por que, então, formular a questão 'por quê'?" é uma das mais profundas que podemos fazer, embora alguns filósofos, a esse respeito, tenham-no acusado de olhar apenas para o próprio umbigo. Ainda que seja importante lembrar que Sartre não pretende dizer que possuímos uma essência humana universal, existem, no entanto, verdades ontológicas universais acerca da situação humana, das quais o fenômeno do questionamento destaca uma importante: a negação. Sartre argumenta que a questão introduz a negatividade no mundo ou, como ele diz, revela o nada no mundo, ao menos de três diferentes modos, que serão explorados abaixo e podem ser caracterizados como segue:

1) Toda questão contém a possibilidade de uma resposta negativa.

Primeiro, Sartre argumenta que toda questão pressupõe duas coisas: algo que é questionado e alguém que está fazendo o questionamento. Uma questão, igualmente, sempre espera uma resposta. Dentre outras possibilidades, ela pode ser um sim ou um não. A resposta pode ser negativa, e nela reside a primeira negação, ou o não ser, que a questão introduz. Se eu pergunto

"Você está gostando deste livro?", a resposta pode ser simplesmente "Não" (mas espero que este não seja o caso), e essa é a primeira e mais óbvia negação. Sartre sugere que mesmo a questão que ele está colocando no primeiro capítulo de *O ser e o nada* – Existe uma relação fundamental da humanidade com o mundo? – admite, necessariamente, a possibilidade de uma resposta negativa; pode não existir relação fundamental alguma da humanidade com o mundo (BN: 5).

2) Toda questão genuína pressupõe um estado de indeterminação, um estado de não sabermos a resposta.

Existe um segundo tipo de negação exposta pela questão. Não é apenas que a resposta a uma questão particular possa ser "Não", mas é significativo também que ao fazermos uma pergunta nos colocamos em, ou ao menos admitimos, um estado de indeterminação (BN: 5): ou seja, um estado de não sabermos qual é a resposta (segunda negação).

3) Toda questão tem uma resposta, e essa resposta impõe uma limitação para o mundo.

Finalmente, Sartre sugere que qualquer questão também pressupõe que exista, de fato, uma verdade sobre o tema (BN: 5). Ao perguntar "Que horas são?" nós, tacitamente, aceitamos que existe um tempo verdadeiro, mesmo que não possamos presentemente compreender qual é essa verdade. É por isso que o ceticismo é incoerente num nível vivido e prático. Você não pode viver duvidando de tudo, mesmo que Descartes tenha brevemente podido fazê-lo teoricamente (e isso também é discutível). Esse fato de a questão presumir que exista uma verdade sobre o tema, e que a resposta a uma questão particular seja "Sim" ou "Não", significa que, independentemente da resposta que possa ser dada, uma limitação é introduzida no mundo (essa é a terceira negação).

Se isso não é óbvio, considere a seguinte questão: "Existem unicórnios na Austrália?" Se a resposta for "Não, não existem unicórnios na Austrália", uma limitação é posta ao mundo. Se a resposta for "Sim, existem unicórnios na Austrália", então na verdade existem unicórnios na Austrália, mas isso também limita o mundo: a Austrália não pode ser um lugar no qual não existam unicórnios.

> **Ponto-chave**
> Sartre conclui que a questão introduz uma tripla negação ou o não ser no mundo: a resposta negativa; a indeterminação, ou o não sabermos a resposta; e cria uma limitação no mundo.

Sartre conclui disso que existe a negação, o não ser, e prosseguirá argumentando que somos circundados pelo nada. Isso não necessita ser um estado místico; simplesmente leia "nada" como ele soa: nada. O questionamento e a capacidade para negação não são redutíveis a *coisas*, ou objetos que tenham uma essência, e Sartre, por essa razão, argumenta que no ser (definido como a totalidade do que *é*) é necessário que exista algum tipo de lacuna, ou nada, e é esse nada que permite à negação e à niilificação acontecerem. Isso, então, é um ponto ontológico. Ao analisarmos a existência humana, torna-se aparente que negamos, e Sartre argumenta que isso só é possível se o nada for parte da estrutura ontológica da relação ente humano-mundo.

Ora, esse é um ponto difícil ao qual voltaremos, mas existe uma resposta óbvia para essa afirmação de que o nada é uma parte do ser, mas não é, apesar disso, redutível a ele. Podemos responder: "Claro, Jean-Paul, existe negação, mas é o juízo humano que a introduz". Para usar um dos próprios exemplos de Sartre (BN: 6-7), quando abrimos nossa carteira e descobrimos que uma certa quantidade de dinheiro está faltando, é somente através do juízo reflexivo que nos damos conta de que estamos dando pela falta de algo. Em outras palavras, a negação é imposta pela reflexão humana e talvez por isso não exista necessidade de falar sobre alguma categoria ontológica chamada nada que torne a negação possível. O proponente desse tipo de teoria, que tem uma longa história na filosofia, poderia afirmar que o ser é apenas positividade e que o nada não existe por si só. O nada não é parte da estrutura ontológica de nosso mundo, como Sartre afirma que é, mas é simplesmente a ausência secundária de algo, nesse caso, o ser.

Assim, a questão que Sartre deve fazer é: a capacidade humana para a negação introduz o nada, ou a capacidade humana para a negação é possível somente porque existe uma categoria ontológica chamada nada? Sartre conclui pela segunda. Ele não contesta que a negação dependa da *antecipação* humana, mas pensa que ela é pré-judicativa; ou seja, ele argumenta que temos uma apreensão do nada que é anterior ao *juízo* humano reflexivo (BN: 7). Ele destaca que podemos questionar (ou negar) simplesmente com um olhar, ou um gesto, e sem reflexivamente levar isso em conta. Além disso, para Sartre, também questionamos coisas, ou objetos, quando eles deixam de funcionar. Por exemplo, examinamos inquisitivamente o carburador, ou as velas de ignição, ou o tanque de combustível, quando nosso carro não está funcionando tão bem como deveria, ou enguiçou (BN: 7). De acordo com Sartre, questionar desse modo é inconcebível se não pudermos nos dissociar da ordem causal do mundo. Quem questiona deve simular um tipo de afastamento da coisa que está sendo questionada; por exemplo, quando você está examinando o tanque de combustível para ver se está sem combustível, você se distancia dele (niilifica-o na linguagem de Sartre) e o coloca em um estado de neutralidade a fim de julgá-lo. Nesse sentido, os entes humanos são entes por meio dos quais o nada chega ao mundo. Mais importante, porém, é que para fazermos isso, para nos desconectarmos do dado e questionarmos objetos, assim como outras pessoas, ele argumenta que devemos ser livres. O ponto retórico de Sartre é mais ou menos o seguinte: como poderíamos, de algum modo, colocar uma questão se fôssemos determinados? Que recursos poderíamos usar para refletir sobre, ou nos distanciar de, uma situação, se a própria situação nos determina? Se você não está convencido dessa tentativa de prova da nossa liberdade, Sartre também fornece mais dois exemplos para ilustrar que o nada pode ser considerado uma categoria ontológica, e esses são um pouco mais fáceis de compreender do que seu exemplo sobre questionamento.

(ii) Destruição (BN: 8-9)

Imagine que o prédio da universidade no qual você está no momento estudando o "existencialismo" é repentinamente destruído por uma tempestade, terremoto ou por uma catástrofe natural de certa magnitude. Em um certo nível, podemos dizer que não existe destruição ou, melhor, que a massa da universidade é simplesmente redistribuída. Como Sartre sugere, em um nível, não existe *menos* após a tempestade, apenas uma outra coisa (BN: 8). O que apreendemos em um nível pré-reflexivo, ou pré-judicativo – ou seja, antes do juízo – é essa destruição. Geralmente, não temos que julgar reflexivamente que um prédio foi destruído, mesmo que isso às vezes seja indubitavelmente o caso. Nós nos desconectamos do "dado" (essa massa de entulhos) para vê-lo em termos do que ele *não* é: no caso, a universidade em sua glória anterior (BN: 8). Para ele, os entes humanos introduzem a possibilidade da destruição no mundo (e simultaneamente apreendemos e introduzimos a fragilidade no mundo) enquanto objetivamente existe apenas uma mudança. Mas sua afirmação é que isso não é através de um ato de juízo. Mais precisamente, apreendemos o nada, e nos desconectamos do dado, antes da reflexão. E, uma vez mais, a questão de Sartre: Como poderíamos realizar isso se não fôssemos livres? Como poderíamos

Existencialismo **97**

nos desconectar do que está diante de nós (i. e., do simples entulho) para postular o que não é (i. e., a universidade intacta), tudo em uma única percepção, se não fôssemos livres?

(iii) Ausência (BN: 9-11, 27)

O exemplo de Sartre sobre a ausência de Pierre em um café é o mais famoso de seus três exemplos de negação, embora seja um pouco mais difícil de entender do que seu exemplo da destruição. Basicamente, Sartre entra em um café – talvez o famoso "quartel--general do existencialismo", o Café de Flore, no Boulevard St. Germain – e descobre que seu amigo não está lá para encontrá-lo, como prometera que estaria. Analogamente, imagine apenas que fossem 14h30, e seu professor, que deveria começar a aula às 14h00, ainda não tivesse aparecido. Não se trata tanto de que você teria de formular um juízo reflexivo sobre o fato de que ele não esteja lá. Embora você possa muito bem fazer isso às vezes, Sartre argumenta que, quando ele entra no café contando com a presença de seu amigo Pierre, ele imediatamente tem uma intuição da ausência de Pierre ao invés de formular um juízo racional, calculado, sobre o fato de Pierre não estar presente. Quando ele olha para a próxima pessoa a entrar pela porta, ele a niilifica; ou seja, ele imediatamente a vê em termos do que ela não é: Pierre. E nem é que Sartre possa encontrar a ausência de Pierre em algum local específico no café. Seu ponto é que essa ausência permeia todo o lugar e tudo nele.

Ora, a expectativa por Pierre estar lá, obviamente, em algum sentido, suscitou a ausência de Pierre. Mas Sartre argumenta que ele descobre a ausência, uma vez mais, pré-judicativamente. Ele a encontra no café, e ela é, diz ele, um "fato objetivo para aquele momento" (BN: 10). Sartre diz que se tentarmos jogar algum tipo de jogo mental, e julgarmos irreverentemente, por exemplo, que o papa ou o presidente também não estão no café, embora isso seja logicamente verdadeiro, isso não nos envolve do mesmo modo (BN: 10).

De acordo com Sartre, isso mostra que julgar que alguém não está aí através do pensamento reflexivo é inteiramente diferente de descobrir e sentir fenomenologicamente que alguém está ausente. Seu ponto, uma vez mais, é que não poderíamos apreender a ausência e perceber o que não está no café se não fôssemos livres, se a consciência não fosse radicalmente separada do reino das coisas (BN: 27).

Essas são, então, as bases para a última insistência de Sartre em nossa liberdade radical. Todos os seus diferentes exemplos de negação (i. e., questionamento, destruição e ausência) pressupõem uma ruptura, ou uma interrupção, do que é dado, ou do que *é*, para postular o que não é dado. Ele conclui disso que as instâncias particulares de negação se tornam possíveis pelo não ser (ou nada) e não o contrário. O nada é parte da ontologia da relação ente humano-mundo, ainda que os entes humanos sejam os entes pelos quais o nada chega às coisas. Sartre argumenta, portanto, que existem duas categorias ontológicas fundamentais, que são, como o título de seu livro indica, o ser e o nada (BN: 21-25). Contudo, não deveríamos ser muito apressados em assumir que isso seja um simples dualismo. Uma ontologia dualística diz que existem dois lados divididos e separados (por exemplo, a ideia de que bem e mal sejam forças separadas no mundo). Por outro lado, um monismo argumenta que tudo é um, ou que tudo é feito da mesma matéria. Sartre quer argumentar que o nada é uma interrupção dentro do ser, ou, em seus próprios termos, mais literários, o nada "está no próprio seio do ser, em seu coração, como um verme" (BN: 21); é como um monismo com uma cisão ou divergência interna. Mas não se preocupe muito com isso, já que muitos filósofos argumentam que Sartre é na realidade um dualista, e no nível de sua análise concreta dos entes humanos ele é mais obviamente assim.

Liberdade concreta (BN: 433-489)

A fim de compreender as implicações radicais que essa ontologia tem para a questão da liberdade humana, vale a pena examinar alguns dos exemplos mais concretos de liberdade que ocupam Sartre nos últimos estágios de *O ser e o nada*. Aqui, Sartre discute as tecnicalidades da ação, afirmando que a liberdade é a primeira condição da ação, e enfatiza uma vez mais que a liberdade da qual ele fala requer uma *situação*. Sua descrição é contra qualquer determinismo causal estrito sobre a ação, mas de um modo interessante ele também se distancia de argumentos tradicionais pela liberdade da vontade devido ao fato de a liberdade não poder ser restrita ao mero exercício da vontade, ou do juízo racional, calculado. Mais precisamente, ele insiste que somos sempre e para sempre livres, e que a decisão de refletirmos e de envolvermos o que é tradicionalmente chamado de "vontade" é ela própria o resultado de uma liberdade e escolha anteriores (BN: 444). Sua ênfase na capacidade humana de "escolher" o significado de uma situação não é para sugerir que toda escolha assim implica uma decisão refletida. Embora Sartre não queira se referir a uma vida inconsciente, as escolhas cotidianas que fazemos não são, com frequência, decisões racionais, refletidas, mas mesmo assim, de acordo com Sartre, são escolhas. Uma escolha, de acordo com sua definição, é dita livre, se ela for de tal modo que poderia ter sido diferente do que é (BN: 453). Mais tarde, ele se distancia ainda mais de qualquer compreensão voluntarista acerca da liberdade enquanto relacionada com escolha racional, provocativamente afirmando que "a deliberação voluntária é sempre uma decepção" (BN: 450). Seus argumentos pela liberdade, portanto, não são simplesmente uma reutilização moderna de temas antigos.

De acordo com um dos famosos exemplos de Sartre, temos a capacidade livre de interpretar o precipício que encontramos (e igualmente todos os outros objetos e a "facticidade" de nosso mundo) de vários modos diferentes. Em vez de ser algo que é um simples fato do mundo, somos nós que podemos determinar o que ele denomina, seguindo Gaston Bachelard, o "coeficiente de adversidade" do precipício. Contudo, isso não é sugerir, de um modo idealista, que construímos o mundo através de nossa percepção. Para Sartre, existe uma realidade aí, mas seu ponto é que nunca podemos ver esses atributos puramente físicos de um precipício; ao contrário, nós sempre percebemos o precipício em relação ao seu uso para nós, e nossos possíveis modos de conduta em relação a ele. Sartre sugere que se nos tornamos escaladores eficientes, vemos o próprio precipício de um modo diferente do que um escalador inexperiente pode vê-lo. E nós certamente o vemos de um modo imensamente diferente de como um paisagista possa vê-lo, para oferecer meramente alguns dos mais óbvios exemplos de como nossa percepção do precipício pode diferir (BN: 488).

Voltaremos a esse exemplo, uma vez que Merleau-Ponty se opõe a ele, mas para colocar a sugestão em termos diferentes e reconhecidamente um pouco menos controversos, Sartre está argumentando que, por mais que tentemos, não podemos ver os cacos de uma garrafa de cerveja quebrada como simplesmente a soma de sua cor, forma e assim por diante. O completo aparato de fundo sobre o uso da garrafa, o que significa para diferentes pessoas consumir o líquido contido nela, e mesmo a significação social do que significa para algo estar "quebrado", vem com, e não por detrás de, nossa percepção dessa garrafa. A percepção, para Sartre (e os existencialistas em geral), não é um processo no qual obtemos acesso a algum objeto rarefeito, puro, ou temos uma sensação bruta subsequente a um encontro com esse objeto, que é posteriormente interpretado. Mais precisamente, vemos objetos em termos de sua função, e os objetos que encontramos são sempre objetos de um certo tipo e interpretados em relação a nós. Para retornar ao exemplo de Sartre sobre o precipício, isso significa simplesmente que somos nós que escolhemos ver o precipício de um certo modo, tanto por um período de tempo no qual tornamos o precipício escalável ou inescalável pelo treinamento a que nos submetemos, como no instante imediato em que nos aproximamos do precipício, no qual escolhemos se ele é algo a ser escalado, apreciado por sua beleza estética ou o que quer que seja (BN: 482, 488-489). É somente à luz dos fins que postulamos através de um ato livre de consciência (escalar o precipício, apreciar sua beleza etc.) que as dificuldades e restrições desse projeto são reveladas a nós (BN: 482).

Mas vamos considerar um outro exemplo dessa liberdade e escolha em favor das quais Sartre argumenta. Nos últimos estágios de *O ser e o nada*, Sartre fala sobre dois caminhantes que estiveram caminhando por horas sem parar e que estão consequentemente muito fadigados (BN: 453-457). De acordo com o exemplo de Sartre, a fadiga deles é mais ou menos equivalente, assim como suas respectivas capacidades físicas. A despeito disso, um deles inevitavelmente se renderá ao seu sofrimento e colapsará no chão antes do outro, que pode persistir ao longo da "barreira da dor", vê-la como um desafio e continuar a caminhar. Para essa pessoa, Sartre comenta, "fazer é um método de apropriação" (BN: 455) – antecipando sua última descrição da estrutura da ação ao longo das linhas inicialmente tripartites do fazer, ser e ter (fazer é em breve revelado como redutível aos modos de ser e ter). Geralmente, a pessoa que não se entregou à sua dor reprovará seu amigo que se entregou, sugerindo que ele era livre para prosseguir e implicando que seu ato de cair ao chão não foi determinado por pessoa ou coisa alguma, e que ele poderia ter resistido por mais tempo sua fadiga. Ele poderia, diz Sartre, ter feito de outro modo, e, por isso, havia uma escolha. A fadiga por si mesma não pode levar à decisão de parar de caminhar (ao menos que ela induzisse o desmaio, mas nesse caso não existe decisão alguma), e o ponto de Sartre aqui é análogo àquele que ele estava tratando no exemplo da tortura. Sentimos dor em ambas as situações, mas essa dor não determina como responderemos a ela e se será concebida como um desafio que revela a adversidade das montanhas sob uma nova luz, ou como um impedimento insuperável do qual devemos nos ressentir. Para Sartre, a fadiga é geralmente experienciada como uma consciência indireta (não posicional ou não tética) do corpo. Ela *pode* também se tornar um objeto direto (posicional ou tético) de nossa consciência, em que podemos deliberadamente refletir sobre a dor que nosso corpo está experienciando (e isso é o que tendemos a fazer se adotamos um novo fim, como o desejo de descansar em vez de persistir na caminhada), mas nada pode determinar causalmente essa mudança ontológica de perspectiva. Como Sartre diz, "nenhum estado factual qualquer que ele possa ser é passível por si mesmo de motivar ato algum" (BN: 435, 459).

Mas existe uma outra questão importante que Sartre coloca e que complica essa descrição: o caminhante que colapsou no chão poderia ter agido de outro modo sem modificar a "totalidade orgânica de projetos que ele era" (BN: 454), ou isso teria, ao contrário, requerido uma transformação radical do seu ser-no-mundo, uma transformação que é possível, mas altamente improvável? De acordo com a última possibilidade, Sartre admite que podemos responder que aquele que se rende à sua fadiga é um "frouxo", e *essencialmente* assim, enquanto o outro que continua não o é. É claro que esse tipo de resposta não satisfará Sartre. Não temos um caráter dado, ou essência, que determine nosso comportamento (já que o para-si é literalmente nada). Como uma consequência, ninguém é essencialmente corajoso ou covarde. No caso que consideramos, "frouxo" é apenas um nome dado ao modo como uma pessoa geralmente sofre seu cansaço e fadiga, mas para Sartre nada está ditando que isso será assim no futuro. Sem contradizer esse comentário, vale a pena notar que os capítulos finais da seção de *O ser e o nada* intitulados "Psicanálise existencial" continuam a desenvolver a noção de um projeto fundamental (BN: 557-575). Nessas passagens, Sartre argumenta que, embora um projeto fundamental seja livremente escolhido, possui uma disposição firme e relativamente estável. Um complexo de inferioridade é um modo dentre outros de nos escolhermos, mas no exemplo acima dos caminhantes pode ser bem provável que se perpetue.

Existencialismo **103**

Responsabilidade

É importante reconhecer que, para Sartre, essa liberdade de ser determinado, esse reconhecimento de que somente nós conferimos significado a um despertador de manhã, de que somente nós decidimos o que é moral ou não, de que somente nós decidimos nosso próprio futuro (ou ao menos seu significado), envolve uma pesada responsabilidade. Na verdade, é parcialmente por essa razão que ele sugere que a humanidade está condenada a ser livre, pois assumimos a inteira responsabilidade pelos eventos que nos sobrevêm, uma vez que somente nós contribuímos para estarmos aí nessa situação, com nossas capacidades particulares ou não, e retemos nossa capacidade de negar nossa facticidade. Ao não nos afastarmos de uma situação, para ele, nós a escolhemos. Ele usa o exemplo da guerra, e sugere que, embora possamos ter participado de uma guerra por muitas razões, como dinheiro, imprudência advinda do tédio, pressão de nossa família, fervor patriótico ou qualquer outra razão que você possa pensar, em algum nível todas elas pressupõem uma escolha (BN: 554; EH). Para Sartre, mesmo nosso nascimento é escolhido, no sentido de que dotamos de significado esse fato de nossa existência – seja para ser lamentado ou celebrado (BN: 556) – e essa responsabilidade massiva é confirmada quando Sartre, um tanto provocativamente, sugere que "não existem acidentes" (BN: 554).

O conceito de liberdade radical de Sartre pode parecer extremo, e para muitos filósofos contemporâneos é demasiado assim. Muitos sustentam que a opressão consistente, ou talvez a influência onipresente da ideologia capitalista, pode inibir nossa habilidade de ver alternativas diferentes e pode, por isso, impedir a completa expressão de nossa liberdade, como de Beauvoir argumentou com relação à opressão das mulheres. Para Sartre, ao menos em *O ser e o nada*, esse não é o caso (uma consciência que não pudesse negar o "dado", e sua facticidade, não seria humana) e nesse sentido é importante reconhecer o contexto histórico da Segunda Guerra Mundial e a ocupação alemã da França, que motivou muito de sua teorização. Sartre ficava horrorizado com pessoas negando a responsabilidade pela sua situação, e sua noção de responsabilidade absoluta é um esforço para despertar essas pessoas de sua letargia e de sua aceitação impensada de que as coisas estão apenas acontecendo com elas. Ele queria que as pessoas, e os franceses em particular, reconhecessem que ao fim e ao cabo elas poderiam mudar sua situação e que fossem responsáveis, tanto coletiva como individualmente, pelas circunstâncias que sobrevieram a elas.

Na verdade, de acordo com Sartre, somos responsáveis por tudo, exceto pelo fato de que somos responsáveis por tudo (BN: 554). É fácil ver como o reconhecimento dessa liberdade e responsabilidade absolutas poderia ser assustador ou, como Sartre sugere, poderia tender a induzir o que ele denomina a experiência da angústia, que mostra muitas similaridades com as concepções kierkegaardianas e heideggerianas de temor, ansiedade e *Angst*. Afinal, se a humanidade é concebida como sendo absolutamente livre, então um indivíduo não pode culpar outro, ou mesmo a má sorte, pela dificuldade na qual se encontra. Na realidade, Sartre prossegue e sugere que, quando nos apercebemos disso, reclamar se torna sem sentido, uma vez que nada externo pode decidir o que sentimos, como vivemos e o que somos (BN: 554). Em outras palavras, ele quer que vivamos sem apelo ao destino, à história, a Deus, à racionalidade, à sociedade ou qualquer conceito assim, mas assumamos a responsabilidade última por todo nosso modo de agir, e essa é uma insistência ética que ele partilha com Camus, não obstante suas muitas outras diferenças. É difícil não ver como isso poderia ser intimidador, e vale a pena contemplar o que o fenômeno da angústia significa, para Sartre, uma vez que isso deixará claro exatamente que significado a experiência tem para a sua filosofia. A esse respeito, é importante lembrar que Sartre ainda está fazendo fenomenologia; ou seja, está descrevendo as experiências da consciência, e, assim, buscando ex-

Existencialismo **105**

plicar o que é essencial e necessário para essas experiências. Além disso, como um fenomenólogo existencial que tem em vista tornar a fenomenologia husserliana menos abstrata e mais "concreta", ele está comprometido com a ideia de que o ser será desvelado para nós por meio de algum tipo de experiência imediata, como as experiências de tédio, náusea, vergonha e, no caso para o qual nos voltamos agora, a angústia (BN: xxiv).

Angústia

Se, como Sartre sugere, o nada da consciência nos condena à liberdade, e dado que a consciência é também sempre consciência de si (indiretamente ou não teticamente), então deveria haver algum tipo de apreensão fenomenológica dessa liberdade. Para Sartre, essa experiência é a angústia.

> **Ponto-chave**
> A experiência da angústia é uma apreensão fenomenológica de nossa própria liberdade, não uma prova filosófica dela. É na angústia que a liberdade está, em seu ser, em questão para si mesma (BN: 29).

De acordo com Sartre, a angústia é consideravelmente diferente do medo, como Kierkegaard e Heidegger também argumentaram. Sartre sugere que "o medo é medo de entes no mundo enquanto a angústia é angústia perante mim mesmo" (BN: 29). Em outras palavras, podemos temer ser feridos por outros, ou temer uma certa situação externa conspirando contra nós, mas sentimos angústia diante da perspectiva de como podemos responder a uma certa situação.

> **Ponto-chave**
> A *angústia necessita ser distinguida do medo*, embora a adoção de uma atitude tenda a nascer na falha da outra. O medo é uma apreensão irreflexiva sobre a possibilidade de que alguma coisa no mundo (e fora de nós) possa nos prejudicar; a angústia pressupõe uma apreensão reflexiva sobre o eu e nossa liberdade para responder a uma situação externa de vários modos diferentes.

O exemplo mais famoso de Sartre sobre a angústia é um exemplo extremo, mas envolve uma pessoa caminhando ao longo do topo de um vasto precipício. Para ele existem duas experiências que podemos ter nessa situação: podemos ficar com medo de cair, de a trilha desmoronar e de nos precipitarmos para a morte (isso é medo de um dano externo nos atingir); ou podemos experienciar angústia na possibilidade de pular no abismo, temerosos, ou seja, de nossa própria liberdade absoluta em uma situação (isso é angústia diante da perspectiva do que nós mesmos podemos fazer, e desconfiança de nossa própria resposta a uma dada situação). Sartre descreve a última situação assim: "Se nada me compele a salvar minha vida, nada me impede de me precipitar no abismo. O produto decisivo emanará de um eu que eu ainda não sou" (BN: 32). Não se preocupe muito com a terminologia de Sartre aqui. Suas referências a diferentes eus são parte de sua sugestão de que o que eu presentemente sou não é o fundamento do que serei no futuro; o passado não me leva a agir de qualquer modo que seja, assim cada momento é perpetuamente um novo momento.

Um outro exemplo que Sartre oferece ajuda a clarificar o que está em jogo na angústia. Em vez de estar com medo de ser morto pelos soldados opositores, um novo oficial do exército, que se apresentou para o trabalho na eclosão da guerra, pode estar com mais "medo de estar com medo", cheio de angústia perante si mesmo (BN: 29). A angústia, portanto, pressupõe o reconhecimento da liberdade, assim como a consciência de nossa própria responsabilidade por nossos procedimentos. É a consciência de que nada externo pode nos compelir a ser ou fazer coisa alguma (BN: 31-32), e, consequentemente, que as falhas e sucessos de nossas vidas dependem somente de nós mesmos.

A angústia associada a essa responsabilidade pode ser muito intimidadora, e isso é assim mesmo sem contemplar o fato de que, para Sartre, a despeito de ser responsável por toda a humanidade, nenhum indivíduo pode ter controle absoluto sobre a situação na qual está. A responsabilidade por tudo provavelmente seria muito mais suportável se fôssemos Deus e tivéssemos esse controle, mas estamos em uma situação e não podemos simplesmente estalar os dedos e fazer o mundo como quisermos. Não podemos, axiomaticamente, decidir ser milionários e termos o mundo de acordo com esse desejo imediatamente, e talvez mesmo jamais. Existem outros sujeitos além de nós, e, embora sejamos livres dentro de uma situação, não podemos simplesmente determinar a situação, e por isso sentimos angústia diante desse mundo, pelo qual somos responsáveis e que apesar disso elude nosso controle.

É importante notar que Sartre distingue dois sentidos principais de angústia: *angústia diante do futuro* e *angústia diante do passado* (BN: 32-33). A pessoa caminhando ao longo do precipício captura a angústia diante do futuro (ela está consciente de que poderia fazer qualquer coisa no futuro, até mesmo saltar em um precipício, e que nada a impede de fazer isso), mas ele usa um exemplo de um apostador para ilustrar o que está em jogo na angústia diante do passado. Imagine que um homem perdeu muito dinheiro e colocou em risco seu casamento por apostar constantemente. Então ele decide e promete nunca mais apostar. Para Sartre, na próxima vez que o homem passar por uma casa de apostas é provável que ele experiencie o reconhecimento de que sua decisão passada não o obriga mais e que ele simplesmente a revogue. Ele pode então experienciar a angústia ao se aperceber de que sua decisão passada deve ser restabelecida e obrigá-lo novamente. Estar consciente de uma decisão passada nesse modo posicional (teticamente) direto implica uma distância ou afastamento do eu que assim decidiu.

Esse tipo de angústia diante do passado também está incorporado ao comportamento de Antoine Roquentin, no romance de Sartre *A náusea*. Próximo ao final do livro que ele está escrevendo sobre uma figura histórica, Monsieur Rollebon, Roquentin admite que não quer prosseguir. Embora outra pessoa possa "se obrigar" a completar seu livro ao se lembrar de que prometeu e se comprometeu a terminá-lo, assinando alguns contratos e assim por diante, Roquentin não deixará que resoluções passadas confiram significado ao presente. Recusar-se a fazer isso, no entanto, significa que questões concernentes a como agir levam Roquentin a uma grande tristeza. Reflexões como "Terei de partir de novo, deixando tudo para trás – minha pesquisa, meu livro?" o incomodam, e esse sentido de urgência angustiada, consciente de que algo pode acontecer, é, para Sartre, uma apreensão da natureza da consciência (BN: 36-77).

Sartre sugere também que a angústia e o medo nascem na falha ou destruição do outro (BN: 30). Por exemplo, o medo pode se transformar em angústia, quando cessamos de nos alarmar com relação a algo externo nos prejudicando e em vez disso tentamos decidir o que fazer quando confrontados com essa situação perigosa. A esse respeito tendemos a oscilar entre as duas experiências. Mas se isso é assim, uma questão importante assoma: Por que Sartre também diz que a angústia é rara? (BN: 35).

Má-fé

De acordo com Sartre, nós geralmente fugimos dessa apreensão angustiada de nossa responsabilidade no que ele denomina "má-fé". Ele afirma que existem muitos "anteparos contra a angústia": despertadores aos quais automaticamente respondemos em uma tentativa de nos esquivar da questão perturbadora acerca de se queremos ou não ir ao trabalho, mas também postes sinalizadores, formulários fiscais, policiais e assim por diante, todos os quais cumprem uma função similar (BN: 39). Em sua acusação de "normalidade", o romance de Sartre, *A náusea*, fornece muitos exemplos dos vários estratagemas e evasões que as pessoas, em particular a burguesia, adotam a fim de evitar reconhecer sua própria liberdade e responsabilidade. Em *O ser e o nada* Sartre deixa claro que existem dois modos fundamentais de ser na má-fé. O mais óbvio desses é negarmos nossa liberdade (transcendência) e fingirmos que não temos escolha alguma senão aquiescermos com uma certa situação. Talvez em um bar possamos, por exemplo, dizer a nós mesmos que devemos brigar com essa pessoa que nos insultou. Para Sartre, uma atitude assim seria má-fé porque nunca somos compelidos; se respondemos com violência, então isso é escolha nossa e devemos assumir a responsabilidade por essa escolha. Uma pessoa também está de má-fé se ela se identifica com seus pertences ou qualquer outra parte de sua facticidade. Se dissermos a nós mesmos que somos uma pessoa melhor do que outra meramente porque vestimos a roupa certa, ouvimos certos CDs, temos uma posição poderosa na sociedade ou temos muito dinheiro, estamos nos identificando com nossas posses e nossa facticidade.

Se tomarmos nossa identidade como dada por nossa situação, ou mesmo por uma escolha prévia que fizemos, como lutar heroicamente em uma guerra uns vinte anos atrás, então estamos de má-fé. A identidade, como vimos, nunca é dada, mas sempre deve ser continuamente criada em nossas ações e não em algum fato de nossas circunstâncias. Qualquer tentativa de nos absorvermos completamente em nossa facticidade é má-fé, assim como qualquer tentativa de afirmarmos somente nossa transcendência livre, embora Sartre preste menos atenção a esse segundo fenômeno. Embora seu exemplo complicado de um garçom que "finge" ser um garçom – ele se mantém fora de sua atividade e trata o que faz como não tendo um papel definitivo em sua vida – possa ser dito de má-fé, por essa razão (BN: 59), o exemplo mais claro de alguém estando de má-fé por exclusivamente enfatizar sua transcendência (e se recusar a reconhecer sua facticidade) é seu exemplo, um tanto problemático, de uma pessoa homossexual que se recusa a admitir ser homossexual (BN: 63-64). Como uma transcendência livre, ela não considera que seu comportamento homossexual passado a defina de modo algum e se recusa a assumir a responsabilidade por ele. Ela afirma não ser homossexual do mesmo modo que uma cadeira não é uma mesa (BN: 64), mas, para Sartre, isso é uma falsa analogia e ela não está reconhecendo que suas ações *têm* uma significação social, que não pode ser ignorada, e são uma parte de sua facticidade. A estrutura da existência humana para Sartre é de facticidade *e* liberdade transcendente, e a má-fé é a negação desses dois aspectos de nossas vidas, ou a falha em coordená-los (BN: 56).

Ponto-chave

A *má-fé* é a negação de nossa liberdade (transcendência) e de nossa facticidade, ou a falha em coordená-las. Se rejeitarmos um ou outro desses nossos aspectos estaremos de má-fé, porque estaremos nos recusando a reconhecer o que é ser humano.

Provavelmente, o exemplo mais famoso de Sartre sobre má-fé, no entanto, seja aquele que provocou a ira de várias feministas. As mulheres aparecem em *O ser e o nada* duas vezes, e em ambas as vezes elas estão de má-fé, e uma delas é "frígida" (BN: 54). Não obstante quaisquer reservas com respeito a seu sexismo, vale a pena certamente considerar seu exemplo a fim de obtermos uma melhor compreensão de seu conceito. Uma mulher está em um encontro com um homem e não está certa sobre como proceder, dado que é o primeiro encontro e o homem está começando a seduzi-la (BN: 55-58). Contudo, de acordo com Sartre, ela está deliberadamente interessada somente pelo que é respeitoso e discreto na atitude de seu companheiro. Se ele diz a ela "Eu acho você muito atraente", Sartre sugere que a mulher despoja esse comentário de toda significação e especialmente de suas conotações sexuais. O homem então tenta segurar a mão dela e iniciar algo mais romântico. A mulher não quer segurar voluntariamente a mão dele nem rejeitar sua tentativa de segurar a mão dela. Em vez disso, ela casualmente deixa sua mão ser segura pela mão de seu parceiro, negando, por meio disso, ou ao menos fingindo (para Sartre) não fazer ela mesma uma escolha. Com certeza, ela está fazendo uma escolha (ela escolhe não escolher), e Sartre conclui que ela está de má-fé precisamente porque nega isso. Sartre sugere que a mulher nesse exemplo simulou um divórcio entre seu corpo e sua mente, ou entre seu desejo e sua decisão. Ela quer segurar a mão, mas não o admitirá para si mesma. A mulher, por isso, deixa sua mão lá, mas não nota que ela a está deixando lá. Ela não nota porque, como Sartre um tanto jocosamente diz, "ocorre, por acaso, de ela estar naquele momento toda intelecto" (BN: 56).

Vários escritores propuseram críticas feministas acerca do sexismo inerente nessa descrição, talvez mais notavelmente Michele Le Doeuff em *A escolha de Hipárquia* (1991). O problema de Le Doeuff com relação a esse exemplo é que é o homem, como em Sartre, presume saber o que está acontecendo na mente da mulher. Sartre presume que ele tem acesso privilegiado à situação. Mas a segunda objeção a esse exemplo, e no meu ver mais efetiva, que foi levantada é que Sartre não oferece explicação alguma de por que as mulheres podem necessitar, e certamente devem ter necessitado na França dos anos de 1940, jogar esse tipo de jogo dissimulado. A razão óbvia para isso é que a situação social é estruturada muito diferentemente para homens e mulheres. Em certa medida, mulheres sexualmente ativas são, às vezes, ainda consideradas promíscuas ou estigmatizadas por algum termo similarmente pejorativo, embora o equivalente masculino seja com frequência designado mais positivamente. Se esse tipo de coisa é impressa em mulheres jovens, então não é uma decisão fácil a de simplesmente pegar ou não na mão de alguém que a oferece.

Retornaremos a esses pontos em nossa discussão a seguir sobre de Beauvoir, mas é importante ver que, ao menos em alguma medida, Sartre considera a má-fé inevitável (BN: 48). Na verdade, Sartre mesmo sugere que qualquer tentativa de ser sincero é má-fé, à medida que significa que alguém tenta ser *essencialmente* sincero, ser verdadeiro para com o que se é, como se houvesse uma coisa semelhante a uma essência para uma pessoa (BN: 58-67). Com certeza, em sua concepção não existe verdade alguma para com o que alguém é nesse sentido – ao contrário, somos nada – e, por isso, o projeto de sinceridade é equivocado do mesmo modo que o projeto de tentar ser corajoso (BN: 65-67). Isso é importante, já que sinceridade é, às vezes, confundida com autenticidade ou boa-fé, o que não deveria ser.

Embora Sartre não discuta autenticidade tanto quanto Heidegger e de Beauvoir (exceto em seus *Diários de guerra*), por implicação, a boa-fé envolve o reconhecimento de que nosso projeto nunca é fundado e que nunca chegamos a uma decisão permanente. Para tomar um exemplo, nossos votos de casamento são, em um importante sentido, encenados de novo a cada instante. Isso pode soar excessivamente dramático, mas tudo que ele quer dizer é que nosso projeto nunca está fundado externamente, ainda que nós mesmos escolhamos, por essa razão, fundá-lo. Devemos escolher e escolher uma vez mais. Imagine que comemos muito chocolate e decidimos que não comeremos mais pelo resto da semana. Muito rapidamente nos apercebemos de que essa escolha que fizemos não é senão uma escolha de nosso passado e que se não a escolhermos de novo em breve não sobrará chocolate algum. Ora, existe angústia ante a possibilidade dessa escolha permanente, ao menos em relação a coisas mais substanciais do que um vício em chocolate, e, assim, fingimos que não podemos escolher. Talvez digamos a nós mesmos que devemos nos tornar médicos, porque todos em nossa família têm sido médicos, em uma tentativa de nos abstermos de considerar novamente a situação. Para Sartre, no entanto, essa conduta seria má-fé, uma vez mais, pela recusa em reconhecermos que necessariamente transcendemos nossa situação e circunstâncias, assim como os vários papéis sociais que assumimos contingentemente.

Torna-se aparente que, embora Sartre pense que a humanidade não possua natureza intrínseca, o reconhecimento disso não licencia, simplesmente, um tipo de relativismo do "tudo vale", ou um pessimismo ineficaz. Existe um tipo de ética – a questão acerca de como deveríamos agir – pressuposta na filosofia da liberdade absoluta, de Sartre. É uma ética pessoal sobre nos recusarmos a permitir com que nossa humanidade jamais seja definida, mas de criá-la, e, possivelmente, também permitir a outros entes humanos a mesma oportunidade (Sartre enfatiza esse aspecto ético em *O existencialismo é um humanismo* e em seu abandonado *Cadernos por uma ética* (escritos de 1947-1948), mais do que em *O ser e o nada*). Talvez ela possa ser sumarizada como: aja de tal modo que você nunca dissesse de você mesmo ou de suas ações "isso simplesmente aconteceu". Em outras palavras, Sartre quer que paremos de fingir que nossos hormônios, ou a biologia, ou qualquer outra coisa, sejam um fator determinante de nosso comportamento.

Contra a psicanálise

Mesmo a sugestão de que nosso passado nos força a agir de um certo modo é excluída por Sartre, e isso nega todas explicações psicológicas de comportamento, caso sugiram que devido a eventos da infância o adulto desenvolve um complexo que o força a realizar um certo evento, ou a se desviar de uma certa norma. De fato, o capítulo de Sartre sobre a má-fé (BN: 47-70) contém uma discussão e rejeição prolongadas à psicanálise freudiana, que ele descreve como obcecada pelo passado, embora ele também reconheça que a psicanálise seja uma influência importante sobre sua própria concepção de psicanálise existencial. Para Sartre, a tentativa psicológica e psicanalítica de descrever a psique mecânica e cientificamente, como se fosse constituída por uma miríade de forças semelhantes a coisas agindo sobre uma pessoa que não pode controlá-las, é um elaborado e "permanente jogo de desculpas" (BN: 40). É um exemplo de má-fé porque tratamos parte de nós mesmos como "não nós" e criamos uma díade consciente-inconsciente. Para Sartre, o principal modo de fugir à angústia é nos apreendendo como determinados e como um brinquedo de forças fora de nosso controle, e para ele tanto a psicologia como a psicanálise fazem isso; elas não reconciliam nossa transcendência com nossa facticidade. Em vez disso, insistem que somos passivos diante de nossos instintos e pulsões que são inconscientes, e consequentemente nos divorciam de nossas partes mais perturbadoras.

Como um aparte, Sartre também argumenta que a psicanálise é incoerente em seus próprios termos, porque a hipótese do sensor pressupõe que ele deva estar consciente do que está reprimindo, assim como a díade mais geral enganador-enganado, a fim de completar efetivamente sua tarefa (BN: 52). Se esse é o caso, o censor se torna a sede tanto da consciência como da má-fé, e o problema de como isso é possível permanece sem explicação. As tecnicalidades desse argumento um tanto nuançado não podem ser consideradas aqui, mas é importante notar que, na descrição de Sartre, a consciência se afeta com a má-fé. Não é um estado que se apodera de nós (BN: 49), do modo como as pulsões podem dominar o patológico para um freudiano. Isso significa que embora a má-fé seja considerada inevitável em maiores e menores graus, é também considerada autodestrutiva, uma vez que a mentira para nós mesmos ocorre dentro da estrutura de uma consciência unitária. Em algum nível devemos saber do que estamos fugindo na má-fé, porque na compreensão de Sartre acerca da consciência não existe "segundo eu", como o *id* ou o inconsciente, para tornar a mentira mais facilmente compreensível. É por essa razão que Sartre descreve a má-fé como "metaestável" ou sujeita a mudança (BN: 50, 57, 68).

Próximo ao fim de *O ser e o nada*, Sartre propõe sua própria versão de psicanálise existencial que trabalha sem o conceito de inconsciente e em troca recorre à ideia de um projeto original, ou fundamental, que desempenha um papel em nosso comportamento, mas nunca nos leva, redutivamente, a nos comportarmos de algum modo particular, como alguns psicanalistas tradicionais afirmam. Uma discussão detalhada sobre isso, no entanto, está além do escopo deste livro, uma vez que o material mais sofisticado de Sartre sobre a psicanálise existencial aparece em seus livros posteriores sobre Gustave Flaubert e Jean Genet, e em *As palavras* com relação à sua própria infância.

O corpo

Em *O ser e o nada* Sartre mostra uma longa e muito complicada descrição do corpo que é importante considerar seriamente devido tanto ao papel que ele desempenha no núcleo de seu texto – à medida que se esforça para se mover em direção a uma compreensão "concreta" da liberdade – como à sua significação para o existencialismo. Afinal, de Platão a Descartes o corpo tem sido denegrido pela tradição filosófica ocidental, possivelmente até pelo menos Nietzsche. O existencialismo francês, no entanto, enfatiza a importância do corpo, do desejo e assim por diante, e Sartre apresenta um capítulo longo e técnico, dedicado a analisar o corpo, que teve um impacto significativo sobre Merleau-Ponty, cujo próprio trabalho revolucionário sobre o corpo tem sido influente. Merleau-Ponty argumentou que Sartre não toma nossa situação corporificada seriamente o bastante (e que sua descrição do para-si e do em-si é tacitamente dualista – ou seja, a mente, ou liberdade, transcende o corpo) – mas, antes de considerarmos essa posição, é necessário primeiro uma exposição do trabalho de Sartre.

Existem algumas coisas óbvias e importantes para extrair do que Sartre tem a dizer sobre o corpo. Notadamente, Sartre descreve a corporificação humana como compreendendo o corpo-para-si (ou seja, o corpo como o experienciamos – o corpo como *vivido*), como oposto ao corpo-para-outros (ou seja, o modo como meu corpo aparece a outros, e o corpo do outro aparece para mim). O tratamento científico do corpo como um objeto ou uma coisa – como algo a ser analisado e dissecado – deriva e é a instanciação do aspecto mais básico e pré-reflexivo de nosso corpo-para-outros. Para complicar mais as coisas, Sartre também descreve um terceiro aspecto ontológico para a corporificação, que embora não designado explicitamente em *O ser e o nada*, senão como "a terceira dimensão ontológica do corpo", veio a ser designado como o corpo-para-si-para-outros. Ele envolve um reconhecimento pré-reflexivo de que o corpo-para-si e o corpo-para-outros sejam separados e incomensuráveis; é uma apreensão da disjunção entre minha própria experiência de corporificação e como o outro (incluindo a ciência) interpreta meu corpo, e isso é também o que é experienciado no fenômeno que Sartre chama o olhar, que examinaremos no capítulo 4 sobre as relações com outras pessoas.

Ponto-chave

A corporificação humana compreende o *corpo-para-si* (ou seja, o corpo como o experienciamos), o *corpo-para-outros* (ou seja, o modo como meu corpo aparece para outros, e o corpo do outro aparece para mim) e o *corpo-para-si-para-outros* (que pressupõe um reconhecimento pré-reflexivo de que as duas modalidades de corpo acima estão para sempre separadas).

Para nossos propósitos presentes, basta distinguir entre os dois primeiros componentes ontológicos do corpo. A esse respeito, é importante notar que Sartre repetidamente diz que o corpo-para-si e o corpo-para-outros (*grosso modo*, o corpo-como-objeto, ainda que um tipo particular de objeto) estão em níveis diferentes e incomunicáveis; em outras palavras, eles não podem ser reduzidos um ao outro e nenhum deles é satisfatório isoladamente (BN: 304-305). Com certeza, a questão acerca de qual relação eles têm um com o outro é fundamental e retornaremos a ela adiante.

O corpo-para-si

Sartre começa sua longa análise do corpo-para-si distinguindo-o do que ele não é. Nesse sentido, ele insiste que o corpo que a ciência descreve – que ele caracteriza como o corpo de outros, o corpo-para-outros – não é o corpo como o experienciamos. Sartre sugere que meu corpo, tal como é para mim, "não aparece no meio do mundo" (BN: 303) sujeito à determinação causal e a diagnósticos independentes. Em vez de defender esse tipo de "realismo objetivo", para Sartre o corpo é primeiro, e mais significativamente, aquilo a partir do que temos um ponto de vista. Ele argumenta que não podemos, com sucesso, assumir um ponto de vista de terceira pessoa, científico, acerca de nosso corpo uma vez que estamos em um corpo vivido que está envolvido em projetos no mundo. Para ilustrar esse ponto, Sartre usa o exemplo de uma pessoa observando seus arredores do alto de um monte. Embora ela possa observar tudo que esteja ao seu redor, ela não tem, porém, uma perspectiva de seu próprio corpo; o corpo é o ponto de vista do que quer que esteja de fato sendo observado, mas ele próprio não pode ser visto. Mesmo que houvesse um ponto arquimediano fora do mundo a partir do qual pudéssemos ver tudo, ainda assim não poderíamos ser capazes de nos ver vendo.

Ora, podemos responder que Sartre está simplesmente incorreto porque em algum nível podemos ver nossos corpos "no meio do mundo". Por exemplo, podemos assistir a um vídeo no qual estamos sendo operados em um hospital. Sartre argumenta que nesses casos não vemos realmente nosso corpo, ou ao menos não vemos nosso corpo como ele na verdade é *para nós*. Nesses casos, vemos o corpo como um objeto, e podemos ter conhecimento dele, mas esse não é o modo pelo qual, na verdade, experienciamos nossos próprios corpos. Para Sartre, quando assistimos a nós mesmos sendo operados, é difícil, apesar disso, identificarmo-nos com esse corpo; nós inicialmente vemos o corpo sobre a mesa de operação como uma coisa do mundo e somente depois inferimos que é *nosso corpo*, através de processos racionais ou do testemunho do médico, ou através de outros meios. Mas Sartre sugere que mesmo quando fazemos essa inferência de que o corpo sobre a mesa de operação é o nosso, nós ainda não reconhecemos realmente nosso corpo como propriamente nosso; nós o tratamos como um objeto. De acordo com a análise de Sartre, esses dois modos de compreender nosso corpo – o corpo-para-si (vivido) e o corpo que é tratado com um objeto médico ou científico – são mutuamente exclusivos.

> ### Ponto-chave
> Para colocar o ponto de Sartre de forma aforística, podemos dizer que não é possível conhecer completamente o corpo que eu experiencio, ou experienciar o corpo que eu conheço.

O próximo ponto filosófico importante de Sartre neste capítulo de *O ser e o nada* é argumentar que, *quando dizemos que existe um mundo, estamos necessariamente dizendo também que existe um corpo* (BN: 307, 325). Ele pensa que o corpo é sempre confiado ao mundo do qual é uma parte, e nem o mundo nem o corpo são concebíveis um sem o outro. Isso significa que Sartre não pode, como o fazem alguns filósofos "analíticos", conceber a possibilidade de diferentes experimentos de pensamento que divorciam a mente (ou cérebro) do corpo. Um exemplo famoso de um experimento de pensamento assim é proposto por Hilary Putnam, que tenta conceber um cérebro mantido em um balde que não teria necessidade alguma de um corpo. Sartre não consentiria numa possibilidade dessas, visto que repetidamente afirma que não podemos ter um mundo sem um corpo. O cérebro no balde, que não tem um corpo, e consequentemente também não tem um mundo, ao menos de acordo com Sartre não poderia ser dito humano.

Mas por que, exatamente, Sartre argumenta que "dizer que existe um mundo, ou que eu tenho um corpo, é a mesma coisa"? Sua primeira razão para fazer essa afirmação é porque ele pensa que, sem o corpo, não haveria orientação alguma de objetos, uma vez que todas as orientações seriam equivalentes. O que, exatamente, Sartre quer dizer por orientação? Ele quer dizer que objetos não são simplesmente apresentados a nós em uma ordem qualquer, mas que todos os objetos dentro de nosso campo perceptual pressupõem o corpo como o ponto de vista central, e que objetos ou instrumentos particulares são dados a nós como necessariamente relacionados a outros objetos e instrumentos. A fim de entender essa ideia, vale a pena considerar um exemplo que Sartre usa em *O ser e o nada*. Ele argumenta que se nosso projeto geral é o de consertar uma porta, então o prego para o qual estamos olhando vai, por sua vez, pré-reflexivamente nos remeter ao martelo que é necessário para fazer uso desse prego. Além disso, esse martelo também nos remete ao braço e à mão que segurará o martelo. Em outras palavras, nossa percepção de objetos é estruturada de acordo com seu uso provável para nós. Mesmo a percepção inicial de um único prego vem com toda essa miríade de possibilidades e potencialidades anexadas a ele, e isso significa que não existe percepção pura que possa subsequentemente ser interpretada. Desde o começo a percepção é significativa e organizada em termos de projetos possíveis no mundo, e nesse sentido a percepção nos incita à ação. Essa ideia é explorada em detalhe por Merleau-Ponty.

O argumento transcendental de Sartre é que é somente porque temos um corpo que objetos em um campo perceptual são sempre orientados a nós. Sem o corpo como esse centro de referência, objetos não teriam orientação particular alguma nem projetos em relação àqueles objetos seriam então possíveis. Em vez disso, todas as instrumentalidades se tornariam equivalentes e os objetos não teriam essa estrutura significativa sob a qual eles aparecem conectados a outros objetos similares. Se esse fosse o caso, não haveria como decidirmos que instrumentos usar e por quê. A série de referências seria infinita: por exemplo, o papel remete à caneta, a caneta remete a alguma outra coisa, que, por sua vez, remete a alguma outra coisa, que, por sua vez, remete a alguma outra coisa, e a cadeia de associações não teria fim. Para Sartre, cada campo perceptual pressupõe uma mão, ou um corpo, que termina qualquer cadeia de referência ou de associação como essa. É esse fato de que temos um corpo que está dentro deste mundo de objetos (embora ele próprio não seja simplesmente um objeto) que limita esse âmbito dos fenômenos e nos permite ter projetos significativos no mundo. É importante enfatizar que o corpo não está ele próprio *no* campo perceptual e não é simplesmente outro instrumento que possamos utilizar, uma vez que não podemos obter uma perspectiva do corpo em sua totalidade do mesmo modo que podemos em relação a outros objetos. Em nossa relação mais básica com o mundo, o corpo não é um objeto (e por essa razão não é o corpo da ciência), mas é o fim pressuposto da cadeia de objetos. Como Sartre diz, a mão é o "termo incognoscível e não utilizável que o último instrumento da série indica" (BN: 323).

Para Sartre, esse é fenomenologicamente o modo que experienciamos nossos corpos, e ele argumenta que, no nível da consciência pré-reflexiva, não temos consciência direta ou posicional de nosso corpo. Pense sobre olhar através da janela de um trem, ou de um carro, e observar o cenário. Geralmente não temos consciência direta de nosso corpo ao fazermos isso. Sartre assinala também que, quando escrevemos algo em um bloco de notas, tendemos a estar conscientes da caneta, mas não estamos usualmente conscientes das contorções de nossa mão. Podemos, é claro, fazer um esforço reflexivo para focar em nossa mão registrando as notas de conferência (e consequentemente tratar o corpo como um objeto), mas o ponto de Sartre é que isso não é o que usualmente ocorre. É da caneta que você está usualmente consciente e não do funcionamento dos músculos de sua mão. Ora, isso parece fenomenologicamente verdadeiro e reafirma que o corpo é, nas palavras de Sartre, "o dado inapreensível", ou o centro que não pode ser conhecido.

Ao mesmo tempo, é necessário lembrar que o corpo, para Sartre, não é redutível ao corpo-para-si. Sartre argumenta também que temos outro aspecto de nossos corpos, que é o corpo-para-outros, ou, no nível reflexivo, o corpo-como-objeto. Existem assim dois modos de ser do corpo. Primeiro, o corpo é, em um sentido, objetivamente definido pelo mundo e sujeito a muitas leis causais, mas se nos restringimos a isso não entendemos como é que existe, na verdade, um mundo significativo para nós. Para dar conta disso, Sartre pensa que necessitamos focar mais atentamente no corpo como ele é vivido: daí a importância do "corpo vivido", que é também afirmado por Husserl e Merleau-Ponty.

Ponto-chave

O filósofo escocês David Hume (1711-1776) perguntou certa vez a um colega filósofo como eles poderiam saber se tinham um corpo. Seu colega replicou que ele sabia que tinha um corpo porque, quando levantava seu braço, tinha "uma sensação de esforço". Para Sartre, no entanto, o corpo vivido não é, na verdade, conhecido desse modo (BN: 324). Não é realmente conhecido de modo algum. A única resposta à questão de Hume é assinalar que sem um corpo não poderíamos ter um mundo. Mas temos um mundo no qual podemos nos envolver em projetos significativos, e a análise de Sartre sugere que uma condição necessária disso é que também tenhamos um corpo.

Mas não é que Sartre queira sustentar que uma concepção particular do corpo possa existir por si própria. O corpo-para-si (o corpo vivido) também necessita do aspecto mais objetivo do corpo-como-objeto. Se seu professor está diante de você na sala de aula, por exemplo, é necessário que o quadro-negro (ou branco) esteja atrás dele, e que você esteja defronte deles. É também necessário que, se ele se virar, o contrário ocorra. Isso simplesmente significa que a consciência está sempre situada. O para-si não pode, de modo algum, simplesmente projetar qualquer coisa, mas dentro de cada situação existem alternativas. Para usar termos filosóficos, é *necessário* que objetos apareçam de um modo objetivo, mas é *contingente* que eu foque nesse ou naquele aspecto particular do quadro-negro. Como Sartre diz, "se regras definidas não determinassem o uso de instrumentos, eu nunca poderia distinguir dentro de mim entre desejo e vontade, nem sonho de ato, nem o possível do real" (BN: 327). Portanto, esse aspecto objetivo da corporificação é necessário ou do contrário nenhum projeto seria possível pela simples razão de que tudo seria igualmente obtenível. Isso pode soar como uma contradição, mas se não houvesse certas regras objetivas relativas aos objetos do mundo, então nada existiria no que e contra o que o para-si agir, e não teríamos motivação alguma para adotar um modo de agir em vez de outro. Como assinalamos anteriormente, a liberdade não é possível sem restrição.

Essa é uma parte complicada de *O ser e o nada*, mas o ponto principal a ser retirado dessa discussão é que existe uma dupla relação do corpo e que os termos dessa relação estão em níveis separados e "incomunicáveis". Existe uma relação com as coisas *na qual* o corpo é um ponto de vista (corpo-como-objeto) e existe uma relação com objetos *para os quais* o corpo é um ponto de vista. O primeiro aspecto do corpo é uma relação objetiva, e o segundo aspecto do corpo é uma relação existencial ou vivida. Sartre pensa que esses dois reinos permanecem separados; no entanto, se formos realistas, teremos então uma tendência a querer dizer que eles se referem à mesma coisa. Na verdade, permanece o caso que no nível ontológico a descrição de Sartre deixa várias questões não respondidas, não explicando, particularmente, por que parece com frequência haver uma unidade entre esses diferentes "aspectos" de corporificação.

Além disso, no nível do próprio trabalho de Sartre, existem duas questões principais sobre essa descrição do corpo-para-si e do corpo-em-si. Primeiro, ela restabelece um dualismo? Segundo, se não, então como ela se relaciona com sua descrição de nossa liberdade

Existencialismo **123**

ontológica absoluta? Por vezes existe ainda um sentido no qual, para Sartre, o corpo é o ultrapassado, ou o transcendido (BN: 309, 326). Embora Sartre argumente que o corpo esteja aí em cada projeto e percepção do para-si, mesmo que ele *seja* o para-si, ele também sugere que ele está sempre aí na forma do passado imediato (BN: 301, 326). Além disso, o corpo não é somente um ponto de vista, mas é também "um ponto de partida", e por isso parece ser mais semelhante à facticidade do que à transcendência (e note que a seção sobre o corpo-para-si é subtitulada facticidade). Se recordarmos que Sartre sustenta que eu não posso ser inválido sem me escolher como inválido (BN: 328), existem dois elementos em sua descrição que parecem sugerir que por niilificação, ou negação, nós também fugimos ao corpo.

Por outro lado, Sartre também afirma nesse capítulo que o corpo-para-si é completamente consciente e completamente corpo. Para ser mais preciso, ele declara que o "ser-para-si deve ser completamente corpo e deve ser completamente consciência", mas então prossegue e acrescenta a condição muito importante, "ele não pode ser unido a um corpo" (BN: 305). Isso sugere que o ser-para-si é tanto corpo como mente, mas não é simplesmente corpo. Existe ainda esse aspecto dual no qual a mente pode transcender ou negar o corpo, mas isso tudo ocorre no corpo-para-si (o corpo vivido). Isso é um dualismo ou não? É difícil dizer, porque Sartre não é preciso sobre esse ponto, que requer mais análise textual do que podemos dedicar ao problema aqui. Parece que transcendemos somente o aspecto em-si de nossos corpos, o fato bruto científico, ou o corpo-como-objeto, e que nunca transcendemos nossos corpos inteiramente. Isso parece sugerir que a consciência é afetada pelo corpo e por isso não é tão livre como Sartre argumenta. Uma descrição assim do corpo combina com sua filosofia da liberdade, uma vez que o corpo, ao fim e ao cabo, pode nos inibir, pode desenvolver modos habituais de se relacionar com o mundo que nós, estritamente falando, não escolhemos? Voltaremos a essas questões em nossa consideração sobre o trabalho de Merleau-Ponty.

A morte não é *minha* possibilidade (BN: 531-548)

Embora Heidegger fosse uma grande influência em *O ser e o nada*, existe um ponto notável de desacordo entre os dois filósofos que é sobre o tema da morte. Na seção intitulada "Liberdade e facticidade: A situação", Sartre questiona a insistência de Heidegger sobre a importância do ser-para-a-morte para qualquer existência autêntica.

Para ambos, uma existência autêntica pressupõe reconhecer e viver de acordo com certas verdades sobre a situação humana – *grosso modo*, Sartre nos encoraja a assumirmos nossa liberdade, enquanto Heidegger nos encoraja a assumirmos nossa mortalidade –, mas eles têm, decididamente, perspectivas diferentes sobre que papel a morte desempenha na existência humana. Para Heidegger a morte é a "possibilidade mais própria" do *Dasein*, e é o que nos estabelece como indivíduos radicalmente singulares. Ser autêntico, ou ser diferenciado do *das Man* (o rebanho), exige o reconhecimento de nosso ser-para-a-morte. Embora Sartre seja relutante em usar o termo "autêntico", a implicação clara de seu trabalho é que deveríamos afirmar certas verdades sobre a situação humana, mas ele insiste, diferentemente de Heidegger, que a morte não é parte dessa situação humana, mas é, em vez disso, um limite incognoscível. O ser-para-a-morte é literalmente uma impossibilidade na concepção de Sartre sobre a consciência (que funciona pela negação do que *é* – e a morte *não é*), mas vamos prosseguir mais devagar para mostrar por que isso é assim.

De acordo com a representação que Sartre faz da concepção de Heidegger, a morte é um evento que constitui o significado do processo inteiro da vida; é como a nota final de uma melodia que confere significado a todas as notas que a precederam. Nessa concepção, a morte se torna o fenômeno que faz a vida pessoal e única, e os indivíduos se tornam responsáveis por sua morte, assim como por sua vida. Contra essa concepção, Sartre enfatiza a absurdidade da morte e os modos pelos quais ela *não* é análoga ao fim de uma sinfonia musical que torna claro tudo que a precedeu. Sartre argumenta que, quando um indivíduo morre, é uma questão de sorte, ou oportunidade (BN: 537), e essa absurdidade não permite a uma vida ser nitidamente concluída como o fim de uma sinfonia; em vez disso ela pode ser apenas extirpada de forma ignominiosa e inapropriada.

Embora esteja claro que a posição de Heidegger requeira que a morte seja uma "nota final" nesse sentido extremo, Sartre discute o caso de um jovem romancista promissor, para ajudar a estabelecer seu ponto geral de que a morte não é o que confere significado a nossas vidas. De acordo com esse exemplo, o autor escreveu um romance que mostra talento considerável, tem inclusive o selo de grandeza, mas por si só isso não é suficiente para definitivamente estabelecer sua grandeza. Ser um grande romancista requer que ele possa produzir um outro trabalho de similar envergadura e gênio. De repente, no florescimento de seu primeiro sucesso literário, a morte interrompe sua carreira e o impede de ter a oportunidade de se testar com esse difícil segundo romance. Somos deixados abandonados, inseguros de se seu romance subsequente o teria revelado um gigante literário ou meramente um sucesso passageiro (BN: 539). Contra Heidegger, Sartre sugere, portanto, que a morte nunca é o que dá à vida seus significados; ao contrário, é o que em princípio remove os significados da vida, como faz com o romancista aspirante. Nas próprias palavras de Sartre: "não podemos mais sequer dizer que a morte confere um significado à vida a partir de fora; um significado pode vir somente da subjetividade. Uma vez que a morte não aparece na fundação de nossa liberdade, ela não pode senão remover todo significado da vida" (BN: 539). Sartre sustenta que em vez de dar totalidade à minha vida, a morte a abandona em um estado de indeterminação.

"Nenhum outro pode morrer por mim": a resposta de Sartre

Sartre também confronta a famosa sugestão de Heidegger de que "nenhum outro pode morrer por mim", e ele usa uma antiga técnica em filosofia chamada *reductio ad absurdum*, que simplesmente significa extrair as consequências lógicas de uma posição até que ela seja revelada como absurda. Sartre argumenta que você pode dizer exatamente as mesmas coisas que Heidegger diz sobre a morte – nenhum outro pode morrer por mim – com relação ao amor, e potencialmente também a muitas outras experiências (BN: 534). Em um sentido, é também verdadeiro que nenhum outro pode amar por mim, mas Sartre diz que isso é banal, e insiste que uma outra pessoa pode sempre fazer o que eu faço, quando considerado do ponto de vista de sua função e de seu resultado (uma outra pessoa, por difícil que seja aceitar isso, poderia fazer nosso amante se sentir feliz e seguro). Em outras palavras, Sartre sugere que outra pessoa *pode* sempre amar por mim e mesmo morrer por mim (considere um mártir) quando considerada de uma perspectiva funcional, e ainda assim ela *não pode* morrer por mim, ou amar por mim, no sentido de que ela esteja dentro de mim na experiência de antecipação da morte ou do amor. Para Sartre, porém, esse ponto final equivale a nada mais do que o reconhecimento tautológico de que uma outra pessoa é, por definição, uma outra pessoa, e em sua concepção a morte; portanto, não é mais concebida como tendo qualquer significação especial em termos de nos individuar.

Contra a concepção de Heidegger, que ele caracteriza como pressupondo esperar pela morte, Sartre também sugere que podemos somente esperar pela morte na condenação a uma sentença de morte, e mesmo assim podemos ser agraciados com um indulto presidencial, ou mortos por um vírus respiratório enquanto estamos esperando pela forca ou por uma injeção letal (BN: 536). A descrição de Sartre acerca da posição de Heidegger é um tanto caricata aqui, uma vez que Heidegger não está argumentando que deveríamos sentar em algum lugar e literalmente apenas esperar pela morte. Heidegger não pensa que deveríamos simplesmente esperar pela morte, mas antecipá-la, e essa distinção é significativa. Mas, afora esses problemas com a interpretação que Sartre faz de Heidegger, existem algumas diferenças filosóficas consideráveis entre eles. Para Sartre, a morte é fundamentalmente o que não pode ser previsto e pelo qual não se pode esperar. Em sua concepção, não podemos sequer dizer que cada minuto que está passando nos leva mais para perto da morte, e ele argumenta que esperar por uma morte indeterminada é absurdo. Para Sartre, o foco de Heidegger na morte é denegação da vida, talvez mesmo uma versão do que Friedrich Nietzsche chamou "moralidade escrava": um desgosto ou ressentimento pela vida que ocorre naqueles que não podem atingir tudo a que aspiraram.

Sartre reconhece que esperar pela morte na velhice *pareceria* ser aceitar a finitude. Contudo, ele assinala que biologicamente a morte súbita na juventude não é diferente da morte na velhice, e ele afirma que essa indeterminação entre morte na velhice e morte num outro momento significa que "não é senão por cegueira ou má-fé que podemos *esperar* morrer de velhos" (BN: 536). Em um estágio posterior, Sartre sugere que "é porque o para-si é o ser que sempre reclama um depois, que não existe lugar algum para a morte no ser que é para-si" (BN: 540). Seu ponto fundamental aqui é que a morte não pode ser parte da estrutura da subjetividade, e que, sendo assim, estaremos mentindo a nós mesmos se permitirmos que nossa vida seja saturada pelo horizonte da morte. Em alguns aspectos, a posição de Sartre a esse respeito tem um precursor famoso: Epicuro. Como vimos no capítulo 2, Epicuro argumenta que a morte é algo que não deveria nos preocupar desnecessariamente, e que deveríamos ser indiferentes a ela. Essa é, de um certo modo, a posição fundamental de Sartre, e de um modo epicurista ele também usa uma versão do que é chamado o "argumento sem sujeito" – que sugere que não existe sujeito algum em torno da experiência de estar morto; assim, nesse sentido, não podemos considerá-la como prejudicando alguém –, argumentando que "a morte está fora de minhas possibilidades e, sendo assim, não posso esperar por ela; ou seja, não posso me impelir em direção a ela como uma de minhas possibilidades" (BN: 545).

Em contraste com Heidegger, Sartre prefere, assim, falar sobre nossa finitude e não sobre nossa mortalidade. Para Sartre, mesmo que fôssemos imortais ainda seríamos finitos, uma vez que oportunidades para certas experiências seriam perdidas e escolhas feitas obviariam outras oportunidades (BN: 546). O comportamento autêntico, ou boa-fé, requer uma aceitação de nossa finitude (a irreversibilidade do tempo), mas ele argumenta que não experienciamos nossa própria mortalidade e esse sentido do ser-para-a-morte que Heidegger argumenta permear a totalidade de qualquer vida autêntica. Por outro lado, há pouca dúvida de que Heidegger afirmasse que a indiferença de Sartre diante da morte é uma falha em assumir completamente a constante possibilidade de a morte ocorrer ao próprio indivíduo; ele sugeriria que isso é fingir que a morte ocorre para outro.

"Estar morto é ser presa dos vivos"

Existe um aspecto final sobre a concepção de Sartre acerca da morte que vale a pena considerar brevemente. Na descrição de Sartre, na morte você é entregue à perspectiva do outro, e aos juízos da posteridade (ver a autobiografia de Sartre, *As palavras*, para reflexões posteriores acerca disso). Estar morto, Sartre sugere, é ser uma "vítima" indefesa "dos vivos" (BN: 543). A morte representa um "desapossamento", e o ponto de Sartre aqui é simplesmente que, enquanto estamos vivos, podemos questionar o modo que somos interpretados ou representados por nossos amigos e pelas pessoas em geral, mas na morte somos completamente entregues aos caprichos do outro; ele permanece livre para nos caracterizar como quiser, mas nós não teremos mais a possibilidade de replicar. O fato da morte dá a vitória ao outro na batalha em curso que ele concebe, conforme Hegel, como ocorrendo entre o eu e o outro (BN: 544). Sartre conclui, assim, que viver como Heidegger sugere que deveríamos viver, como um ser-para-a-morte, é viver minha subjetividade em direção ao outro e com relação ao ponto de vista de outra pessoa, mas ele insiste que isso não é possível. Para Sartre nunca podemos estar certos do que a outra pessoa pensa sobre nós, como veremos em detalhe no capítulo 4, e assim como poderíamos viver para o *outro* e para uma perspectiva que nunca conheceremos? O individualismo de Sartre se torna aparente aqui (viver autenticamente tem a ver conosco mesmos, mais do que com nos comportamos bem em relação a outros), e, longe de ser nossa possibilidade peculiar, a morte é considerada o que em princípio nos escapa continuamente.

Sumário dos pontos-chave

A existência precede a essência

Ao passo que triângulos, canetas e objetos geralmente têm uma forma, essência ou função, que precede sua existência concreta (para alguma coisa ser um triângulo, ela deve ter três ângulos, que devem totalizar 180 graus). Sartre argumenta que isso não ocorre com os entes humanos. Nós, primeiro, existimos, e só então definimos nossa essência pelo modo como vivemos.

Consciência

• Sartre distingue dois modos de consciência: o *cogito pré-reflexivo* (que não envolve um ego ou eu); e o *cogito reflexivo* (que postula um eu e unifica experiências passadas discrepantes).

• Toda consciência, assim como cada ato intencional, é: (i) posicionalmente (ou teoricamente) consciente do objeto que ela postula – a consciência está dirigida para algum objeto e tem uma conduta em relação a ele, como o cenário sendo observado; e (ii) não posicionalmente (não teticamente) consciente de si enquanto consciência – está indiretamente consciente de que *não* é esse objeto que está percebendo ou postulando.

Ontologia da existência humana

• A humanidade é composta por dois aspectos diferentes, mas inseparáveis: nossa *facticidade* (i. e., nosso passado, nossa biologia, nossas posses, a sociedade da qual fazemos parte etc.); e nossa liberdade para negar e, algumas vezes, interpretar essa facticidade, que ele descreve em outra parte como nossa *transcendência*.

• *Ser-para-si* (consciência livre e transcendente, que nega tanto nossa facticidade como os objetos).

• *Ser-em-si* (pura objetualidade, ou "pura plenitude", sobre o qual não podemos dizer muito, exceto que é contingente e gratuito).

• *Facticidade* (designa a relação entre o para-si e o em-si, e isso incorpora nossa situação social).

Negação

Três fenômenos principais mostram que a consciência humana funciona através da negação (e a condição de possibilidade para essa negação é um nada ontológico que "está no próprio seio do ser, em seu coração"): questionamento, ausência e destruição. A negação envolvida nessas experiências pressupõe que a consciência está separada do domínio dos objetos e coisas empíricos.

Angústia

• A angústia é uma apreensão fenomenológica de nossa própria liberdade, não uma prova filosófica dela. É na angústia que a liberdade está, em seu ser, em questão para si mesma.

• A *angústia necessita ser distinguida do medo*. O medo é uma apreensão irreflexiva sobre a possibilidade de que alguma coisa no mundo (e fora de nós) possa nos prejudicar; a angústia envolve uma apreensão reflexiva sobre o eu e nossa liberdade para responder a uma situação externa de vários modos diferentes.

Má-fé

A má-fé é a negação de nossa liberdade (transcendência) e de nossa facticidade, ou a falha em coordená-las. Se rejeitarmos um ou outro desses aspectos de nós mesmos, estaremos de má-fé, porque estaremos nos recusando a reconhecer o que é ser humano.

O corpo

A corporificação humana compreende o *corpo-para-si* (ou seja, o corpo como o experienciamos), o *corpo-para-outros* (ou seja, o modo no qual meu corpo aparece para outros, e o corpo do outro aparece para mim) e o *corpo-para-si-para-outros* (que pressupõe um reconhecimento pré-reflexivo de que as duas modalidades de corpo acima estão para sempre separadas).

A crítica de Sartre à concepção de Heidegger acerca do ser-para-a-morte

• Sartre pensa que o que Heidegger chama "ser-para-a-morte" é uma impossibilidade estrutural do para-si. O comportamento autêntico, ou boa-fé, requer uma aceitação de nossa finitude (a irreversibilidade do tempo), mas não experienciamos nossa própria mortalidade e esse sentido de ser-para-a-morte.

• Sartre argumenta que o comentário de Heidegger segundo o qual "nenhum outro pode morrer por mim" ou é pouco convincente ou banalmente verdadeiro (uma tautologia), e a perspectiva de nossa própria morte não desempenha um papel especial em nos individuar.

4

Sartre
O inferno são os outros

Em sua peça *Entre quatro paredes* (1943), o personagem de Sartre, Garcin, afirma, famosamente, que "o inferno são os outros". Essa declaração foi utilizada também para exemplificar sua descrição filosófica de nossas relações com outros e no que segue veremos que isso é ao menos parcialmente acurado. Mas, primeiro, é útil delinear um problema ao qual se opunha a descrição de Sartre acerca das relações com outros: o problema do solipsismo.

O recife do solipsismo

Em tempos recentes, houve, por vezes, reclamações de que a fenomenologia não lida com o outro em sua diferença absoluta, ou, em sua alteridade genuína; o termo "alteridade" é basicamente sinônimo de outridade, embora possua também conotações de mudança e transformação. Uma razão para essa reclamação contra a fenomenologia é que ela sugere que o objeto percebido, como a montanha para a qual estou olhando fora de minha janela, não pode ser inteiramente estranho àqueles que o percebem. Em outras palavras, eu exerço influência sobre a apreciação da montanha (e você pode lembrar que Sartre insiste que nunca encontramos um objeto puro, ou a coisa-em-si). Isso é apenas para dizer que nunca encontramos a montanha como ela realmente é, mas sempre em relação às intenções e projetos que temos em relação a ela. Ou, como no exemplo de Heidegger, nunca ouvimos um ruído puro, mas sempre um ruído de algum tipo de atividade, como o de um cortador de grama começando a funcionar, ou o de uma motocicleta passando. Parece seguir-se disso que, quando vemos outra pessoa, ela deve ser encontrada também em relação às intenções e projetos que eu tenho em relação a ela. Uma questão importante para a fenomenologia é, portanto, a seguinte: Em que sentido nossa percepção ou experiência da outra pessoa está genuinamente reconhecendo sua outridade? A fenomenologia pode falar sobre a outra pessoa em sua diferença? Se a fenomenologia assimila o objeto aos termos da referência do percipiente, então o tratamento fenomenológico do outro parece tender, ao menos potencialmente, na direção de não ser passível de mostrar que a outra pessoa realmente existe. Afinal, como sabemos que a outra pessoa realmente existe se a pessoa com a qual estamos envolvidos é ao menos parcialmente constituída por nossas intenções e não temos acesso algum a ela fora dessas intenções? A fenomenologia, portanto, *ameaça* ser solipsista, e não nos deixa com meio algum para o estabelecimento da existência de outras mentes.

> **Ponto-chave**
> *Solipsismo* é a doutrina segundo a qual não podemos conhecer ou acessar a mente de pessoa alguma. É a ideia de que conhecemos somente nossa própria perspectiva, e uma consequência epistemológica disso é que não podemos provar que outras pessoas existem.

Embora o solipsismo seja indubitavelmente uma posição contraintuitiva, está longe de ser uma posição sem precedentes na história da filosofia. De fato, em *O ser e o nada* Sartre sugere que todos os realistas e idealistas ou se comprometem inadvertidamente com o solipsismo, ou, para evitá-lo, abandonam suas próprias pressuposições teóricas e se contradizem (BN: 230). Ele assinala que idealistas, por exemplo, frequentemente terminam abandonando sua convicção de que a mente constitui e torna o mundo significativo apoiando-se em um realismo de senso comum sobre a existência de outras pessoas ("É claro que sabemos que outros existem!") que é desprovido de um argumento. Isso ou eles são forçados a aceitar o solipsismo (BN: 229), porque, de uma perspectiva idealista que reduz a subjetividade à mente, existe uma consciência e, diametralmente oposto a isso, existem os objetos do mundo, o corpo inclusive.

A esse respeito, vale a pena, uma vez mais, considerar Descartes brevemente. Para ele, a mente é o agente doador de significado, e o corpo é aquele que potencialmente nos engana. De um ponto de partida assim, é difícil entender como Descartes poderia saber que outras pessoas existem, e ele tacitamente admite isso a si mesmo, afirmando:

> Se me arrisco a olhar pela janela os homens passando pela rua, não falho em dizer, ao vê-los, que vejo homens... e, todavia, o que vejo dessa janela senão chapéus e capas, que cobrem fantasmas ou bonecos que se movem somente por meio de molas? Mas considero que sejam homens realmente, e, portanto, compreendo, unicamente pelo poder do juízo que reside em minha mente, o que acredito ver com meus olhos (M: 85).

O problema é que se um indivíduo concebe sua mente como constituindo ou dando significado ao mundo, então a outra pessoa que ele vê nesse mundo presumivelmente também constitui e dá significado ao mundo. Contudo, essa possibilidade é inconcebível porque a outra pessoa está fora dele e dentro do domínio de objetos. Sua consciência não pode ser diretamente acessada, assim a existência da outra pessoa, nessa linha de argumento, permanece não confirmável e sujeita somente à especulação problemática de argumentos por analogia, que basicamente procedem como segue: eu tenho experiência imediata de meus próprios sentimentos, emoções e subjetividade, e também tenho um corpo que geralmente reage de modo a refletir esses sentimentos, emoções, e assim por diante. Você tem um corpo que parece e age de algum modo como o meu. Logo, por analogia, você deve ter sentimentos, emoções e, de um modo geral, subjetividade.

Ora, vale a pena observar aqui que parece existir uma clara ligação entre o problema corpo-mente e o problema das outras mentes. Na pior das hipóteses, os modos de pensar sobre o corpo têm um impacto significativo sobre como podemos conceber nossas relações com outros. Se considerarmos a mente como transcendendo o corpo, é difícil provar que outras pessoas existam de fato. Se mente e corpo estão separados, quando vejo seu corpo, não tenho ideia alguma de se você também, de fato, tem ou não uma mente. O único modo pelo qual posso tentar estabelecer que você tem uma mente é argumentar por analogia, e isso não é uma prova satisfatória do outro; pressupõe aquilo cuja explicação está sendo pedida. Após criticar e usar os *insights* de Husserl, Hegel e Heidegger – que, no seu ver, conseguiram instalar o outro no coração da consciência, e, por conseguinte, fizeram uma contribuição importante ao debate, não obstante as outras falhas em suas descrições – Sartre prossegue e propõe sua própria solução ao tema no capítulo de *O ser e o nada* intitulado "O olhar".

Ser-para-o-outro

Em que base, portanto, Sartre pode, fenomenologicamente, mostrar que outras pessoas existem, de fato, levando em consideração que a fenomenologia não deveria acolher suposições derivadas da atitude natural e simplesmente presumir que exista um mundo externo ou que existam outras pessoas? A fim de responder a essa questão, vale a pena primeiro examinar os três modos principais pelos quais Sartre argumenta que encontramos a existência do outro.

> **Ponto-chave**
>
> **Os três tipos de relações com outros**
>
> • O outro pode ser um objeto do qual me aproprio e uso como um instrumento.
>
> • O outro pode ser aquele que assume uma perspectiva sobre objetos para os quais estou olhando, e pode, portanto, induzir uma "hemorragia interna" em minha própria perspectiva.
>
> • O outro pode aparecer como aquele ou aquela que me olha, que pode me julgar, e eu, portanto, experiencio minha própria "objetidade".

O outro pode ser um objeto do qual me aproprio e uso como um instrumento

Quanto ao primeiro tipo de relação com outras pessoas que Sartre descreve, devemos lembrar que ele assume que temos uma relação apropriativa para com objetos; ou seja, nós geralmente manipulamos objetos de acordo com nossos propósitos. Sartre também argumenta que podemos tratar – e, de fato, frequentemente tratamos – outras pessoas do mesmo modo. Quando nos aproximamos da pessoa que atende na loja e queremos apenas a realização de uma certa transação, mas nos ressentimos se ela tiver qualquer conversação significativa conosco, em algum sentido estamos tratando-a como um objeto. Ou seja, estamos tratando-a instrumentalmente e em relação à função que ela executa, ou ao que podemos obter dela. Não estamos tratando-a como uma pessoa em seu próprio direito, ou como um fim em si mesma, como Kant sugere que deveríamos. Nesse caso, porém, não existe coisa alguma para distinguir a experiência de uma pessoa da experiência de um robô bem-disfarçado. Quando tratamos o outro como um objeto que usamos instrumentalmente, nós ainda não temos prova concreta alguma de que o(a) atendente na loja não é um robô (como Descartes reconhece na citação acima), e isso é especialmente assim porque nós na verdade o(a) tratamos como um robô. Todavia, isso não ocorre nos dois últimos exemplos de Sartre que desenvolvem sua prova fenomenológica do outro.

Existencialismo **137**

O outro pode ser aquele que assume uma perspectiva sobre objetos para os quais estou olhando

O segundo modo de se relacionar com outros que Sartre descreve é melhor capturado considerando um exemplo que ele utiliza. Imagine que você está tranquilamente admirando a flora em um parque quando vê uma outra pessoa repentinamente entrar em seu entorno (BN: 254). Sartre sugere que não é o caso que a presença dessa pessoa seja de um "tipo puramente aditivo" que possa ser compreendido como sendo apenas outro objeto que está na proximidade imediata de alguém (BN: 254). Em vez disso, a presença do outro altera fundamentalmente nossa apreciação do ambiente. Nossa relação com o mundo, e com o parque, torna-se ontologicamente diferente devido à presença de outra pessoa, e Sartre sugere que isso ocorre mesmo que o outro não olhe para nós, ou sequer perceba que estamos no parque com ele. Sartre afirma que, quando a outra pessoa entra no parque, sentimos o mundo "escorrendo" de nós e se reorientando em torno da perspectiva da outra pessoa, criando uma nova organização ou uma metamorfose de nosso mundo. Nas palavras de Sartre, apreendemos que "aí se desdobra uma espacialidade que não é minha espacialidade; pois em vez de ser um agrupamento de objetos em relação a mim, existe agora uma orientação que me escapa" (BN: 254). Quando sozinhos no parque, nosso campo perceptual estava estruturado diretamente em relação a nossas intenções, mas a organização fenomenológica dos objetos drasticamente muda com a presença de uma outra pessoa. De acordo com Sartre, nós também nos ressentimos disso. Queremos nos apropriar do mundo e ter as coisas ordenadas de acordo com nossa própria perspectiva.

Um outro exemplo pode ajudar a tornar isso mais claro. Considere que você está ouvindo uma banda da qual sempre gostou e nota que um amigo jornalista, meio crítico musical, também está ouvindo a mesma banda. Sua relação com essa banda e sua música muito provavelmente seria mudada pelo reconhecimento de que seu amigo também terá uma opinião sobre a música em questão, e também pelo reconhecimento de que escapa a você exatamente qual é a perspectiva de seu amigo. De algum modo é difícil recapturar sua imersão na música. A presença do outro mudou sua relação com o mundo. A questão então se torna a seguinte: Como poderíamos ter essa experiência, essa "hemorragia interna" como Sartre a chama, se outras pessoas não existissem?

Contudo, esse segundo modo de relações com outros, Sartre nos diz, não é o modo original de relação com o outro. Em seu exemplo do parque, é ainda somente provável que a outra pessoa seja na verdade, de fato, uma pessoa. O outro é ainda um objeto de algum tipo dentro de nosso campo perceptual, embora um tipo particular de objeto que não podemos tratar apenas como um outro objeto que pode ser manipulado. Portanto, estamos ainda atrás da prova da existência do outro que Sartre está buscando.

O outro pode aparecer como aquele ou aquela que me olha, que pode me julgar, e, por isso, experiencio minha própria "objetidade"

Sartre argumenta que o terceiro modo de relação com o outro é o modo primário ou original chamado "o olhar", que é quando nos apercebemos de que nós mesmos somos um objeto aos olhos de uma outra pessoa, ou o objeto do julgamento de uma outra pessoa (não necessita envolver um olhar literal, como veremos). Sartre argumenta que, assim como existem experiências como a angústia, na qual somos conscientes de nossa liberdade, existem também algumas experiências nas quais somos incontrovertidamente confrontados com a consciência de outros, e a primeira dessas experiências é o olhar.

> **Ponto-chave**
>
> No olhar, perdemos momentaneamente nossa subjetividade e nos experienciamos como o objeto do julgamento de outro (nos experienciamos como definidos pelo que Sartre chama nosso "ser-para-o-outro"). Para Sartre, essa experiência é alienante e por isso buscamos evitá-la.

Deixe-me passar rapidamente pela sua famosa tentativa de provar a existência do outro, do modo anedótico que o próprio Sartre a apresenta (BN: 259). Sartre descreve uma pessoa espiando, pelo buraco da fechadura, algo do outro lado da porta fechada, cativada pelo que quer que esteja acontecendo. Ela pode estar motivada pela inveja, curiosidade ou por algum vício perverso. Tudo isso ocorre no nível da consciência pré-reflexiva; a pessoa está espiando pelo buraco da fechadura, inteiramente absorta em sua atividade, absorvida no mundo. De repente, ela ouve passos no corredor e está consciente de que alguém agora a está observando. Não mais preocupada com o que está acontecendo atrás da porta, a pessoa está consciente somente de que é o objeto do olhar de um outro e que está sendo avaliada e julgada de maneiras que não pode controlar. Ela é reduzida a um objeto naquele campo perceptual da outra pessoa, e isso é, para Sartre, o olhar, e é ele, de acordo com Sartre, o significado original das relações com outros.

De um modo interessante, Sartre argumenta também que, quando essa pessoa é pega espiando pelo buraco da fechadura, um eu vem assombrar sua consciência irreflexiva. Recorde que a consciência irreflexiva é geralmente apenas a consciência do mundo e não está consciente de si mesma como tendo uma identidade ou ego (embora a consciência nunca esteja indiretamente ou não teticamente "consciente de estar consciente"). Sartre sugere que essa falta de autoconsciência direta ocorre com a pessoa espiando pelo buraco da fechadura *antes* de ser pega. Todavia, após ser pega ela então se torna irreflexivamente consciente de si mesma como o objeto do olhar

140 Pensamento Moderno

do outro; ela se torna consciente de si mesma como uma existência objetiva que é algo diferente do centro do mundo e isso é ainda em um nível não reflexivo (BN: 260).

Um outro modo de pensar sobre essa afirmação é: de acordo com Sartre, quando estamos sozinhos não estamos em geral conscientes da postura particular de nosso corpo; pois não nos sentimos definidos pelo fato de que estamos sentados. A afirmação de Sartre, no entanto, é que a presença e o olhar do outro nos definem assim de fato (BN: 262). O olhar do outro nos define como um *voyeur* se estivermos olhando pelo buraco da fechadura; ele também pode nos definir como uma pessoa sentada, qualquer que seja o caso. O outro nos define baseado no que somos exteriormente e, de acordo com Sartre, o outro pode, assim, julgar-nos de um modo pelo qual não podemos nos julgar. A pessoa pega espiando se apercebe, por exemplo, de que essa outra pessoa que recém-chegou à cena indubitavelmente a pensa como estranha ou perversa. De repente, então – Sartre descreve isso como um "estremecimento imediato sem preparação discursiva" –, ela está consciente de sua identidade como escapando dela de modos que ela não pode controlar e está envergonhada desse fato. De acordo com Sartre, a experiência da vergonha reconhece que somos esse objeto para o qual o outro está olhando e julgando e que temos nossa fundação fora de nós mesmos; o outro vê um aspecto de nós que não podemos controlar e que requer sua mediação. Como Sartre sugere, "a vergonha pura não é um sentimento de ser esse ou aquele objeto repreensível, mas em geral de ser um objeto" (BN: 288). Por estarmos envergonhados dessa maneira, o mundo "escorre" novamente em direção à consciência do outro; objetos em nosso campo perceptual são reorientados e dados a nós de uma maneira diferente com a presença dessa pessoa na cena. O olhar do outro instiga uma metamorfose de nosso mundo; ele nega distâncias físicas de objetos e desdobra suas próprias distâncias. Não somos mais conscientes da atividade que está ocorrendo atrás da porta e tudo toma sua significação do fato de que fomos pegos espiando.

Diferente do segundo modo de relação com outros, descrito no exemplo do parque, Sartre sugere que na experiência do olhar nossa identidade também escorre para o outro. No cenário do parque a presença de uma outra pessoa alterou a perspectiva sobre o parque da pessoa que estava previamente sozinha, mas não alterou fundamentalmente a autoapreensão daquela pessoa. Todavia, no terceiro modo de relação com outras pessoas, exemplificado pelo exemplo do buraco da fechadura, o olhar do outro altera fundamentalmente a autoapreensão da pessoa que foi olhada. Antes de ouvir os passos no corredor, o *voyeur* estava irreflexivo, sem eu algum; ele estava absorvido apenas em espiar pelo buraco da fechadura. Uma vez que o outro chegou, porém, ele se apercebeu de que tinha sido definido de um certo modo e que o outro "tem a chave de sua existência". Como Sartre diz, "ser olhado é apreender-se como o objeto desconhecido de avaliações incognoscíveis". O ponto filosófico importante a ser extraído desse exemplo é que o outro que pega a pessoa espiando e a leva a sentir-se envergonhada não pode ser apenas um outro objeto. Mais precisamente, ele deve ser também um sujeito. Por quê? Para Sartre, não faz sentido algum dizer que você foi objetificado por um outro objeto. Afinal, uma árvore não faz você se sentir como um objeto, e não faz você se sentir envergonhado caso você faça algo inapropriado diante dela. Mesmo um cachorro possivelmente não faria nenhum de nós sentir embaraço caso nos visse espiando por um buraco de fechadura (embora a atribuição de qualidades humanas a animais domésticos seja comum e complique essa descrição). Essa experiência de vergonha significa que o outro que a induziu deve ser um sujeito. Para que nos experienciemos como objetificados quando alguém nos pega no buraco da fechadura (ou em qualquer uma de inumeráveis outras circunstâncias) é necessário que exista um sujeito que nos torne um objeto. Em outras palavras, Sartre argumenta que essa experiência de vergonha, e de sentir-se como um objeto, não poderia acontecer se não existisse outra pessoa.

Ora, é possível que a pessoa pega espiando pelo buraco da fechadura possa estar equivocada ao pensar que foi pega nessa posição precária. Ela pensou ter ouvido passos atrás dela, e então teve essa experiência de vergonha, mas, de fato, ninguém estava realmente ali. Na verdade, é claro que uma outra pessoa não tem de estar realmente presente para ela experienciar o olhar (BN: 275-277), e isso parece sugerir que Sartre talvez não tenha refutado o solipsismo e o ceticismo epistemológico que o engendra; talvez possamos ainda afirmar que não podemos saber se outras pessoas existem. A resposta de Sartre a esse tipo de posição é dizer que embora possa não existir alguém literalmente aí em um tempo e lugar particulares no qual sentimos vergonha, ao menos uma outra pessoa deve existir para que a experiência da vergonha seja de algum modo compreensível (BN: 280). Mais empiricamente, Sartre também assinala que é significativo que, ao nos apercebermos de que nossa vergonha era inicialmente "equívoca" – no sentido de que, na verdade, ninguém estava nos observando, inclinados e em uma posição abjeta – nosso sentimento de vulnerabilidade diante do olhar do outro esteja na verdade longe de dissipado. Ao contrário, é mais provável que nos experienciemos como um objeto ainda mais intensamente. Na concepção de Sartre, isso não pode ser explicado sem garantir a existência de outros. De uma forma lógica rudimentar, o argumento de Sartre diz algo como o próximo ponto-chave.

Ponto-chave

A prova fenomenológica de Sartre acerca de outras pessoas

1) A vergonha acontece. Temos experiências fenomenológicas acerca do olhar, de sermos um objeto aos olhos de um outro. (Se você não concede a Sartre esta premissa, então o argumento dele é ineficaz.)

2) Essas experiências são possíveis somente se outros sujeitos existirem.

3) Logo, devem existir outros.

A vergonha, portanto, tem um papel fundacional na tentativa de Sartre de fornecer evidência fenomenológica de outras pessoas e de negar o solipsismo, mas pode haver também outras emoções que desempenhem o mesmo tipo de papel que o da vergonha no qual a análise de Sartre foca. O orgulho talvez tenha essa significação social, e Sartre sugere isso, embora ele também pense que o orgulho é uma atitude contraditória que tende a levar à má-fé (BN: 261, 290). Eu deixarei para você a tarefa de pensar se outras emoções podem também fornecer evidência fenomenológica sobre outras pessoas. Para retornar ao tema principal, essa experiência de "ser-visto-por-outro" não pode ser deduzida da estrutura do para-si, ou de simplesmente tratar outros como objetos. É uma terceira categoria ontológica que se enquadra no ser-em-si e no ser-para-si. Sartre chama essa categoria de "ser-para-o-outro". Ela tem uma estrutura diferente desses outros modos de ser e é uma categoria ontológica por si mesma.

Sartre sugere que esse terceiro modo de relação com o outro é o modo primário, e ele argumenta também que o segundo modo é, na verdade, baseado fundamentalmente nesse terceiro modo. Em outras palavras, Sartre afirma que ficamos desorientados quando vemos uma outra pessoa entrando no parque onde estávamos sozinhos, principalmente porque percebemos de modo tácito que isso significa que ela também pode nos ver e nos julgar. Em um determinado momento, Sartre declara, enigmaticamente, que "o ser visto pelo outro é a verdade do ver o outro" (BN: 257), e isso simplesmente significa que, quando vemos uma outra pessoa, em algum nível apreendemos também que somos vulneráveis ao olhar do outro e que nunca podemos controlar o modo exato pelo qual seremos julgados.

Com certeza, tem de ser enfatizado que o olhar não necessita ocorrer o tempo todo. Podemos, com maior frequência, relacionar--nos com outras pessoas em um dos outros dois modos, e nem toda troca empírica e literal de olhares é um olhar no sentido principal de Sartre. Geralmente, o olhar é deliberadamente esquivado por meio do artifício e da má-fé (nós tratamos os outros como autômatos), mas a esse respeito é importante recordar que, para Sartre, o auto-engano envolvido na má-fé contém o germe de sua própria destruição e não podemos evitar para sempre o reconhecimento dramático e desconfortável da liberdade do outro que o olhar evidencia. Se você está buscando por algum tipo de prova empírica da teoria de Sartre acerca do olhar, então o fato de que as pessoas com frequência evitam contato visual em lugares públicos parece sugerir que existe ao menos alguma verdade no que Sartre tem a dizer, embora deva ser lembrado que o olhar, entendido como o que induz uma mudança de sujeito a objeto na pessoa que é olhada, pode ser manifesto em outras experiências que não a de um olhar literal. Sartre também discute como uma porta aberta, um murmúrio, uma cortina se movendo e mesmo a visão de um edifício no horizonte em um cenário de guerra, onde um soldado está atento a inimigos potenciais, podem todos ser apreendidos como o olhar. Similarmente, as calúnias mordazes dirigidas a mim por uma pessoa do outro lado de uma linha telefônica também podem induzir essa transformação de sujeito a objeto que Sartre tão evocativamente descreve.

Ora, a introdução do olhar, e sua categoria de ser-para-o-outro, de um modo geral, parece abreviar a liberdade do para-si na qual Sartre insistiu nos estágios iniciais de *O ser e o nada*. Afinal, perdemos nossa habilidade de julgar o mundo porque nossa própria perspectiva é usurpada pelo reconhecimento de que uma outra pessoa está nos julgando. Contudo, Sartre afirma que essa experiência do olhar é somente momentânea. Após termos sido julgados, de um certo modo, permanecemos livres para retribuir o olhar e sujeitar a outra pessoa ao nosso próprio olhar julgador. Em outras palavras, o olhar é somente uma intrusão temporária em nossa liberdade. Caso sejamos pegos olhando pelo buraco da fechadura podemos rapidamente retomar o controle encarando de volta, impassíveis, a pessoa que recém nos surpreendeu, ou podemos apenas olhar de cara feia para ela. Merleau-Ponty e de Beauvoir discutem algumas dessas ideias, mas a afirmação de Sartre é que o olhar somente nos impacta nesse instante no qual nos sentimos alienados pela primeira vez. Ele sugere que se continuarmos sentindo-nos alienados depois disso, então essa é nossa própria escolha. Se fingirmos não ser nossa própria escolha, então estaremos de má-fé.

A insistência de Sartre de que podemos devolver o olhar e tentar retomar o controle da situação ajuda a explicar por que a declaração dramática de Garcin, em *Entre quatro paredes*, segundo a qual "o inferno são os outros", é também representativa da filosofia de *O ser e o nada*. Essencialmente, Sartre acredita que as relações com outros são conflitantes, e isso primeiramente porque, para Sartre, sempre tentamos controlar o impacto do olhar. Na terminologia de Sartre, é somente o outro que pode transcender nossa própria transcendência. É somente o outro que pode nos ver de um modo que não podemos sequer entender ou saber sobre nós mesmos (BN: 354), e isso exige que um indivíduo tenha seu fundamento fora de si mesmo. Nós somos dependentes de uma liberdade que é diferente da nossa, e nesse sentido mínimo Sartre sugere que somos "escravizados". Além disso, de acordo com Sartre, buscamos nos proteger e assegurar nossa identidade reduzindo o impacto do olhar do outro. O para-si, ou a consciência, busca naturalmente ser o fundamento de si mesmo – de fato, Sartre sugere que o para-si busca ser Deus e obter uma síntese impossível entre o para-si e o em-si. Contudo, esse objetivo de sermos capazes de controlar nossa própria identidade poderia ser atingido somente se pudéssemos controlar nosso ser-para-o-outro e o modo pelo qual outras pessoas nos veem. Uma vez que essa dimensão de ser-para-o-outro de nossa existência é obviamente dependente de outros, ela exige qualquer tentativa de controlar essa parte de nós mesmos envolvendo uma tentativa de controlar os outros.

Esse problema é fortalecido pelo fato de que a noção de Sartre sobre o olhar exclui duas pessoas "olhando" simultaneamente uma para a outra, levando em consideração que por "olhando" ele não quer dizer olhos simplesmente seguindo um ao outro, mas a conversão de um sujeito em um objeto. Isso significa que os entes-no--mundo são necessariamente separados numa dicotomia; somos ou aquele que olha ou aquele que é olhado. De acordo com Sartre, isso representa a principal estrutura do experienciar o outro, e dependendo do modo pelo qual o eu se manifestou (olhando, por exemplo), o outro deve, em princípio, ser o oposto (ou seja, ser o olhado). Como Sartre mostra, qualquer elaboração sistemática dessa posição deve fundamentalmente envolver conflito. Por serem tão desorientadoras as experiências do eu social (vergonha, medo e alienação), Sartre explica que as pessoas adotam variações sob a forma de sadismo ou masoquismo em uma tentativa de controlá-lo. Em outras palavras, tornamo-nos um mestre ou um escravo. Uma vez mais, Sartre nos deixa com duas opções principais. Podemos constantemente objetificar os outros e, por conseguinte, buscar evitar a emergência de nosso eu social, ou podemos tentar induzir o outro a nos ver exatamente como gostaríamos de ser vistos e, por conseguinte, controlar sua subjetividade. Parece não haver possibilidade de reconhecimento mútuo entre indivíduos nessa ilustração das relações humanas. Caso sejamos, inevitavelmente, sujeitos ou objetos, sádicos ou masoquistas, mestres ou escravos, então as relações humanas podem oscilar somente entre essas duas polaridades, sem jamais se aproximarem de uma intersubjetividade mais complementar ou recíproca. Embora deva ser reconhecido que seu abandonado *Cadernos por uma ética* deixa mais espaço para a possibilidade do amor e da reciprocidade, em *O ser e o nada* esses são os dois modos fundamentais de relação com o outro, de acordo com Sartre, ainda que existam muitas variações dentro dessas estruturas principais. Interessantemente, Sartre também sugere que as posições de mestre e escravo são indefensáveis e condenadas ao fracasso. Ambas destituem o outro de sua verdadeira relação conosco e mesmo assim são concebidas como inevitáveis.

> **Ponto-chave**
>
> Sartre sugere que existem duas respostas principais para o efeito alienante do olhar: podemos tentar transcender a transcendência do outro (o que ele chama de a *segunda atitude em relação aos outros*); ou podemos tentar nos apropriar da liberdade do outro nos identificando com o modo como o outro nos vê e pela incorporação de sua perspectiva dentro de nós (*primeira atitude em relação aos outros*).

Primeira atitude em relação aos outros: amor, linguagem e masoquismo

A primeira atitude em relação aos outros que consideraremos pode ser referida como o paradigma masoquista do escravo, do olhado e do objetificado. A despeito do subtítulo desta seção – "amor, linguagem e masoquismo" – Sartre não fala muito sobre linguagem, senão para dizer que ela é coextensiva ao ser-para-o-outro, portanto, deixarei de fora esse aspecto da "primeira atitude" em favor de uma consideração mais detalhada de seus outros dois exemplos.

Amor (BN: 364-377)

Não obstante seu próprio relacionamento aberto e longevo com de Beauvoir, assim como outras relações amorosas menos duradouras com outras pessoas (ele afirmava que de Beauvoir era seu amor necessário, enquanto os outros eram contingentes), Sartre considera que o amor seja, basicamente, condenado ao fracasso. Antes de deixar claro por que ele pensa que isso é assim, necessitamos considerar sua definição de amor.

> **Ponto-chave**
>
> Amor é o projeto de tentar ser visto como o objeto mais amado aos olhos do outro.

Em outras palavras, amar é querer ser amado. Embora possa ser objetado que isso não seja realmente do que trata o amor, na concepção de Sartre o amor é um estratagema complicado para assegurar que a outra pessoa nos verá de um modo que não seja alienante e que não faça sentirmo-nos objetificados pelo olhar. O amor é basicamente um projeto de seduzir alguém para que nos veja de um modo com o qual estejamos confortáveis, e o ímpeto que o motiva é que se formos consistentemente vistos de modo favorável por essa única pessoa, então não necessitaremos nos preocupar com o que ela está pensando sobre nós. Isso significa que no amor estamos encorajando a outra pessoa a nos olhar como um objeto, mas somente de uma certa maneira, e de tal modo que ela não considerará amar ninguém mais.

De fato, Sartre argumenta que o que queremos no amor, reconheçamos isso ou não, é ser vistos não somente como o objeto mais valioso, mas também como aquele objeto do qual todos os outros objetos derivam seu valor e significado (BN: 367). No amor ele sugere que o objeto amado exige ser colocado "acima de todo sistema de valores postos pelo outro como a condição de toda valorização e como o fundamento objetivo de todos os valores" (BN: 369). Como evidência fenomenológica disso, Sartre sugere que o amado, com frequência, quer que seu parceiro sacrifique todas as outras considerações morais por ele – e, às vezes, chegará a perguntar se seu parceiro faria esse sacrifício (roubar, matar etc.).

Mas, é claro, o amor não pode simplesmente ser uma consequência automática de algum tipo de determinismo psicológico. Deve, no entanto, ser livremente acordado. Para Sartre, existe um paradoxo, ou uma tensão, pressuposta no amor, porque ele pressupõe tentar "possuir uma liberdade *como* liberdade" (BN: 367). Isso significa que embora queiramos que a pessoa concorde livremente em nos amar, esse amor deve, no entanto, ser tão absoluto que ela não nos julgue de nenhum outro modo senão daquele com o qual esta-

Existencialismo **149**

mos felizes e confortáveis. Isso pode obviamente variar: uma pessoa pode querer que seu parceiro a veja como inteligente e profunda; uma outra pode querer que seu parceiro pense que ela é selvagem e perigosa. O problema com isso é que se alguém nos ama a tal ponto de parecer não ter escolha alguma no assunto, então ele não é mais uma consciência livre e seu amor não seria satisfatório. Ou, para colocar o problema de um outro modo, se a outra pessoa está totalmente apaixonada por nós, ela se torna, então, simplesmente um objeto para nós (uma pessoa que é definida por seu amor por nós), e isso significa que devemos nos tornar uma consciência livre e perder nosso *status* como o objeto mais amado (que é o que buscamos no amor).

Por outro lado, embora queiramos que a outra pessoa livremente se envolva amorosamente conosco, ao mesmo tempo isso também não pode ser tão livre. Imagine se seu parceiro oferece uma descrição de seus sentimentos por você e expresse "Eu amo você porque escolho livremente fazê-lo" (BN: 367). De algum modo isso não é satisfatório pelo fato de a outra pessoa não estar suficientemente escravizada. Portanto, o amor pressupõe que queiramos que o outro nos veja livremente como um objeto bonito e privilegiado, mas ao mesmo tempo também quer que o outro seja escravizado por quão belo somos. Para Sartre, *o ideal do amor é a apropriação do outro como outro* (BN: 374). O amor quer despojar o outro de sua genuína outridade ao tentar controlar o modo pelo qual somos vistos por ele. Esse projeto inevitavelmente falha porque terminamos sendo compelidos a ser um sujeito contra nossa vontade. Uma vez mais, se o outro é completamente escravizado pelo seu amor por nós, então ele se torna um objeto, e somos forçados a ser um sujeito, em vez do objeto amado. Sartre também argumenta que no amor ainda somos torturados por querermos saber o que a outra parte realmente pensa sobre nós. Embora o amor seja um "ardil" designado para superar esse problema, para ele nunca podemos saber o que o outro pensa sobre nós (e isso é constitutivamente assim), e por isso nunca podemos realmente estar certos de que estamos, de fato, sendo vistos como o objeto mais amado no mundo, e como selvagem e perigoso, ou de que modos mais possamos querer que nosso parceiro nos veja.

Finalmente, a fragilidade e indestrutibilidade do amor é também composta pelo fato de que essa reificação de uma pessoa como o objeto amado, e a fonte de todo valor, depende de uma relação diádica de duas pessoas (BN: 377). Quando uma terceira parte vem a interagir com o casal apaixonado, como inevitavelmente acontece, Sartre argumenta que o casal se apercebe de que seu acordo tácito de ver um ao outro de um modo particular favorável (como amante e amado) é transcendido por essa diferente e terceira perspectiva. Embora o amor requeira que o amado seja a fonte de todo valor e, portanto, absoluto, a presença dessa terceira parte inevitavelmente revela que esse amor é relativo e a estrutura amante-amado inteira se torna, consequentemente, instável.

Masoquismo (BN: 377-379)

Vimos que, de acordo com Sartre, quando amamos alguém queremos na verdade ser vistos como um objeto intrinsecamente valioso aos seus olhos. Em outras palavras, queremos que ele nos olhe de um modo não alienante, e vimos o quão frágil Sartre diz ser esse projeto. Contudo, não consideramos ainda o projeto masoquista em um sentido mais geral, que é uma atitude em relação ao outro que tende a resultar da falha desse projeto de amor.

> **Ponto-chave**
>
> O masoquismo pressupõe querer ser um *objeto degradado* aos olhos do outro, em vez de um *objeto privilegiado* para outra pessoa, que é o que o amor busca.

Em outras palavras, podemos ter relações masoquistas com outros nas quais somos tratados como um objeto e um instrumento a ser usado. Por que alguém quereria isso? Para colocar o ponto de

Sartre de um modo geral, a ideia é que, se dermos a entender que não nos importamos em ser tratados apenas como um objeto qualquer, então talvez o olhar do outro não seja alienante. Podemos não nos sentir envergonhados quanto a fazer certas coisas na frente de outras pessoas, porque estamos pedindo a elas explicitamente para que nos olhem fazendo essas coisas aparentemente embaraçosas ou rudes. O masoquismo diz respeito a fazer deliberadamente de nosso corpo um objeto para o olhar do outro. Na definição de Sartre, não é necessário tornar nosso corpo um objeto ao qual um sádico pudesse infligir sofrimento. Mais precisamente, podemos considerar que qualquer um, abertamente preocupado com o modo como o outro vê seu corpo ou seu caráter, está se comportando masoquistamente.

Para repetir, a ideia principal por trás do masoquismo é que nos abandonamos totalmente à nossa objetidade, esperando que isso signifique que o olhar do outro não induzirá mais vergonha e alienação. Todavia, Sartre pensa que o masoquismo está também condenado ao fracasso. Nunca podemos, com sucesso, ver-nos como o objeto que somos aos olhos do outro. É somente da perspectiva do outro que podemos ser vistos como obscenos, ou passivos, e isso não pode ser controlado ou diretamente conhecido por nós. O masoquismo também é considerado insustentável porque o próprio esforço de tentar ser nada senão um objeto degradado sugere que o masoquista ainda tem alguma subjetividade remanescente (a fim de executar esse próprio projeto), e que está consciente do que o outro *pode* estar pensando sobre ele. A esse respeito Sartre assinala que, quando tentamos ignorar nossa própria subjetividade, na verdade nos tornamos, com frequência, altamente autoconscientes e conscientes de nossa própria subjetividade na própria tentativa de evitá-la, e, desse modo, propensos à experiência da angústia (BN: 378). Sartre também assinala que, embora o masoquista queira que a outra pessoa seja o sujeito que o vê como um objeto, existe um sentido no qual o masoquista está na verdade manipulando o outro a fim de encorajá-lo a considerá-lo desse modo. Se o masoquista está manipulado a outra pessoa, então ele está fazendo dela um objeto ou instrumento para seus próprios propósitos (BN: 379). Isso sugere que sua própria subjetividade é de fato livre (de tal modo que ele pode manipular a situação), e, por isso, ele perde seu desejado *status* masoquista como um objeto. Em outras palavras, para Sartre, o masoquista descobre inevitavelmente que não é meramente um objeto, apesar de seus melhores esforços, e ainda assim ser um objeto é exatamente o que o masoquista busca. Portanto, o projeto masoquista é também inerentemente instável. Tanto o masoquismo como o amor são caracterizados por quererem ser aquele que é olhado, ao deliberadamente tentarem ser um objeto aos olhos de uma outra pessoa.

Segunda atitude em relação aos outros: indiferença, desejo, ódio e sadismo

O segundo conjunto de atitudes em relação aos outros que Sartre descreve (BN: 379-413) é inicialmente sobre a consciência que julga e trata as outras pessoas que são encontradas como os objetos de seu olhar (embora não seja inteiramente claro que isso ocorra com o desejo, que é de algum modo mais sutil, como veremos em breve).

Indiferença (BN: 380-382)

A indiferença parece ser um modo tentador de tratar o outro, devido ao fracasso do amor e do masoquismo. Um comentário de Sartre indica claramente o que está em jogo na indiferença e, por isso, vale a pena citá-lo inteiramente:

> Nesse estado de cegueira eu ignoro simultaneamente a subjetividade absoluta do outro como fundamento de meu ser-em-si e de meu ser-para-o-outro, e em particular meu "corpo para o outro". De certo modo, eu estou assegurado; eu "me atrevo", quer dizer, eu não tenho consciência alguma de que o olhar do outro pode imobilizar minhas

possibilidades e meu corpo. Eu estou no estado oposto àquele que denominamos *timidez*. Eu estou à vontade; não estou envergonhado de mim mesmo, pois não estou *fora*, eu não me sinto alienado (BN: 381).

Como Sartre sugere, o ímpeto básico por trás da indiferença é que negamos que o outro possa ter uma perspectiva sobre nós que na verdade controle quem somos; não reconhecemos que seu juízo alcance nossa subjetividade de modo algum. Com certeza, essa é uma posição um tanto solipsista; já que a pessoa indiferente está basicamente dizendo a si mesma que o outro não pode conhecê-la ou entendê-la, então, consequentemente, quem se importa com o que ele pensa? Como já era esperado, Sartre também pensa que essa atitude em relação ao outro é problemática e instável. Primeiro, Sartre afirma que mesmo que sejamos completamente indiferentes ao outro, ainda assim continuaremos a ter uma consciência subjacente de que ele é, de fato, radicalmente diferente de nós. Assim, não importa quão indiferentes possamos tentar ser, teremos esse sentimento perpétuo de desconforto. Um segundo problema com a indiferença é que, se fôssemos genuinamente indiferentes às outras pessoas, não teríamos também quaisquer relações significativas com elas. Sem dúvida, isso parece difícil na descrição de Sartre, mas a indiferença genuína pode inibir nossa qualidade de vida. Por fim, e talvez mais significativamente, a indiferença pareceria ser má-fé porque tenta negar completamente um aspecto da estrutura ontológica de nossa existência – ou seja, nosso ser-para-o-outro – e inevitavelmente haverá momentos quando nossa conduta indiferente falhará e experienciaremos os efeitos alienantes do olhar ainda mais severamente.

Desejo (BN: 382-398)

De acordo com a análise mais nuançada de Sartre, o desejo é uma tentativa elaborada, ainda que malsucedida, de se mover para além dessa dinâmica fundamental entre aquele-que-olha e aquele-que-é-olhado, que não entende verdadeiramente a liberdade do outro. Em sua descrição o desejo sexual surge como uma ruptura do amor (e vice-versa), e insiste que ele é muito diferente de outras formas de desejo como a fome (BN: 387). Tem uma passividade que essas outras formas de desejo não têm, uma vez que envolve uma tentativa de momentaneamente abarcar nossa facticidade e contingência.

> **Ponto-chave**
> No desejo, Sartre sugere que a consciência se torna corpo, mas somente a fim de se apropriar do corpo do outro, como o que ele chama "carne" (BN: 389).

O que Sartre refere como "carne" é pura contingência, ou o ser-aí bruto, que é privado de situação e movimentos transcendentes. Na sua análise, a carícia desejosa busca revelar o corpo do outro como carne, que está divorciado de contexto e situação. Em outras palavras, o desejo quer tornar a consciência do outro um objeto encarnado (BN: 389); ou seja, tornar sua subjetividade, à primeira vista, evidente, e desse modo o desejo torna a outra pessoa o objeto de nosso olhar, contemplação e juízo.

Mas existe um paradoxo ou problema aqui, que é oposto, mas também estruturalmente similar, ao que afligiu o amor. No desejo Sartre sugere que queremos sob nosso controle o objeto desejado, e de tal modo que nossa liberdade seja o que está sendo reconhecido, mas também queremos que o outro seja ainda uma consciência livre e não puramente um corpo ou um objeto (BN: 385-386). Afinal, mesmo que fôssemos expressar fisicamente o que quiséssemos no desejo, isso ainda não oferece evidência alguma de que a consciência da outra pessoa seja ela própria arrebatada e escravizada (BN: 385, 393). A outra pessoa, qualquer que seja a situação do seu corpo, pode ainda estar sonhando com alguém outro. Além disso, caso os objetos de nosso desejo fossem assim, deixando-nos fazer simplesmente qualquer coisa, então, para Sartre, começaríamos muito rapidamente a desejar outro alguém ou alguma outra coisa. O que é exigido no desejo é que a consciência do outro esteja suficientemente presente para que sintamos que o estamos possuindo em sua liberdade, mas que sua consciência e liberdade não sejam tão aparentes que possamos nos sentir simultaneamente julgados em nossa atividade desejosa. Se nos sentimos julgados, então estaremos experienciando nosso ser-para-o-outro (nossa objetidade) e isso é a antítese do que o desejo busca. Por outro lado, o desejo também fracassa porque se fôssemos genuinamente dominar a consciência de uma outra pessoa ao revelá-la como um tipo especial de objeto, como "carne", então a possuiríamos simplesmente como um objeto e não como uma consciência livre.

Com exceção dessa tensão que é construída no conceito de desejo, existem também alguns outros problemas com o desejo que dizem respeito aos seus esforços particulares de encarnar a consciência do outro. Em primeiro lugar, Sartre assinala que, no desejo, temos de nos voltar para nosso próprio corpo. Particularmente, se ele progride para o nível da nudez e da atividade sexual, isso significa que a pessoa desejada também tem de se expor como um objeto para a contemplação do outro, em seus esforços para possuir a consciência do outro. Como Sartre sucintamente assinala, "Eu desnudo o outro somente ao me desnudar" (BN: 395). Embora esse comentário deva ser entendido ontologicamente, e não literal ou empiricamente, é também o caso que, devido a essa fisicalidade do desejo, o desejador se arrisca perenemente a ser subjugado por essa fisicalidade e a "se perder no momento" (BN: 397), tornando-se, assim, um objeto para o olhar do outro, em vez do sujeito que está fazendo com que a outra pessoa reconheça sua liberdade transcendente. No desejo Sartre argumenta, portanto, que estamos tentando obter não somente um corpo, mas também uma consciência transcendente livre, e isso é analisado como uma ambição paradoxal e impossível.

Contra Epicuro e os hedonistas de todos os tipos, Sartre afirma que devemos abandonar a ideia de que o desejo seja fundamentalmente um desejo por prazer (ou um desejo pela cessação da dor). Embora admita que o ente humano mediano, por preguiça e conformidade, possa não conceber qualquer outro objetivo para seu desejo senão o orgasmo, Sartre sustenta que o desejo não implica o ato sexual, ou postula-o como o fim último almejado. Ao contrário, Sartre sugere que "o prazer é a morte e o fracasso do desejo" (BN: 397). Para ele, o ato e o prazer sexuais nos voltam para dentro e para longe desse outro que é desejado; o prazer rompe a (relativa) reciprocidade da corporificação do outro como carne. Em vez de estarmos interessados em encarnar a consciência livre do outro na carícia, Sartre pensa que no ato sexual nos apropriamos instrumentalmente do corpo do outro para nosso próprio prazer. O outro se torna um instrumento para nosso uso, um objeto em vez de carne, e somos devolvidos ao conflito da estrutura aquele-que-olha-aquele--que-é-olhado.

> **Ponto-chave**
> Sartre também argumenta que desejo e repulsa são aspectos ontologicamente fundamentais de nosso ser-para-o-outro e não algo que deriva sua força e compulsão do sexo biológico contingente particular que somos (BN: 384).

Sadismo (BN: 399-406)

A palavra "sadismo" deriva do Marquês de Sade, um escritor francês que foi aprisionado por sua literatura, assim como por sua defesa e participação de várias práticas sádicas. Para Sartre o sadismo é o reverso do masoquismo. Em diferentes medidas, indiferença, desejo e ódio caem todos sob a categoria mais ampla de sadismo. O que unifica essas diferentes variedades de sadismo é o desejo de ser sujeito, ou de ser aquele que olha, em vez do objeto que é olhado. Contudo, o sadismo propriamente dito leva essa atitude a um extremo, e é geralmente motivado pelo fracasso do desejo. Como Sartre enigmaticamente sugere, "o sadismo é o fracasso do desejo, e o desejo é o fracasso do sadismo" (BN: 405).

> **Ponto-chave**
>
> O sadismo busca a *encarnação obscena* do outro, enquanto o desejo busca a encarnação do outro *per se*. O sadismo busca revelar a facticidade injustificável do outro; o vergonhoso e o obsceno.

Embora o sofrimento não seja um meio necessário para atingir isso, ao infligir sofrimento, o sádico quer que a facticidade do outro invada sua consciência (BN: 399). A obscenidade é enfatizada quando o sádico, que está infligindo o sofrimento, não sente desejo, mas é, em troca, neutro.

Na concepção de Sartre, o problema fundamental com o sadismo é que ele pode nunca ser bem-sucedido. O acorrentado e torturado pode ainda olhar de volta para seu torturador com olhos pacíficos e compassivos, que podem momentaneamente levar o seu torturador a sentir remorso. Alternativamente, o torturado pode ainda ser desafiador, mesmo que esteja para morrer. Em outras palavras, o torturador nunca pode eliminar completamente a possibilidade de o torturado se virar e olhar para ele de um certo modo e fazê-lo, assim, experienciar seu ser-para-o-outro (BN: 405). Mesmo que o sádico mate o outro, isso também fracassa porque ele não escraviza mais a consciência do outro precisamente porque ela não mais existe. Se a consciência ainda existe, então ela retém sempre e necessariamente a possibilidade de olhar para trás para o sádico, lembrando-o, desse modo, de sua própria objetualidade aos olhos do outro.

Ódio (BN: 410-412)

Em vez de querer possuir uma consciência livre, o ódio abandona qualquer pretensão de união com o outro. Em um esforço por evitarmos nos sentir alienados ou preocupados com os juízos de outras pessoas, ao odiarmos tomamos a iniciativa e julgamos primeiro todas as pessoas de um modo negativo. A suposição parece ser que o juízo das outras pessoas não pode nos prejudicar se consistentemente as julgarmos negativamente. A esse respeito Sartre faz a interessante afirmação segundo a qual ao odiarmos qualquer outro particular nós também estamos tacitamente odiando todos os outros (BN: 411). Para ele, o ódio entende que ser olhado por uma outra pessoa é uma supressão de minha liberdade, e não importa qual outro então suprime minha liberdade. Nós nos ressentimos de todas as supressões de nossa liberdade transcendente, e ao odiarmos tentamos eliminar completamente esse aspecto de nosso ser (nosso ser-para-o-outro).

Todavia, o ódio é também considerado inevitavelmente malsucedido, mais obviamente porque o ódio na verdade reconhece esse próprio outro que pretendemos suprimir. Isso porque o ódio, como é comumente reconhecido, não é indiferença, e a energia substancial é de fato dedicada para odiar a pessoa em questão. Quanto mais a odiamos, mais a reconhecemos e a imbuímos de significação em nossas vidas. A segunda razão principal pela qual o ódio fracassa, para Sartre, é que mesmo quando odiamos e, de algum modo, eliminamos a possibilidade de todos os outros desempenharem algum papel em nossas vidas, ainda assim teremos sua perspectiva lembrada ou internalizada. Em outras palavras, nós ainda retemos a possibilidade de nos ver como outros nos veem (o ser-para-o-outro é ainda parte de nós), e somos ainda suscetíveis ao impacto potencialmente alienante do olhar.

Conclusão

Para resumir, nenhum modo de relação com o outro pode ser estável e fundamentalmente bem-sucedido. Para Sartre, isso significa que a maioria das pessoas é lançada entre esses diferentes modos de se relacionar com o outro, buscando um equilíbrio ou momento de igual reciprocidade com seu amante e parceiro, mas nunca encontrando-o completamente. O ponto de Sartre *não* é que sejamos para sempre e perpetuamente masoquistas ou sádicos, mas sim que oscilamos entre eles em uma constante dialética senhor-escravo – o fracasso de uma modalidade remete e motiva a adoção de uma outra (BN: 408) – e não existe superação disso. Esses são temas um tanto perturbadores. Você acha que as relações humanas são limitadas do modo como Sartre sugere? Quando se trata disso, estamos destinados ao conflito? O amor é impossível? Podemos oscilar somente da posição daquele que olha para a daquele que é olhado sem jamais nos aproximarmos da reciprocidade nas relações humanas? O respeito pela liberdade do outro é uma palavra vazia, como Sartre famosamente sugere? (BN: 409).

Sumário dos pontos-chave

Ser-para-o-outro

Um modo da existência humana que é irredutível ao ser-para-si e ao ser-em-si.

Três tipos de relações com outros

• O outro pode ser um objeto do qual me aproprio e uso instrumentalmente.

• O outro pode ser aquele que assume uma perspectiva sobre objetos para os quais estou olhando, e pode, assim, induzir uma "hemorragia interna" em minha própria perspectiva.

• O outro pode aparecer como aquele ou aquela que me olha, que pode me julgar, e, por isso, experiencio minha própria "objetidade".

O olhar

No olhar perdemos momentaneamente nossa subjetividade e nos experienciamos como o objeto do julgamento de outro. Para Sartre essa experiência é alienante, e por isso buscamos evitá-la.

A prova fenomenológica de Sartre acerca de outras pessoas

1) A vergonha acontece. Temos experiências fenomenológicas acerca do olhar, de sermos um objeto aos olhos de um outro. (Se você não concede a Sartre essa premissa, então o argumento dele é ineficaz.)

2) Essas experiências são possíveis somente se outros sujeitos existem.

3) Logo, devem existir outros.

Duas principais respostas ao efeito alienante do olhar

• Podemos tentar transcender a transcendência do outro (o que ele chama a *segunda atitude em relação aos outros*).

• Podemos tentar nos apropriar da liberdade do outro nos identificando com o modo como o outro nos vê e pela incorporação de sua perspectiva dentro de nós (*primeira atitude em relação aos outros*).

Primeira atitude em relação aos outros

• O *amor* é o projeto de tentar ser visto como o objeto mais amado e privilegiado aos olhos de um outro. *O ideal do amor é a apropriação do outro como outro.*

• O *masoquismo* envolve querer ser um *objeto degradado* aos olhos do outro, em vez de um *objeto privilegiado* para outra pessoa, que é o que o amor busca.

Segunda atitude em relação aos outros

• No *desejo* Sartre sugere que a consciência se torna corpo, mas somente a fim de se apropriar do corpo do outro, como o que ele chama "carne" (BN: 389).

• O *sadismo* busca a *encarnação obscena* do outro, enquanto o desejo busca a encarnação do outro *per se*. O sadismo busca revelar a facticidade injustificável do outro; o vergonhoso e o obsceno.

5

Merleau-Ponty e o corpo

Maurice Merleau-Ponty (1908-1961) completou sua formação filosófica na École Normale Superieure em 1930 (com Sartre e de Beauvoir) e foi frequentemente associado ao existencialismo, embora nunca propusesse exatamente as mesmas explicações extremas sobre a morte, a liberdade, a responsabilidade angustiada e as relações conflitantes com outros pelas quais o existencialismo se tornou famoso e notório. Em troca, dedicou muito de sua carreira acadêmica contestando e reformulando muitas das posições de Sartre, incluindo uma crítica prolongada sobre o que ele considerou uma ontologia dualista e fundamentalmente cartesiana de Sartre. Ele também veio a discordar do marxismo um tanto inflexível de Sartre, e esse foi um importante fator que levou ao término bastante acrimonioso de sua amizade e colaboração editorial na influente revista política, literária e filosófica, *Les Temps Modernes* (para a avaliação de Merleau-Ponty sobre suas diferenças, ver "Sartre e o ultrabolchevismo" em *Aventuras da dialética*, mas, para a versão de Sartre sobre os eventos, ver "Merleau-Ponty vivo" em *Situations*).

Merleau-Ponty argumenta que a fenomenologia é, essencial e necessariamente, filosofia existencial (PP: xiv), o que significa dizer que qualquer tentativa de redução às "coisas-em-si", ou à experiência, terminará, na verdade, revelando o modo pelo qual a experiência é sempre permeada pela situação existencial e social da qual fazemos parte. Em outras palavras, a tentativa de redução fenomenológica é necessariamente incompleta, mas para Merleau-Ponty essa inabilidade para completá-la, na verdade, revela muito sobre a situação humana, e ele pensava seu projeto, ao menos em *Fenomenologia da Percepção* (1945), como continuando o de Husserl e também estendendo-o de modo a levar em conta nossa situacionalidade corporificada e histórica. Seu trabalho está fortemente baseado em descrições da percepção, e tende a enfatizar um envolvimento corporificado com o mundo que é mais fundamental do que nossas capacidades reflexivas. Embora ele seja com frequência associado à ideia de "primazia da percepção", em vez de rejeitar modos científicos e analíticos de conhecer o mundo, Merleau-Ponty simplesmente queria argumentar que esse conhecimento é sempre derivativo em relação aos aspectos mais práticos da exposição do corpo ao mundo. Embora seja difícil resumir o trabalho de Merleau-Ponty em proposições claras, ele buscou desenvolver uma redescrição radical da experiência humana corporificada, e este capítulo considerará sua posição sobre ambiguidade, motricidade corporal, hábito, relações com outros e ontologia, em particular, uma vez que suas discussões sobre esses conceitos questionam a versão mais canônica do existencialismo de Sartre. Antes que possamos tornar claras as contribuições de Merleau-Ponty ao existencialismo, é necessário fornecermos algum histórico de seu projeto filosófico geral de enfatização do corpo.

O corpo-sujeito

Bons argumentos podem ser propostos para sugerir que uma condenação da corporificação governa tacitamente a maior parte do pensamento filosófico até Nietzsche, ao menos, e isso é algo do qual os existencialistas pós-heideggerianos tentaram tratar. Para Merleau-Ponty, não existe aspecto algum de sua fenomenologia que não implique o corpo, ou o que é com frequência designado na literatura o "corpo-sujeito".

Em seu trabalho principal, *Fenomenologia da Percepção*, ele começa expondo os aspectos problemáticos das dicotomias filosóficas tradicionais e, em particular, esse dualismo antigo envolvendo a mente e o corpo. Não é por acaso que a consideração desse dualismo desempenhe um importante papel em seu trabalho, uma vez que a constituição do corpo como um "objeto" é também um momento fundamental na construção da ideia de um mundo objetivo que existe "lá fora" (PP: 72). No momento em que essa concepção do corpo é problematizada, de acordo com Merleau-Ponty, também é problematizada a ideia inteira de um mundo exterior que seja completamente distinguível do sujeito pensante. Para ele, essa pressuposição fundamental foi responsável pela tendência de a filosofia ocidental ser enquadrada em duas categorias principais, nenhuma das quais sendo capaz de jogar muita luz sobre os problemas que busca tratar. Merleau-Ponty estava preocupado com refutar tanto o empirismo – a doutrina segundo a qual todo o conhecimento se origina de experiências sensíveis – e o que ele chamava "intelectualismo", um termo amplo que em seu uso abrange o que é comumente referido como racionalismo e idealismo (o racionalismo é a concepção segundo a qual podemos conhecer coisas que não são dependentes da experiência, uma posição que em sua forma mais extrema pode levar ao idealismo). Não é difícil ver por que Merleau-Ponty estaria preocupado com minar essas tendências dicotômicas, que Foucault denominou "o duplo empírico-transcendental do pensamento moderno" (OT: xiv), que assegura que existimos como uma coisa constituinte (sujeito) ou como uma coisa (objeto). Além disso, esse debate filosófico perene sobre a humanidade ser livre ou determinada está intimamente relacionado, e esse dualismo ontológico de imanência e transcendência – considere mente-corpo, pensamento-linguagem, eu-mundo, dentro-fora – está no primeiro plano de todas as tentativas de Merleau-Ponty de reorientar a filosofia.

Embora Merleau-Ponty não negue a possibilidade das relações cognitivas entre sujeito e objeto, ele rejeita a sugestão de que sejam fenomenologicamente as mais primitivas. Seguindo a indicação de Marcel, *Fenomenologia da Percepção* é unificado pela afirmação de que somos nossos corpos, e ele também sustenta que nossa experiência vivida desse corpo nega a separação entre sujeito e objeto, mente e corpo, que tanto o racionalismo como o empirismo, de diferentes modos, endossam (PP: xii). Virtualmente, a totalidade de seu livro é dedicada a ilustrar que o corpo não pode ser visto somente como um objeto ou uma entidade material do mundo.

Uma ideia de relevância central para Merleau-Ponty é o fato de que o corpo está sempre aí, e que sua ausência (e, de um certo modo, também sua variação) é inconcebível (PP: 91). Isso significa que não podemos tratar o corpo como um objeto disponível para exame, que pode ou não ser parte de nosso mundo, uma vez que ele não é algo do qual possamos abrir mão. É o erro da psicologia clássica, para não mencionar o empirismo das ciências "duras", tratar o corpo exclusivamente como um objeto, quando, para Merleau-Ponty, um objeto "é um objeto somente na medida em que possa ser separado de mim... Sua presença é tal que implica uma ausência possível. Ora, a permanência de meu corpo é de um tipo inteiramente diferente" (PP: 90). A onipresença de nosso corpo nos impede de tratá-lo simplesmente como um objeto do mundo, mesmo que uma posição aparentemente axiomática assim nem sempre seja reconhecida pela filosofia tradicional.

Outro fator contra conceber o corpo como sendo completamente constituído, como um objeto em-si, é o fato de que ele é aquilo pelo qual existem objetos. O corpo não pode ser o mero servo da consciência, uma vez que, "a fim de que possamos ser capazes de mover nosso corpo em direção a um objeto, o objeto deve primeiro existir para ele, nosso corpo não pode pertencer ao domínio do em-si" (PP: 139). Desse modo, Merleau-Ponty enfatiza que os aspectos de um objeto revelado a um indivíduo são dependentes de sua posição corporal. Uma outra afirmação mais geral de Merleau-Ponty é que o corpo-sujeito não nos é dado pela análise das ciências, mas é a condição para, de algum modo, experienciarmos objetos. Nosso corpo deveria ser concebido como nosso meio de comunicação com o mundo e não meramente como um objeto bruto no mundo, que nossa mente ordena que execute funções variadas.

"Eu posso" e "eu penso"

Merleau-Ponty tem um outro ponto importante, e relacionado, a apresentar sobre o *status* de nossos corpos, que os impede de serem caracterizados simplesmente como objetos. Para ele, movemo-nos diretamente e em união com nossos corpos. Como ele indica, "não necessito guiá-lo (*o corpo*) para a conclusão do movimento, ele o contata desde o início e se lança para esse fim" (PP: 94). Em outras palavras, não necessitamos checar para ver se temos duas pernas antes de nos levantarmos, uma vez que estamos necessariamente com nossos corpos. As consequências dessa ideia simples são maiores do que podemos presumir. Em um nível mais complicado, a experiência de praticar esportes é evidência deste estarmos com nossos corpos, como o faz o aceno a um amigo, ou outros gestos: nossos corpos simplesmente respondem a circunstâncias dadas sem a intervenção de concepções filosóficas tradicionais de pensamento e/ou intenção. Nossas ações são solicitadas pelas situações que nos confrontam, em uma constante evolução.

Além disso, se essa ação intencional sem uma intenção (senão a de melhor nos acomodar à situação na qual estamos imersos) é interrompida ou frustrada – como no caso, por exemplo, de um jogador de golfe começar a ponderar sobre as complexidades de seu balanço, onde seus pés estão posicionados, sua disposição mental, e assim por diante, em vez de simplesmente reagir – é provável que perderá a forma. "E daí?", alguém pode perguntar. De acordo com

Merleau-Ponty, o ponto é que "seja um sistema de forças motoras ou de forças perceptuais, nosso corpo não é um objeto para um 'eu penso', é um agrupamento de significados vivenciados que se move em direção ao seu equilíbrio" (PP: 153). A ênfase da tradição filosófica no pensamento racionalista e na vontade deliberativa, junto com uma tendência a dissecar o comportamento humano através do "eu penso", pode conspirar para nos afastar da aclimatação do corpo ao seu próprio ambiente, que é mais prático, e, como a concepção do à-mão de Heidegger, é melhor caracterizado como uma atitude de "eu posso". Por isso Merleau-Ponty explora uma motivação mais básica para a ação humana. Em vez de focar em nosso desejo de obter certos prazeres, ou atingir certos objetivos, sua análise revela a tendência mais primordial do corpo de tentar atingir um equilíbrio com o mundo.

A habitualidade à qual ele está se referindo está longe de ser meramente uma propensão mecanicista ou behaviorista a perseguir uma certa linha de ação, mas podemos querer perguntar, como Merleau-Ponty o faz, "se o hábito não é uma forma de conhecimento nem uma ação involuntária, o que ele é então?" De acordo com Merleau-Ponty, "trata-se de um saber que está nas mãos, que se dá somente mediante esforço corporal, e não se pode traduzir por uma designação objetiva" (PP: 144). Merleau-Ponty sugere que esse tipo de "saber que está nas mãos" é primordial. Ele afirma que, se desconsiderarmos essa base prática do conhecimento, arriscamos embarcar em esforços filosóficos e científicos sem benefício prático, e que também podem reforçar e legitimar o dualismo mente-corpo no contexto cultural mais amplo do qual fazem parte. A esse respeito, é importante enfatizar a distinção que Merleau-Ponty traça entre um modo prático de nos relacionarmos com as coisas, o "eu posso", e o modo reflexivo do "eu penso", que torna o corpo passível de ser tratado como um objeto. De certa forma, isso repete a distinção entre o *cogito* reflexivo e pré-reflexivo que era um aspecto principal do trabalho de Sartre, mas, diferente de Sartre, Merleau-Ponty tenta legitimar isso através da análise empírica e psicológica.

Schneider e a diferença entre compreender e apontar

Em vários pontos diferentes de seu texto, Merleau-Ponty fala sobre um paciente conhecido como Schneider que, devido a um dano cerebral sofrido durante uma guerra, é incapaz de realizar movimentos corporais de uma maneira normal plena (PP: 103-110). Por exemplo, embora ele possa assoar seu nariz caso sinta essa necessidade, ou *segurar seu nariz* caso tenha sido mordido por um mosquito, ele não pode executar ações equivalentes se seus olhos estiverem fechados e ele também não pode *apontar para seu nariz* caso lhe peçam. Se ele observa sua mão, com o tempo, ele pode guiá-la ao seu nariz, mas é um processo trabalhoso e difícil.

Quando confrontado com uma tarefa prática como cortar papel, no entanto, Schneider não tem primeiro que localizar suas mãos antes de movê-las; a tesoura sobre a mesa e a tarefa de cortar papel, imediata e irrefletidamente, mobilizam ações potenciais e o levam a reagir a elas de certas maneiras. Movimentos e atos concretos de pegar, como o assoar de seu nariz, desfrutam de uma posição privilegiada para ele e, Merleau-Ponty argumentará, para todos nós; é o principal exemplo do que ele chama "intencionalidade motora". O movimento de pegar está desde o começo no seu fim e envolve antecipação, e a compreensão do espaço pressuposto em pegar é básica, mesmo que resista grandemente a nossa tematização e compreensão explícitas.

Por outro lado, quando pedem a Schneider que realize alguma atividade abstrata como apontar para seu nariz, vemos que as coisas são muito mais problemáticas. Esse tipo de atividade reflexiva atravessa o intermediário do mundo objetivo e Schneider não pode executar movimentos que não sejam uma resposta a uma situação atual, presente. Ao tentar apontar, Schneider é como um observador distante para si mesmo. Na verdade, ele se parece com um caso paradigmático de como seria ter uma mente que ordenasse que o corpo fizesse coisas, e por isso podemos praticamente ver exatamente quão problemático é esse modelo. Schneider trata seu corpo como um objeto, e isso torna ações como apontar para seu nariz quase impossíveis.

Em resposta a esse caso, Merleau-Ponty pergunta: "Se eu sei onde está meu nariz quando se trata de segurá-lo, como posso não saber onde ele está quando se trata de apontar para ele?" (PP: 104). Ele sugere que o problema é que Schneider ou tem uma fórmula ideal para um movimento particular que ele executa em sua cabeça antes de agir, ou se põe cegamente em movimento. Não existe retroalimentação entre essas duas diferentes atitudes, embora para muitos de nós o movimento ativo seja indissoluvelmente movimento e consciência do movimento, e pressupomos uma presença mútua de corpo e objeto em nosso apontar. Apesar desse exemplo servir para reafirmar sua distinção entre o corpo irreflexivo que pega (o "eu posso") e o corpo reflexivo que aponta (que permite a possibilidade de um "eu penso"), Merleau-Ponty é também eficaz em assinalar que as dificuldades de Schneider não podem ser explicadas na base do empirismo nem do intelectualismo. Martin Dillon resume efetivamente o ponto de Merleau-Ponty, com relação a isso, do seguinte modo:

> O paciente não pode ser entendido como sofrendo de uma incapacidade puramente física (como o empirismo sustentaria) porque ele pode executar os movimentos físicos; mas ele também não pode estar incapacitado de um modo puramente psíquico (como o intelectualismo alega) porque ele pode entender os objetivos a serem atingidos (1988: 138).

Tocar-tocado

Embora Sartre não vincule significado especial algum ao fenômeno do que é por vezes chamado "duplo-toque" e, de fato, explicitamente o nega como uma possibilidade (BN: 304), para Merleau-Ponty o assim chamado duplo-toque é muito importante, uma vez que reafirma sua alegação de que um modelo sujeito-objeto (ou mente-corpo) priva os fenômenos existenciais de sua verdadeira complexidade. Ele caracteriza esse exemplo famoso de tocar-tocado do seguinte modo:

> se posso apalpar minha mão direita com minha mão esquerda, enquanto ela toca um objeto, a mão direita objeto não é a mão direita tocando: a primeira é um entrelaçamento de ossos, músculos e carne pressionado em um ponto do espaço, a segunda atravessa o espaço como um foguete a fim de revelar o objeto exterior em seu lugar (PP: 92).

A presunção inicial de Merleau-Ponty (e eu acho aceitável) aqui é que nunca podemos simultaneamente tocar nossa mão direita enquanto ela também está tocando um objeto do mundo. Em seu último livro, *O visível e o invisível*, ele sugere que, "ou bem minha mão direita realmente se converte à condição de tocada, mas então seu segurar no mundo é interrompido, ou ela retém seu segurar no mundo, mas então eu não a toco realmente" (VI: 148). Existe, então, uma lacuna entre nós mesmos enquanto tocantes e nós mesmos enquanto tocados, uma divergência entre os aspectos sencientes e sensíveis de nossa existência, mas essa lacuna é consideravelmente distinta de meramente restabelecer um outro dualismo, e faz mais do que representar a capacidade do corpo de ser tanto objeto percebido como sujeito de percepção em uma oscilação constante (como é, possivelmente, o caso na dicotomia ser-aquele-que-olha-ser-aquele--que-é-olhado, assim como as oscilações senhor-escravo que uma concepção como essa induz).

Mais precisamente, esse exemplo da mão tocando a si mesma representa a capacidade do corpo de ocupar a posição tanto do objeto percebido como do sujeito da percepção, e o modo como cada uma dessas capacidades depende uma da outra. Conforme Merleau-Ponty, "quando pressiono minhas duas mãos juntas, não se trata de duas sensações sentidas juntas como quando alguém percebe dois objetos situados lado a lado, mas uma estrutura ambígua na qual ambas as mãos podem alternar-se no papel de 'tocar' e de ser 'tocada'" (PP: 93). Esse duplo tocar e a intrusão do tocar no tocado (e vice-versa), no qual sujeito e objeto não podem ser inequivocamente discernidos, é considerado representativo da percepção e da sensibilidade em geral. Por isso Merleau-Ponty defende tacitamente o que ele mais tarde chamará a "reversibilidade" do corpo: a experiência de tocar não pode ser entendida sem referência ao potencial tácito para essa situação ser revertida. Como Merleau-Ponty sugere:

> Eu posso identificar a mão tocada como a mesma que estará, em breve, tocando... Nesse feixe de ossos e músculos que minha mão direita apresenta para minha esquerda, eu posso antecipar por um instante a encarnação desta outra mão direita, viva e móvel, que eu estendo em direção às coisas a fim de explorá-las. O corpo tenta... tocar-se ao ser tocado e inicia um tipo de reflexão reversível (PP: 93).

Isso sugere que a mão que tocamos, enquanto está tocando um objeto inanimado, não é, por conseguinte, meramente um outro "objeto", mas uma outra substância carnal que é capaz de reverter a situação presente. Dado que não podemos tocar em nós mesmos, ou mesmo alguém outro, sem esse reconhecimento de nossa própria tangibilidade e capacidade de sermos tocados por outros, a consciência de como é ser tocado invade a experiência de tocar, ou mesmo sobrevém a ela (VI: 147). Qualquer distinção absoluta entre ser no mundo enquanto tocante e ser no mundo enquanto tocado, como aquela proposta por Sartre, não captura acuradamente a experiência da subjetividade corporificada, que nunca é situada puramente em nossa tangibilidade nem em nosso tocar, mas no entrelaçamento desses dois aspectos, ou onde as duas linhas de um "quiasma" intersectam uma à outra. O quiasma (uma metáfora que Merleau-Ponty regularmente emprega em seu último trabalho) é simplesmente uma imagem para descrever como essa sobreposição e invasão podem se dar entre um par que, apesar disso, retém uma divergência, uma vez que, obviamente, tocar e tocado nunca são exatamente a mesma coisa. Em seu último trabalho Merleau-Ponty ressalta as consequências ontológicas dessa posição. Infelizmente, ele morreu antes que tivesse a oportunidade de completar *O visível e o invisível*, que fora feito com a intenção de ser um texto de proporções consideráveis. Como o trabalho anterior é mais existencial, vamos, por ora, reservar a discussão do último trabalho de Merleau-Ponty e focar em suas críticas a Sartre, tal como são expressas em *Fenomenologia da Percepção*.

A crítica de Merleau-Ponty à concepção de Sartre acerca da liberdade

Não se deixe enganar pelas primeiras páginas do capítulo final de Merleau-Ponty em *Fenomenologia da Percepção*, intitulado "Liberdade". Algumas importantes diferenças entre sua concepção de liberdade e a de Sartre são aparentes nesse capítulo, a despeito do tom simpático que ele adota no início ao explicar a posição de Sartre. Embora exista um debate considerável na literatura secundária acerca de se Merleau-Ponty faz ou não uma caricatura de Sartre nesse capítulo – um "pseudo-Sartre" como de Beauvoir afirma em um ensaio do mesmo nome –, vou sugerir que dois temas principais separam suas respectivas concepções de liberdade: (i) nossa habitualidade corporificada e a importância do passado (PP: 434-456); e (ii) o tema das relações com outros (PP: 346-365; VI: 71-90).

Habitualidade

A primeira resposta crítica de Merleau-Ponty à descrição de Sartre sobre nossa liberdade absoluta com respeito a uma situação é argumentar que se nossa liberdade é a mesma em todas as ações, então não pode ser coerentemente mantido que exista uma coisa como uma ação livre (PP: 436-437). Afinal, a liberdade não pode ser mensurada em relação a modos particulares de conduta, uma vez que para Sartre o escravo é igualmente livre, esteja ele quebrando suas correntes ou não. Isso pode parecer um ponto predominantemente semântico, mas Merleau-Ponty também menciona o problema da motivação nesse contexto, e sua crítica fundamental à descrição de Sartre é que, se somos sempre igualmente livres, então por que a liberdade se dedicaria a projetos, uma vez que já no próximo instante ela se encontrará do mesmo modo livre e indeterminada? Que razão teríamos para adotar uma conduta, e quem dirá para manter uma?

Ora, Sartre lida com esse tema, ao menos em certa medida. Em seu tratamento sobre o fenômeno da angústia ele discute por que, uma vez comprometidos com projetos, existe um tipo de inclinação para prosseguirmos e completarmos esse projeto. Quando imersos numa atividade, tendemos a perseguir, irrefletidamente, essa atividade particular e terminar escrevendo as 700 páginas de *O ser e o nada*, por exemplo, em vez de simplesmente abandonar esse projeto no meio do caminho. Próximo aos estágios conclusivos desse livro, no capítulo intitulado "Psicanálise existencial" ele desenvolve também a ideia de um projeto fundamental ou original que serve de base ao nosso comportamento. Sartre considera que essas duas ideias são suficientes para refutar as caricaturas de sua posição sobre a liberdade como equivalendo a nada senão uma série de "espasmos" gratuitos e caprichosos (BN: 452). Todavia, Merleau-Ponty argumenta que Sartre não confere atenção suficiente a esse tema de por que geralmente persistimos em atividades particulares, e ao responder a esse problema ele sugere que nossos corpos mantêm intenções ao nosso redor que não escolhemos, mas que podemos, no entanto, resistir, embora algumas vezes com considerável esforço.

Já vimos que, para Merleau-Ponty, nossos corpos buscam atingir um equilíbrio com o ambiente no qual estamos. Atingimos esse equilíbrio com nosso ambiente formando hábitos, ou "arcos intencionais" (que são o vínculo que o corpo estabelece entre ação e percepção), e adquirindo habilidades corporificadas que podem ser fácil e consistentemente utilizadas. Se algo se mostrou bem-sucedido no passado, por exemplo, se encontramos uma vaga de estacionamento próximo à universidade em uma área, então estamos propensos a continuar a procurar por uma vaga de estacionamento nessa mesma área, ao menos até que ela nos desaponte. Para Merleau-Ponty, nossos corpos se ajustam inevitavelmente às circunstâncias nas quais estão, e, quanto mais são treinados a fazer isso, melhor se tornam em se ajustar.

Ora, Sartre, devemos lembrar, postula uma descontinuidade radical na consciência. O passado, de modo algum, sobrévem ao presente, e se, por exemplo, pretendemos permanecer fiéis à nossa decisão de algumas semanas atrás de desistir de apostar, devemos convocar nossas razões para fazê-lo e reinventar essa decisão como se não tivesse ocorrido anteriormente. Merleau-Ponty argumenta que essa posição de Sartre é "assombrada pelo espectro do instante" e afirma, em troca, que para a liberdade ser um "fazer ativo" ela não pode imediatamente ser desfeita por uma nova liberdade (PP: 438). Em outras palavras, não podemos coerentemente tentar lidar de modo seguro com o precipício e ainda continuar tendo uma descontinuidade radical de cada momento para o próximo, na qual somos sempre livres para voltar atrás. Embora Merleau-Ponty argumente que conservamos essa possibilidade de mudar nossas mentes, ele sugere que é necessário desenvolvermos relações habituais e corporificadas com o mundo, que assegurem que tenhamos algum tipo de ímpeto (PP: 437), e que estejamos usualmente inclinados a continuar, uma vez que começamos a lidar com o precipício, por exemplo.

Assim, para Merleau-Ponty, a liberdade necessita ser projetada sobre as durações. Para haver liberdade, deve haver restrições, e restrições para além da mera facticidade. Na descrição de Sartre, a facticidade fornece a condição para exercermos nossa liberdade, mas na verdade não desempenha um papel na consciência, que funciona através da negação e é literalmente nada. De acordo com Merleau-Ponty, porém, essa aclimatação corporificada ao nosso ambiente também influencia o que Sartre chama de ser-para-si (consciência) e nossa habilidade para projetar condutas. Isso ficará mais aparente à medida que prosseguirmos, mas o ponto principal é que Merleau-Ponty argumenta que nossos corpos mantêm em torno de nós intenções gerais, as quais não escolhemos e das quais nem sempre estamos conscientes, e que podem na verdade se ramificar no para-si.

No momento, sua concepção dessa habitualidade corporificada é muito teórica, mas vimos a afirmação de Merleau-Ponty de que os movimentos do corpo são desenvolvidos quase sem esforço consciente na maioria dos casos. Para Merleau-Ponty existe um tipo de inteligência do corpo no modo como se ajusta ao seu ambiente. Muitas atividades desportivas parecem testemunhar esse ser habitual com nossos corpos. Merleau-Ponty menciona o futebol a esse respeito, mas o jogador de basquete que diz estar "focado" também exibe esse tipo de habitualidade corporificada, prática. Embora o jogador de basquete perceba a área de acordo com algumas intenções gerais, essas intenções são modificadas pela situação na qual ele se encontra. Em vez de pressupor processos reflexivos de tomada de decisão, o jogador de basquete experiente simplesmente "sabe" o que fazer em certas circunstâncias, devido a suas experiências passadas. Por exemplo, passar a bola para um companheiro de equipe, a despeito dos jogadores opostos, parece ao jogador de basquete, após muita prática, exigir o uso de um certo tipo de passe para evitar que seja interceptado. Em outras palavras, *as situações nos escolhem, tanto quanto as escolhemos*, quando estamos praticando esporte, particularmente se estivermos bem-treinados em um esporte particular. O ponto de Merleau-Ponty é que à medida que refinamos nossas habilidades para lidar com a existência (com base em experiências passadas), os cenários se mostram como solicitando essas respostas hábeis adquiridas. Esse tipo de comportamento habitual está longe de ser meramente uma tendência determinista a perseguir uma certa linha de ação, ou a repetição robótica de um comportamento passado. Embora o hábito seja construído sobre uma habilidade aprendida no passado, ele também deve permitir que nos ajustemos a cenários ligeiramente diferentes e imprevistos. Nosso modo habitual de ser está, por conseguinte, sempre sofrendo alguma alteração, e é mais similar a uma habilidade (PP: 143).

Um outro bom exemplo dessa inteligência corporificada e prática para a qual o trabalho de Merleau-Ponty nos dirige é o fato de que, quando dirigimos um carro, estamos intimamente conscientes de como o câmbio de mudanças de um carro particular necessita ser tratado, assim como sua capacidade para mudar de direção, acelerar, frear e assim por diante, e também das dimensões do veículo. Quando refletimos sobre nossas experiências com estacionar, é notável que existam tão poucas pequenas colisões, considerando quantas vezes somos forçados a chegar muito perto. Ao darem marcha a ré muitos motoristas não necessitam sequer monitorar realmente o progresso de seus carros porque eles "sabem" que resultado os vários movimentos do volante devem provavelmente produzir. O carro é absorvido em nossa imagem corporal com quase a mesma precisão que temos com relação à nossa própria espacialidade. Essa atividade não é reflexiva ou interpretativa, uma vez que não temos de perceber a distância de uma vaga no estacionamento e então refletirmos sobre o fato de que estamos em um carro de tais e tais proporções antes que a manobra possa ser tentada. Mais precisamente, é um domínio prático de uma técnica que assegura que as regras dadas possam ser seguidas cegamente (ou ao menos sem pensamento reflexivo) e mesmo assim com uma inteligência corporificada.

Nossa habilidade corporificada torna isso possível para nós ao encontrar cada vez mais solicitações diferenciadas para agir, e isso nos capacita a reagir a situações de modos que se mostraram bem-

-sucedidos anteriormente e que não requerem pensamento intencional. Esses exemplos sugerem que o próprio corpo tem uma intencionalidade de algum tipo, e isso não é algo que Sartre reconhece. Embora ainda não esteja claro como essa intencionalidade corporificada possa inibir ou ter uma influência sobre nossa liberdade, por ora é importante enfatizar que Merleau-Ponty também concebe essa habitualidade corporificada como se aplicando a esforços e profissões mais intelectuais, e a esse respeito vale a pena considerar brevemente um dos estudos de Hubert Dreyfus e Stuart Dreyfus sobre a aquisição de habilidade no xadrez.

Dreyfus e Dreyfus: acerca da habilidade no xadrez

Os estudos de Dreyfus e Dreyfus estabelecem que um mestre do xadrez pode facilmente derrotar um jogador de xadrez excepcionalmente bom, mesmo que ele responda ao movimento de seu oponente em menos de cinco segundos e enquanto ele está também simultaneamente contando ou fazendo alguma outra coisa que preocupe sua capacidade cognitiva. O grau ao qual a habilidade do mestre é diminuída é dificilmente discernível, o que sugere que suas reações são predominantemente habituais a certas configurações no tabuleiro de xadrez. Nesse sentido, a reflexão consciente e as preparações cognitivas detalhadas não são necessariamente um aspecto principal da decisão, mesmo naqueles tipos de atividades que parecem requerer o "pensamento" mais extensivo e continuado (DREYFUS & DREYFUS, 1989: 103-104).

No vocabulário de Merleau-Ponty o mestre de xadrez confere uma prioridade ao "eu posso" em lugar do "eu penso" (PP: 137), e ele não necessita rigorosamente tentar entender as consequências que podem ter um certo movimento ou ser absorvido por pensamentos como "Eu deveria colocar meu cavalo aqui ou lá; deveria usar meu cavalo ou meu bispo para este movimento particular?" Embora esse tipo de pensamento também seja por vezes indubitavelmente pressuposto, é uma experiência muito mais comum para o iniciante e para o competente, que são confundidos pelo enorme número de possibilidades.

Uma vez mais, o ponto desse exemplo é que o corpo nos inclina para uma habilidade desses ambientes dos quais consistentemente participamos. Ele mantém intenções ao nosso redor, para que possamos reagir de um modo aparentemente impensado, e escolher formas de conduta devido à atividade habitual; ou seja, escolhemos nossos vários movimentos principalmente devido ao peso de nossas escolhas passadas, e isso não é simplesmente algo que possamos escolher não fazer.

> **Ponto-chave**
>
> Para estabelecer a diferença entre esses dois filósofos tão simples quanto possível, a afirmação de Merleau-Ponty é que a descontinuidade radical sobre a qual repousa a postulação de Sartre sobre a liberdade (i. e., uma separação entre passado-presente e presente-futuro) é subvertida pelo reconhecimento dos modos pelos quais o corpo cultiva habilidades e hábitos.

Se dominássemos uma técnica, como a do xadrez, a do basquete ou mesmo a de escrever artigos de filosofia, então nossas experiências passadas dessas atividades na verdade desempenhariam um papel cada vez mais significativo em nossa consciência, de modo a não existir uma descontinuidade radical do *passado-presente*. Mesmo que exista ainda uma descontinuidade de algum tipo entre passado e presente, para alguém bem-treinado em sua área de especialidade, não é o tipo de descontinuidade radical que Sartre descreve. Ao dominar uma técnica, um indivíduo pode se tornar acostumado a uma situação de tal modo que ele "entenda" como melhor decidir e sem ser necessário que esse entendimento seja acompanhado por qualquer representação mental anterior, ou objetivo conscientemente determinado. À medida que seu ajuste em relação ao mundo se torna mais sofisticado, essas "solicitações corporificadas para agir" se tornam cada vez mais extensivas e desempenham um papel cada vez mais influente em nossa consciência e em nossa tomada de decisão. Se essa análise é correta, nossas ações são, por conseguinte, com frequência, parcialmente solicitadas pela situação e por nossas experiências passadas em situações similares, e temos uma intencionalidade corporificada em relação ao mundo que não escolhemos em nossas decisões, e certamente não a cada instante.

Penhasco rochoso

Essa intencionalidade corporificada explica a perspectiva diferenciada que Merleau-Ponty e Sartre têm com relação às suas discussões acerca da montanha, ou "penhasco rochoso", como Sartre o chama. Embora Sartre reconheça a facticidade da montanha – o fato de que o Monte Everest possa simplesmente não ser escalável por um indivíduo particular se ele não tiver a força, a resistência e a agilidade requeridas – ele não reconhece que essa facticidade possa na verdade ter um caráter *determinado* em motivar se ele pode ou não decidir tentar escalá-la. Para Sartre, a facticidade e o para-si estão separados (embora inconcebíveis um sem o outro), e qualquer que possa ser a altura da montanha, permanece a possibilidade do para-si projetá-la como escalável. Certamente, a realidade cedo intervém se uma pessoa é muito inexperiente ou fraca para tentar uma escalada dessas.

Para Merleau-Ponty, no entanto, essa facticidade do penhasco rochoso na verdade intervém na consciência e torna excessivamente difícil, talvez impossível, perceber uma certa montanha como escalável (PP: 440). Para ele nossos corpos têm seu próprio modo de interagir com o mundo e isso se ramifica na consciência. Ao se ajustar às particularidades de seu ambiente, meu corpo mantém ao meu redor intenções que não são dependentes de minhas escolhas e decisões, e Merleau-Ponty argumenta que não podemos concebê-lo de modo que as montanhas sejam pequenas para nós. Ele sugere que mesmo que imaginemos que estejamos vendo as montanhas da perspectiva de uma montanha muito maior, nossas mãos e pés ainda são nosso ponto de referência para darmos esse salto imaginativo (PP: 440).

Caminhantes

Você recordará também que Sartre fala sobre dois caminhantes que caminharam o dia inteiro. Para Sartre, eles escolhem quando conferir significado ao seu sofrimento de modo que pararão de caminhar, e é, com certeza, aparente para todos nós que um dos dois caminhantes parará antes do outro. Sartre então vai adiante e oferece uma análise dessa decisão como sendo baseada em seus projetos fundamentais diferenciados: o caminhante que persiste está aceitando sua facticidade corporificada, enquanto o caminhante que desiste busca escapar de sua facticidade. Dada a ambiência do segundo, talvez de cafés e de vida urbana no centro da cidade, que é parte de seu projeto fundamental, ele considera a dor e a fadiga intoleráveis em lugar de algo que devesse tentar superar, ou um modo privilegiado pelo qual a adversidade e as extremidades da montanha são reveladas.

Em "Liberdade", Merleau-Ponty também considera esse exemplo e responde que embora a descrição de Sartre seja verdadeira em um sentido, o que ocorre quando decidimos prosseguir, ou desistirmos pela fadiga, não se trata apenas de uma decisão repentina feita naquele instante, nem mesmo de uma confirmação repentina de nosso projeto fundamental. Ele sugere que "aqui devemos reconhecer uma sedimentação de nossas vidas, uma atitude com relação ao mundo que, quando recebeu frequentes confirmações, adquire *status* favorecido para nós" (PP: 441). Em outras palavras, um dos caminhantes pode ter passado vinte anos sem caminhar, com uma certa atitude em relação à sua própria habilidade para suportar sofrimento, e isso ocorre independentemente de seu projeto fundamental. Para Merleau-Ponty, isso na verdade impacta em sua consciência de tal modo que, embora seja possível persistir na caminhada, está longe de provável, pois isso exigiria uma negação maior (para usar o termo de Sartre) do que para alguém que tivesse uma relação corporificada mais ativa com o mundo, dedicando-se a atividades físicas e assim por diante. *Para Sartre não existem graus maiores e menores de liberdade, mas para Merleau-Ponty, sim*, uma vez que nosso ajuste corporificado ao mundo delimita nosso âmbito de possibilidades mesmo que nunca as determine completamente.

Opressão: o passado é a atmosfera do presente

Até aqui você observou que examinamos alguns dos aspectos mais positivos da descrição que Merleau-Ponty faz de nossa habitualidade corporificada; ela nos lembra de como reagimos rapidamente a situações que estão intimamente relacionadas àquelas que encontramos anteriormente, e sem encontrarmos algo equivalente à angústia de Sartre. Ao mesmo tempo, esse hábito corporificado também tem um componente negativo, uma vez que as intenções que nossos corpos mantêm ao nosso redor tornam a opressão possível. Como Merleau-Ponty assinala, essa habitualidade corporificada significa que é altamente improvável superarmos um complexo de inferioridade que foi influente por vinte anos. Se tivermos sido oprimidos por um período considerável, nossa consciência pode estar habituada de tal modo que certas formas de conduta se tornam manifestamente improváveis. Nosso corpo assume essa condenação, vive nela, e isso não é algo que possamos simplesmente remover por um ato niilificador da consciência que deixa essa condenação para trás. Para Merleau-Ponty, em situações de opressão se torna difícil vislumbrar outras possibilidades e projetos no mundo. A mudança ainda é possível, mas não provável, porque a opressão opera em toda nossa relação corporificada com o mundo.

Em "Liberdade" Merleau-Ponty sugere que essa intencionalidade corporificada é a base fenomenológica que explica o pensamento estatístico e a probabilidade (PP: 442). A probabilidade não é algo que Sartre admita em sua concepção de liberdade; somos igualmente livres em todas as situações. A descrição de Merleau-Ponty, porém, pode admitir graus. Para Merleau-Ponty a situação é muito mais complicada do que sugerir que somos livres para adotar múltiplas perspectivas sobre, digamos, a exploração colonial com a qual muitos países foram confrontados. Embora Sartre possa sugerir que seja má-fé qualquer suporte a esse *status quo*, como uma pessoa negra assumir que a discriminação colonialista é justificada e tacitamente querer ser branca, para Merleau-Ponty isso não é necessariamente o que ocorre. A opressão persistente se ramifica no para-si e também aprendemos essa opressão em um nível corporificado, quando somos muito jovens e provavelmente incapazes de conceber possibilidades alternativas, como Sartre presume que possamos. Mudar essa situação exigiria não somente a descontinuidade radical implicada na reflexão, que Sartre também considera caracterizar a vida pré-reflexiva, mas também a criação de novos hábitos durante um prolongado período. Essa ênfase na possibilidade de opressão que não necessita ser consentida, porque opera em um nível corporificado, explica por que muitos filósofos feministas mostraram interesse no trabalho de Merleau-Ponty. Embora feministas tenham levantado também algumas questões importantes com relação às presunções de Merleau-Ponty acerca do que consiste a sexualidade normal – i. e., a heterossexualidade masculina – não acharam, apesar disso, seu trabalho uma fonte útil para clarificar os modos pelos quais a opressão pode funcionar.

O que é importante notar, nas palavras de Merleau-Ponty, é que "o passado é a atmosfera do meu presente" (PP: 442). Não é um conjunto de eventos distantes de mim. Para Sartre, nosso passado é um aspecto de nossa facticidade, mas para Merleau-Ponty nossa facticidade na verdade intervém no para-si. Em vez de qualquer distinção absoluta entre facticidade e liberdade, nossa subjetividade corporificada está situada entre essas duas polaridades. Isso significa que somos tanto livres como determinados, e retornaremos a essa ideia a seguir.

Outridade/alteridade

Devemos lembrar que a solução de Sartre ao "problema das outras mentes" – ou seja, sua resposta à questão acerca de como podemos saber se outras pessoas existem – é sugerir que temos uma experiência (no caso, a vergonha) que é compreensível somente se outras pessoas existirem. Certas experiências revelam minha consciência (que é para-si) como também o ser-para-o-outro. Contudo, Sartre, apesar disso, insiste que essa apreensão não reflexiva de mim mesmo como sendo o objeto do olhar de um outro é somente momentânea; essa experiência de ser-para-o-outro somente obstrui nossa consciência naquele instante em que estamos repentinamente conscientes de que somos pegos olhando através de um buraco de fechadura. Para Sartre, podemos imediatamente retomar o controle olhando feio para aqueles que estão nos encarando, ou fingindo que o fato de que eles nos pegaram espiando pelo buraco da fechadura não tem importância. Em *O ser e o nada* Sartre argumenta que isso resulta inevitavelmente em relações conflitantes com outros porque cada um de nós tenta controlar o impacto do olhar do outro sobre nós.

Para Merleau-Ponty, no entanto, nosso ser-para-o-outro (ou seja, os sentimentos de vergonha, orgulho etc.) está sempre na consciência e ao menos parcialmente entrelaçado com o para-si. Assim como, para Merleau-Ponty, existe intrusão entre o ser-para-si e o ser-em-si, uma vez que o passado sempre se sobrepõe e sobrevém ao presente, isso também se aplica entre nosso ser-para-si e nosso ser-para-o-outro. Merleau-Ponty pergunta: Se existem duas categorias fundamentalmente diferentes chamadas ser-para-o-outro e ser-para-si (e Sartre sustenta que o ser-para-o-outro é irredutível aos outros dois modos), como eu poderia na verdade ter uma experiência de um outro, um alter-ego? Em termos menos obtusos,

Existencialismo **183**

Merleau-Ponty está perguntando se a filosofia de Sartre está teoricamente comprometida com o solipsismo. Em outro lugar, Merleau-Ponty acusa explicitamente Sartre de solipsismo, a despeito das suas tentativas constantes de evitá-lo. Mas o ponto principal a determinar é que Merleau-Ponty argumenta que, a fim de ser possível que reconheçamos outros (e uma vez mais isso é um argumento transcendental), devemos na verdade ter o ser-para-o-outro dentro de nossa consciência/para-si.

De certo modo, para Merleau-Ponty, *internalizamos o olhar do outro em todos os estágios em vez de apenas em experiências ocasionais*. Isso significa que a opressão se torna uma vez mais possível porque nosso ser-para-o-outro se ramifica em nosso para-si; ou seja, ela influencia nossa capacidade de negar ou niilificar estruturas dadas e propor outras. Uma vez mais, isso acontece por um período e, embora Sartre possa argumentar que em algum nível consentimos com essa opressão e voluntariamente aceitamos nosso *status* como o objeto do olhar do outro, para Merleau-Ponty o corpo retém esses significados. Nossa imagem corporal, por exemplo, não é simplesmente escolhida, como a descrição de Sartre por vezes sugere. Para Merleau-Ponty, enquanto um sujeito corporificado, aceitamos que sejamos constituídos de certos modos, e após anos de opressão nossos corpos, tacitamente, aceitam essa opressão e a reflexão não pode simplesmente ignorar isso. Mesmo na reflexão mais radical (como o *cogito ergo sum* de Descartes ou a *epochē* de Husserl), Merleau-Ponty sustenta que temos essa atmosfera de socialidade e esses horizontes de significado que não podem ser completamente parentesados.

A esse respeito, explicações sobre nosso comportamento em termos do passado e mesmo nossa socialidade infantil são defensáveis para Merleau-Ponty, que foi diretor do Departamento de Psicologia Infantil da Sorbonne por vários anos e, por isso, seu trabalho está longe de ser tão agressivo para com a tradição psicológica como o de

Sartre. Ele examinou a tradição da Gestalt em detalhe e ao longo de sua carreira colaborou com seu famoso amigo psicanalista, Jacques Lacan. Além disso, como veremos, um dos métodos mais regularmente aplicados por Merleau-Ponty em *Fenomenologia da Percepção* é examinar casos em que nossa relação normal com o mundo se rompe. Diplopia, afasia e o fenômeno do membro fantasma são todos exercitados nesse texto, e são anomalias como a do veterano de guerra Schneider que servem para destacar e tornar manifesto os modos de relação com o mundo que são pressupostos pela ação "normal".

Merleau-Ponty inclusive oferece esse tipo de explicação psicológica sobre por que um homem que está sendo torturado pode não ceder às exigências de seus torturadores. Isso pode se dever parcialmente ao fato de que seus companheiros de guerra esperam esse comportamento dele, ou ao fato de por vinte anos ele ter se concebido como mentalmente forte. Esses fatores não cancelam completamente a liberdade, mas têm uma influência sobre ela, e por isso Merleau-Ponty defende uma posição que não é determinista nem indeterminista. Embora Sartre considere que liberdade e restrição ocupem domínios separados (a facticidade é a condição para a liberdade, mas, por outro lado, não a influencia), para Merleau-Ponty liberdade e restrição estão entrelaçadas. Somos constituídos pelo mundo e também servimos para constituí-lo, e a consciência retém esses dois aspectos. Embora Sartre diga que a subjetividade seja definida pela negação (e por uma liberdade que não pode ser qualificada), Merleau-Ponty sugere que "Eu sou uma recusa geral a ser o que quer que seja, acompanhada ocultamente de uma aceitação contínua de tal forma determinada de ser" (PP: 452). Em outras palavras, não devemos dizer simplesmente que nos escolhemos continuamente, mas também que o mundo nos escolhe. Nunca somos simplesmente uma coisa nem uma consciência que pode, pela negação, divorciar-se de sua significação corporificada. A questão óbvia na resposta a isso é: Merleau-Ponty pode ter as duas coisas? Eu acho que pode, mas há consequências. Se a subjetividade corporificada está situada na juntura tanto do para-si como do em-si, para usar os termos de Sartre, isso significa que a generalidade da situação e do mundo sempre tem um impacto em nossas decisões e escolhas; de fato, torna-se impossível julgar precisamente que papel a situação tem em determinar nossas decisões e precisamente que papel é fornecido pela nossa própria liberdade. Como uma consequência, existe uma ambiguidade generalizada, e isso é algo que de Beauvoir também argumenta, como veremos em breve.

Ambiguidade, não autenticidade

Vale a pena assinalar que, embora o hábito e a tendência a buscar um equilíbrio possam ajudar a nos ajustarmos às circunstâncias de nosso mundo, eles não tornam as coisas simplesmente fáceis. Para Merleau-Ponty, "o que permite centrar nossa existência é também o que nos impede de centrá-la absolutamente, e o anonimato de nosso corpo é inseparavelmente liberdade e servidão" (PP: 85). Além disso, Merleau-Ponty não pretende sugerir que a cumplicidade entre corpo e mente que vemos no domínio de uma técnica implique uma consciência absoluta de nossa própria "subjetividade". Para ele, "existe a certeza absoluta do mundo em geral, mas não de coisa alguma em particular" (PP: 344). Conhecer uma pessoa individual em uma manifestação particular pode pressupor uma compreensão acerca da humanidade em sua totalidade, mas certamente não qualquer motivação singular para um ato particular. Relações vividas não podem ser compreendidas perfeitamente pela consciência, uma vez que o corpo-sujeito nunca está inteiramente presente-para-si. O comportamento significativo é vivido através de um observador distante, em vez de ser refletido por ele (e. g., Descartes olhando para baixo para aqueles autômatos na rua), e isso assegura que as ações de indivíduos particulares possam ser significativas sem que eles estejam completamente conscientes desse significado. Existe ambiguidade, portanto, precisamente porque não somos capazes de reflexão descorporificada em nossas atividades, mas estamos envolvidos em um arco intencional que absorve nosso corpo e nossa mente (PP: 136). Para Merleau-Ponty tanto o intelectualismo como o empirismo pressupõem "um universo perfeitamente explícito em si mesmo" (PP: 41); mas, residindo entre essas duas posições, seu corpo-sujeito na verdade requer ambiguidade.

> **Ponto-chave**
> Ambiguidade é uma condição de sermos uma perspectiva sobre o mundo e ainda assim estarmos cegos a essa perspectiva. Como o corpo é um amálgama de sujeito e objeto, é sempre ambíguo se uma decisão, ou uma percepção, pode ser remontada ao sujeito ou ao mundo.

Em seu capítulo "Temporalidade", Merleau-Ponty argumenta que a ambiguidade predomina sobre minha percepção das coisas e sobre o conhecimento que tenho de mim mesmo, principalmente devido a nossa situação temporal, que ele insiste não poder ser ambígua (PP: 345-346). Para nossos propósitos basta compreendermos o que Merleau-Ponty descreve em outra parte como "o paradoxo da transcendência na imanência" (PrP: 16): ou seja, compreender que objetos são entregues a nós, influenciados por nós, assim como somos influenciados pelos objetos que nos rodeiam. Para Merleau-Ponty essa interdependência e intrusão mútua são evidentes em todos os aspectos da percepção e da subjetividade. Como ele deixa claro, "toda vez que tento me entender, todo o tecido do mundo perceptível vem junto, e com ele vêm os outros que são pegos nele" (S: 15). Nas palavras finais de *Fenomenologia da Percepção* (emprestadas de Antoine de Saint Exupéry), ele insiste que "o ente humano não é senão um nó de relações" (PP: 456), e a forte implicação da filosofia de Merleau-Ponty é que esse não seja um nó de tipo Górdio, e que essas relações não sejam algo que possamos, ou mesmo devamos, querer desatar. A interdependência do nó é o que dá à humanidade suas próprias qualidades, e ao dissecá-lo corremos o risco de perder a própria coisa que nos estabelece como humanos.

Uma vez mais, isso torna necessária uma certa ambiguidade no coração de nossa experiência. Tentar discernir o que é um projeto autêntico legítimo do eu, que não seja induzido pelas demandas da sociedade, é infinitamente difícil. Na verdade, essa não é uma possibilidade para Merleau-Ponty, que se recusou a usar o conceito existencial de autenticidade durante sua carreira inteira devido às conotações desse tipo de projeto acerca de um individualismo inatingível. Mas ele não queria dizer que algo semelhante, mas ligeiramente diferente, à autenticidade (i. e., um indivíduo se conformar à sua própria situação de um modo emancipador) seja uma impossibilidade. De muitos modos, essa é uma exigência ética principal sua. Finalmente, no entanto, essa ambiguidade no coração de nossa experiência estará sempre lá, e um caminho autêntico não é aquele que conscientemente escolhemos tentando nos assegurar de que somos a única origem de nossos projetos, tentando, de algum modo, o que ele sustenta ser impossível: ou seja, transcender nosso ambiente. Mais precisamente, a sugestão de Merleau-Ponty é que as circunstâncias nos direcionam para, e de fato nos permitem encontrar, um caminho (PP: 456). A situação humana é tanto um produto da "mente" como de nossa situação sócio-histórica, e nossa realização moral é um tênue acolhimento desses fatos. Em seu último trabalho, essa posição se tornará mais explicitamente ontológica à medida que ele dedica muito tempo desenvolvendo as noções relacionadas de entrelaçamento, quiasma e reversibilidade.

A rejeição de Merleau-Ponty à versão de Sartre acerca da dialética senhor-escravo

Para Merleau-Ponty, mesmo que alguém sustente que Sartre tenha conseguido evitar o "recife do solipsismo", sua equiparação da consciência com a capacidade para a negação tem outras consequências problemáticas. Tipificada pela dialética senhor-escravo de Hegel e tornada famosa pela interpretação que Sartre lhe deu em *O ser e o nada*, é um retrato das relações humanas que permanece enredado em uma dialética sujeito-objeto. Embora Sartre buscasse se afastar das falhas da fenomenologia para adequadamente tratar do problema do outro, para Merleau-Ponty seus esforços foram traídos por uma fenomenologia defeituosa e por uma cisão dualista entre mente e corpo.

Essa afirmação será considerada em breve, mas primeiro é necessário reconhecermos que Merleau-Ponty admite um fenômeno similar à alienante "hemorragia interna" em nossa perspectiva, que Sartre descreve como o olhar. Ao falar da aparência de um outro em nossos entornos imediatos, Merleau-Ponty sugere, "ao redor do corpo percebido se forma um vórtice, em direção ao qual meu mundo é tragado e, por assim dizer, sugado: nesse ponto, ele não é mais meramente meu" (PP: 353). Alguém está se apropriando de meu mundo, e essa descrição pareceria exigir uma posição filosófica similar à de Sartre; o outro pode me transformar em um objeto, assim como eu posso transformar o outro, por um processo de olhar contínuo.

No entanto, Merleau-Ponty tem um ponto pertinente que, se verdadeiro, não torna essa posição e a sugestão resultante de que "o inferno são os outros" a consequência necessária de todas as relações humanas. Ele argumenta que o olhar do outro somente pode induzir essa mudança ontológica tumultuosa de sujeito a objeto (ou objeto a sujeito) se nos recolhermos a uma disposição de pensamento abstrato, que ele caracteriza como um "olhar inumano", na qual meramente observamos. Para Merleau-Ponty essa objetificação pelo olhar do outro pode na verdade ser insuportável, mas a situação persiste somente enquanto a improbabilidade de comunicação é concedida. Todavia, para Merleau-Ponty:

o corpo do outro, à medida que é um portador de comportamento simbólico... se afasta da condição de um de meus fenômenos, apresenta para mim a tarefa da verdadeira comunicação e confere aos meus objetos a nova dimensão do ser intersubjetivo (PrP: 125).

Por isso, o corpo de uma outra pessoa não é apenas um objeto que tem a capacidade de constranger minha liberdade, mas um objeto (pela falta de uma palavra melhor) que nos *compele* a tentar o que é reconhecidamente a tarefa constante da comunicação.

Mesmo que as relações com o outro sejam, com frequência, conflitantes, do modo que Sartre sugere (e quem poderia negar isso?), para Merleau-Ponty a situação pode ser redimida simplesmente "ao estabelecer relações com ele, provocando seu claro reconhecimento de mim" (PP: 357). Enredado em uma perspectiva sartreana, esse reconhecimento pode parecer difícil de obter, mas para ele é algo que a própria presença de um outro nos compele a buscar (se não em cada outro, ao menos em *um* outro). Além disso, para Merleau-Ponty, não é certamente tão difícil como Sartre sugere. Ele comenta: "deixe-o proferir uma palavra, ou mesmo fazer um gesto de impaciência, e ele já deixa de me transcender" (PP: 361). A sugestão de Merleau-Ponty parece ser a de que ao imergirmos na ação corporificada o sujeito pode ao menos minimizar a ansiedade e a angústia das relações humanas sartreanas. Talvez mesmo a experiência de alegria possa ser acomodada nessa concepção do corpo-sujeito atuante. Ao menos, parece que existências individuais são muito mais propensas a serem interpretadas como transcendendo uma à outra quando permanecemos, em um sentido importante, descorporificados.

Mesmo que Sartre esteja analisando o que parece, quase incontrovertidamente, ser aspectos corporificados da existência (como desejo, sadismo, masoquismo etc.), de acordo com Merleau-Ponty, esse não é fundamentalmente o que ocorre. Para ele a análise de Sartre acerca da corporificação interpreta o outro como um ser que não pode ser alcançado, e por isso a interação consiste em limitar e controlar seu efeito sobre o para-si. Mas o para-si do outro não pode ser conhecido nessa concepção e não existe possibilidade de envolver o outro imediatamente e por meio de sua corporificação. Os corpos podem nulificar o progresso um do outro, mas não existe *envolvimento* corporificado algum com o outro que mereça esse nome.

Contra esse entendimento de Sartre, Merleau-Ponty enfatiza que o corpo não pode ser concebido simplesmente como um em-si objetificado ou um para-si subjetivizado (cf. BN: 304). Embora o corpo seja em algum sentido um objeto para outros e uma realidade vivida para o sujeito, como Sartre sugere, ele nunca é *simplesmente* um objeto ou um sujeito. O entendimento de Merleau-Ponty acerca do "corpo-sujeito" reside entre essas dualidades, em vez de oscilar de um termo da dualidade ao outro. Como ele mostra, isso significa que "se o corpo do outro não é um objeto para mim, nem o meu um objeto para ele, se ambos são manifestações de comportamento, a postulação do outro não me reduz ao *status* de um objeto" (PP: 352). Essa aceitação da possibilidade de reconhecimento recíproco entre indivíduos questiona a posição de Sartre.

Com certeza, Merleau-Ponty não está sugerindo que o conflito de Sartre seja um modo impossível de interação humana, mesmo afastado das dificuldades inerentes ao pensamento objetivo (PP: 356) ou ao que seu trabalho posterior chama "pensamento de alto nível" (VI: 69), que é um tipo de pensamento que inspeciona de cima os procedimentos, ignorante acerca do envolvimento e coimplicação daquele que questiona no que está sendo questionado. Existe uma experiência vivida de solipsismo que é insuperável (PP: 357-358); relações com outras pessoas podem se calcificar em entidades concorrentes, e entender as expressões da face do outro pode ser problemático. Mas ao prestarmos atenção aos aspectos de nossa situação corporificada que ele delineia, e não falsamente impormos, de modo onipresente, relações de sujeito-objeto ou de consciênciacoisa, Merleau-Ponty pensa que esses fenômenos são minimizados e assumem uma forma menos danosa. Além disso, sua análise serve para negar a conclusão de Sartre de que essas relações sejam fenomenologicamente primitivas. Para Merleau-Ponty, o outro pode olhar para mim, penetrar em cada fibra do meu ser, "somente porque pertencemos ao mesmo sistema de ser-para-si e ser-para-o-outro; somos momentos da mesma sintaxe, estamos incluídos no mesmo mundo, pertencemos ao mesmo ser" (VI: 83). Em outras palavras, para ele o conflito do ser-para-o-outro de Sartre é dependente da experiência mais fundamental da comunicação, ou do fato de que, nas palavras de Merleau-Ponty, "somos colaboradores um do outro em completa reciprocidade" (PP: 354).

> **Ponto-chave**
> Embora Sartre afirme que a experiência alienante do ser-para-o-outro (e. g., o olhar) preceda e funde nossa experiência de ser-com-outros como um grupo coletivo (BN: 413), e acrescente que a experiência de um "nós" é um fenômeno psicológico em vez de ontológico, Merleau-Ponty (junto com de Beauvoir) argumenta que o *ser-com-outros, não o ser-para-o-outro, é o modo mais primordial.*

Mesmo que não queiramos conceder que nossas relações com o outro não sejam tão manipuladoras, como Merleau-Ponty sugere, em cada uma de nossas experiências, presumidamente, existem ocasiões que testemunham a possibilidade de interação para além da dicotomia sujeito-objeto e sua perene atuação. Se é assim, essa é uma posição que Sartre deve se esforçar para acomodar e, na concepção de Merleau-Ponty, isso é principalmente devido à sua concepção dualista da existência que, a despeito de seus protestos em contrário, requer a consciência reflexiva (ou ser-para-si) para afirmar uma prioridade sobre as coisas do mundo (incluindo o corpo), que são ser-em-si, e às quais ela pode transcender.

Ontologia e alteridade

Em *O visível e o invisível* Merleau-Ponty fornece uma análise mais detalhada do que ele considera ser a ontologia dualista de Sartre e dedica uma vez mais atenção particular ao tratamento que Sartre concede ao outro, particularmente no capítulo intitulado "Interrogação e dialética". De acordo com Merleau-Ponty, a filosofia de Sartre é uma versão do "pensamento de alto nível", uma vez que os conceitos que ele emprega (ser e nada) não são básicos e necessários, mas estabelecidos por meio de argumentação dialética, que resulta de nossa inerência primária no ser (VI: 76). A questão importante se torna então aquela sobre ser e nada serem ou não categorias úteis, e Merleau-Ponty responde com um retumbante "Não". Ao basear toda sua ontologia nos conceitos de ser puro e de nada puro, que para Merleau-Ponty resultam da experiência possível (VI: 89), Sartre não descreve a experiência, ou a fé pré-reflexiva, mas em troca constrói uma metafísica. A fenomenologia, devemos lembrar, é concebida para tratar de descrição (PP: xi), e ainda assim todas as análises de Sartre são guiadas por essa distinção bastante abstrata entre ser e nada, o para-si e o em-si, independentemente de quão concreta a situação em análise possa na verdade parecer ser (e. g., fumar cigarros).

À filosofia da negatividade de Sartre (o para-si, que é *nada*, é responsável por significar, e por isso *não* somos apenas nosso passado, *nem* nossas circunstâncias etc.), Merleau-Ponty opõe uma filosofia de inerência. Em *Fenomenologia da Percepção* essa ideia está contida em todas as ramificações do corpo-sujeito, mas em *O visível e o invisível* ele esclarece a ontologia dessa inerência: o ser é possível somente através da reversibilidade, do entrelaçamento e do quiasma. Embora eu não possa aqui entrar nos detalhes desses aspectos do último trabalho de Merleau-Ponty, sua afirmação fundamental é que a ênfase de Sartre em definir a mente como um negativo puro que cria significado, de fato, torna impossível a "abertura no ser" que ele caracteriza como a fé perceptual (VI: 88).

O modo pelo qual Sartre anula nossa inerência primordial no ser, para Merleau-Ponty, tem também consequências análogas para nossas relações com o outro. Dentre essas, a mais importante é que na concepção de Sartre eu não posso descobrir uma outra pessoa, ou apurar alguma "verdade" (em um sentido frouxo) sobre ela, mas somente me aperceber de uma dimensão de mim mesmo que é determinada através do olhar do outro. Isso implica que a presença do outro nada acrescenta e somente me imobiliza no que eu fiz de mim mesmo. Le Doeuff também argumentou que a posição de Sartre equivale a um "solipsismo *de facto*" (1991: 62). A observação seguinte de Merleau-Ponty resume sua interpretação similarmente parcial da posição de Sartre: "o poder sobre mim é medido exatamente pelo consentimento que eu dei ao meu corpo, à minha situação; ele (*o outro*) tem poder alienante somente porque eu me alienei. Filosoficamente falando, não existe experiência do outro" (VI: 71). Mais tarde, em *O visível e o invisível*, Merleau-Ponty repete essa caracterização da descrição de Sartre acerca das relações com outros, sugerindo que:

> Se o outro é realmente o outro, ou seja, um para-si no sentido forte de que eu sou para mim mesmo, ele nunca deve estar assim diante de meus olhos... é necessário que não exista percepção alguma de um outro... e que o outro seja minha negação ou minha destruição. Qualquer outra interpretação, sob o pretexto de nos situar, ele e eu, no mesmo universo de pensamento, arruína a autoridade do outro e marca, assim, o triunfo de um solipsismo disfarçado. Reciprocamente, é ao tornar o outro não somente inacessível, mas invisível para mim, que eu garanto sua alteridade e que deixo o solipsismo (VI: 79).

Por isso a filosofia de Sartre ignora o que, para Merleau-Ponty, é um fato essencial de nossa inerência no ser: estamos sempre envolvidos em um mundo com outras pessoas e, se confrontamos o outro, esse pano de fundo já está lá. Além disso, se o equivalente moral para o solipsismo, que Sartre estava tentando claramente evitar (cf. BN: 223-233), é uma cegueira para o outro enquanto genuinamente outro, Merleau-Ponty argumenta que não admira que Sartre abordasse o oposto moral ao solipsismo, qual seja a dialética senhor-escravo, e uma concepção bastante absoluta do outro como "inacessível" e "invisível". Todavia, devido à concepção sem face e anônima do outro, que é induzida por essa dialética senhor-escravo, esses dois extremos paradoxalmente parecem resultar em algumas consequências bastante similares.

Na verdade, Merleau-Ponty prossegue e formula a questão óbvia acerca de se a "solução" de Sartre realmente faz justiça à alteridade ou "outridade" do outro: ele sugere que "esse agnosticismo com respeito ao ser para si do outro, que parecia garantir sua alteridade, aparece de repente como a pior das infrações sobre ele" (VI: 79). Em outras palavras, Sartre é acusado de um agnosticismo com respeito ao outro por que ignora nossa inerência no ser e porque ignora o modo pelo qual a outridade está sempre entrelaçada com a subjetividade. Sartre postula uma singularidade radical, um vazio de nada que possa ter conteúdo algum, e ele argumenta que dada essa situação o outro não deveria ser teorizado, exceto em relação a seus efeitos sobre o eu. Ao seu próprio modo, então, Sartre quer muito preservar a alteridade do outro, a despeito do que teóricos como Lévinas sugeriram sobre ele. Mas Merleau-Ponty insiste que falar somente de si-mesmo, assim como falar por todos, também deixa de lado um aspecto de nossa experiência, e ele insiste que o respeito mostrado pela alteridade do outro é somente aparente. No fim, Sartre "faz do outro uma obsessão anônima, sem face, um outro em geral" (VI: 72). E Sartre parece não ter noção alguma de um outro específico, mas somente desse outro sem face, intocável, que é absolutamente transcendente. Na verdade, o outro para Sartre é quase um Deus. Para Merleau-Ponty essa postulação de um outro anônimo, sem face, está longe de ser o melhor modo de respeitar o outro e nem é necessária. No que representa uma conclusão adequada para a parte principal deste capítulo, Merleau-Ponty argumenta que:

> Para o outro ser verdadeiramente outro não é suficiente e nem necessário que ele seja um flagelo, a ameaça continuada de uma inversão absoluta do pró ao contra, ele próprio um juiz elevado acima de toda contestação, sem lugar, sem relatividades, sem face, como uma obsessão, e capaz de me esmagar com um olhar no pó do meu próprio mundo. É necessário e suficiente que ele tenha o poder de me descentralizar, de opor sua centração à minha, e ele pode fazer isso somente porque não somos duas niilificações instaladas em dois universos do em-si, incomparáveis, mas duas entradas para o mesmo ser, cada qual acessível somente para um de nós (VI: 82).

Sumário dos pontos-chave

O corpo e os hábitos

Para Merleau-Ponty, o corpo não pode ser adequadamente entendido como um objeto empírico ou como um sujeito constituinte. Diferente de outros objetos do mundo, está sempre conosco e não é algo do qual possamos prescindir. É também o que torna possível nossa apreensão de outros objetos no mundo.

Ambiguidade

A condição de sermos uma perspectiva corporificada no mundo e ainda assim estarmos cegos para essa perspectiva. Como o corpo é um amálgama de sujeito e objeto, é sempre ambíguo se uma decisão, ou uma percepção, pode ser remontada ao sujeito ou ao mundo.

Equilíbrio

O corpo busca atingir equilíbrio com seu ambiente pelo desenvolvimento de habilidades e pela criação de hábitos.

Liberdade

Merleau-Ponty afirma que a descontinuidade radical sobre a qual o argumento de Sartre pela liberdade repousa (i. e., uma separação entre *passado-presente* e *presente-futuro*) é subvertida pelo reconhecimento da inevitabilidade corporificada da criação de hábitos e do desenvolvimento de habilidades.

Isso porque nossos corpos mantêm em torno de nós intenções gerais das quais não estamos sempre conscientes, e que não escolhemos, e que exigem que respondamos a circunstâncias de modos particulares que não podem ser simplesmente negados, como a análise de Sartre sugere.

Mais precisamente, para Merleau-Ponty, "o passado é a atmosfera do presente" e a facticidade se intromete no para-si. Se isso é assim, não somos tão livres como Sartre pensa. Não existem graus maiores e menores de liberdade para Sartre, mas, para Merleau-Ponty, sim.

A rejeição de Merleau-Ponty à versão de Sartre acerca da dialética senhor-escravo

Para Merleau-Ponty internalizamos o olhar do outro em todos os estágios em vez de apenas em experiências ocasionais. Isso significa que a opressão é possível e não somos sempre livres para devolver o olhar, como Sartre argumenta.

Conflito

Embora o conflito seja inevitável, ele não é o modo original e fundamental de relação com outros. Ver isso, portanto, depende de nos recolhermos para uma disposição de pensamento abstrato, um "olhar inumano" que deturpa nossa conexão necessária com outros.

Ser-com-outros é o modo primordial

Embora Sartre afirme que a experiência alienante de ser-para-o-outro (e. g., o olhar) precede e funde nossa experiência de ser-com-outros como um grupo coletivo, e acrescente que a experiência de um "nós" seja um fenômeno psicológico em vez de ontológico (BN: 413), Merleau-Ponty argumenta que o *ser-com-outros, e não o ser-para-o-outro, é o modo mais primordial.*

6

De Beauvoir
O feminismo e a ética existencial

Simone de Beauvoir (1908-1986) foi a parceira de vida de Sartre, mas ela obviamente foi muito mais que simplesmente isso. Não somente foi uma filósofa de grande habilidade (na época foi a estudante mais jovem a jamais passar no *agrégation** na École Normale Superieure e a ser consequentemente qualificada para ensinar a matéria), mas ela é também uma filósofa de importância duradoura. De acordo com algumas fontes, *O segundo sexo* (1949) é um dos livros de não ficção mais vendidos publicados no século XX, e tem exercido enorme influência sobre gerações de feministas. Além disso, como Sartre, ela escreveu muitos romances e lutou contra a opressão em muitas de suas várias formas, mais notavelmente contra o imperialismo, o racismo e o sexismo. Seu projeto filosófico foi quase sempre formulado em termos do existencialismo e, mais particularmente, nos termos do existencialismo de Sartre. O vernáculo filosófico do existencialismo está todo lá em seu trabalho (para-si e em-si, transcendência e imanência etc.), e ela pensava seu trabalho como estendendo ou suplementando o trabalho de Sartre, e

---

* Na França o *agrégation* é um concurso público para algumas posições no sistema de educação. Os laureados são conhecidos como *agrégés* (agregados) [N.T.].

não como diretamente questionando-o. Contudo, ela de fato coloca muitos questionamentos ao existencialismo de Sartre. De diferentes modos, ela questiona sua descrição do amor, da opressão, da outridade, da má-fé e da morte, e seu interesse inicial e duradouro no marxismo antecipou as modificações subsequentes de Sartre em sua filosofia da liberdade, apresentada em seu último trabalho *Crítica da razão dialética*. Os dois textos principais de Simone de Beauvoir que consideraremos neste capítulo são *O segundo sexo* e *Por uma moral da ambiguidade*.

O feminismo e de Beauvoir

Antes de explorar uma análise de *O segundo sexo* vale a pena assinalar que, por mais problemáticas que essas categorizações possam ser, com frequência considera-se que existam três principais paradigmas de feminismo:

• O *feminismo igualitário*, que é tipificado pela convicção de que os corpos, e particularmente os aspectos reprodutivos dos corpos, necessitam ser superados para uma igualdade genuína. Em outras palavras, os corpos e a natureza necessitam ser superados em favor das mentes e da cultura.

• O *feminismo construcionista social*, que sustenta que não é a biologia *per se* que é opressiva para as mulheres, mas os modos pelos quais os variados sistemas sociais dão significado à biologia. Por isso a famosa distinção sexo-gênero, que assinala que mesmo que exista algum tipo de diferença sexual originária entre homens e mulheres, é o caso, no entanto, que essa diferença pode ser interpretada de modos muito diferentes, e o modo pelo qual as sociedades particulares interpretam essa diferença sexual é denominado gênero. Os construcionistas sociais tentam mudar o modo pelo qual esse corpo sexuado bruto é interpretado nas sociedades particulares.

• O *feminismo da diferença* está mais preocupado com o corpo vivido, que não é um fato bruto a-histórico, e é por isso que o trabalho de Merleau-Ponty foi importante para muitas feministas. O corpo vivido é pensado como transgredindo qualquer dualismo mente-corpo, e o próprio corpo é considerado político, cultural e assim por diante, em vez de um dado neutro. Feministas da diferença sustentam que existem diferenças irredutíveis entre os sexos, e também *nos* sexos. Embora o feminismo da diferença enfatize a diferença, não é, por isso, um essencialismo binário da diferença (para mais detalhes sobre esses principais paradigmas do feminismo, ver Grosz (1994: 13-18)).

O segundo sexo, escrito em 1949, tem sido um texto importante para todas essas "escolas" de feminismo e isso reflete o fato de que é um livro rico e talvez também fundamentalmente ambíguo. Na verdade, para alguns teóricos, de Beauvoir sustenta posições que parecem mutuamente contraditórias, especialmente com relação a conceitos-chave como reciprocidade e autonomia, aos quais é dada uma multiplicidade de definições concorrentes. Além disso, por vezes, ela sustenta que muitas mulheres contribuíram para sua situação de opressão ao longo dos anos e consentiram em sua subjugação, e sugere que isso é devido à tentação de renunciar à liberdade e se tornar uma coisa difícil de resistir. Em outras ocasiões, no entanto, ela argumenta que muitas mulheres não têm sido capazes de vislumbrar uma alternativa pelo fato de sua situação ter sido "naturalizada" devido às disparidades de poder que têm se legitimado ao longo de gerações em várias instituições sociais. Nesses casos, claramente, as mulheres não são cúmplices de sua opressão. Sem dúvida, essa ambiguidade reflete a natureza complicada da história e das pessoas, e sua relutância em tolerar uma simples linha sobre isso deveria contar como um ponto forte, e não como um ponto fraco, de seu trabalho. Talvez mais problematicamente, seu trabalho também sugira simultaneamente que o corpo seja de certo modo um obstáculo, como durante a gravidez, que vincula as mulheres à natureza, e, por outro lado, que qualquer descrição biológica reducionista acerca do que é ser uma mulher é espúria e, além disso, que o corpo e a mente não podem ser divorciados um do outro. Várias ideias aparentemente concorrentes desempenham um papel assim em sua filosofia, provavelmente refletindo seu mal-estar com o existencialismo de Sartre e suas tentativas indiretas de reformulá-lo. Isso também significa que existem aspectos do trabalho de Simone de Beauvoir que parecem endossar o projeto feminista construcionista social ao instanciarem uma diferença entre natureza e cultura, e, por outro lado, feministas da diferença ainda acham o trabalho dela enormemente valioso ao problematizar essa própria distinção. Talvez seja adequado que essa filósofa da ambiguidade deva ocupar uma posição ambígua com relação ao feminismo e sua história.

O segundo sexo

Nem tudo de *O segundo sexo* (e talvez nem mesmo muito dele) é, estritamente falando, filosofia. É claro que esse não é o objetivo principal de Simone de Beauvoir nesse texto, que é, com frequência, mais sociológico do que filosófico, e ela escreveu muitos outros textos mais explicitamente filosóficos, incluindo *Por uma moral da ambiguidade*. Não há dúvida de que as mulheres têm sido oprimidas, e ainda são atualmente, em muitos aspectos, mas a principal característica filosófica desse texto repousa nas razões que de Beauvoir dá para o porquê de isso ocorrer, e para o que permite com que essa opressão persista por um período histórico tão longo. Vamos também focar em como sua análise repercute sobre seu existencialismo, ou o modifica, e geralmente uma das questões orientadoras neste capítulo será a de se é possível adequadamente tematizar a opressão a partir de uma perspectiva teórica existencial. Você se lembrará dos capítulos anteriores em que Merleau-Ponty sugeria que Sartre não poderia falar sobre opressão, uma vez que o para-si sempre postula uma ruptura abrupta ou uma descontinuidade radical do que o precedeu, de modo que o passado não pode repercutir em nossa habilidade de projetar novas situações ou vislumbrar possibilidades alternativas, e retornaremos continuamente a esse tema.

A mulher como outro

O primeiro ponto principal a surgir de *O segundo sexo* é a noção da mulher como outro ou, como o título de seu livro sugere, como segundo. Para de Beauvoir, os homens historicamente assumiram a posição de sujeito e as mulheres têm sido designadas como o que é diferente do sujeito; em outras palavras, o homem é a norma e a mulher está fora da norma. Ora, esse tipo de categorização não necessita sequer ser expressa de um modo francamente negativo. Na verdade, as mulheres podem ser valorizadas como misteriosas, ou privilegiadas em sua intangível feminidade, mas, mesmo que esse seja o caso, o que permanece é que as mulheres ainda são definidas por referência à norma, que é presumida ser o homem. Aderindo à máxima existencial segundo a qual a existência precede a essência (que, como Sartre e de Beauvoir argumentam, é ontologicamente o caso para a existência humana), o livro de Simone de Beauvoir contesta a suposição de que exista alguma essência que constitua ser uma mulher. Em particular, ela está interessada em enfraquecer o essencialismo no modo como ele opera nas instituições sociais. Isso porque referências às mulheres como sendo naturalmente "delicadas" – ou inerentemente "emocionais" e assim por diante – servem para legitimar o confinamento das mulheres a certos papéis.

Ponto-chave

De Beauvoir proclama famosamente, no início do livro 2 de *O segundo sexo*, que *ninguém nasce mulher, torna-se mulher* (SS: 295).

Existencialismo 203

Ela contesta tanto os argumentos metafísicos como os biológicos que tentam estabelecer uma essência feminina, e é interessante notar que de Beauvoir menciona e critica o trabalho de Emmanuel Lévinas a esse respeito em uma nota de rodapé. Mais recentemente, Lévinas se tornou famoso por sua exaltação da alteridade – ou seja, por privilegiar os aspectos da outra pessoa que nunca podem ser integrados dentro das expectativas de um sujeito. Entretanto, de Beauvoir assinala que, quando Lévinas exalta o feminino como outridade, quando ele escreve que a mulher é mistério, ele ignora o fato de que ela é precisamente um mistério para os homens (SS: 16). Em outras palavras, Lévinas presume que esteja dizendo algo universal, mas, para de Beauvoir, ele está na verdade apenas argumentando de uma perspectiva masculina. Sua observação, parcial e provavelmente baseada no gênero, de que as mulheres são misteriosas é convertida em uma categoria ontológica universal.

> **Ponto-chave**
> O ponto fundamental de Simone de Beauvoir é esse: "a mulher é definida e diferenciada com referência ao homem e não ele com referência a ela; ela é o incidental, o inessencial como oposto ao essencial. Ele é o Sujeito, ele é o Absoluto – ela é o Outro" (SS: 16).

Um bom modo de compreender esse problema sobre a mulher como outro, de acordo com de Beauvoir, é que somente uma mulher escreveria um livro sobre o *status* de ser uma mulher (SS: 15). Para os homens, ou ao menos para homens heterossexuais, a afirmação de Simone de Beauvoir é que a sexualidade deles nunca é colocada em questão do mesmo modo. Ora, de certo modo, isso mudou desde que de Beauvoir escreveu *O segundo sexo*. Vemos muito mais livros sobre o que é ser homem, mas ainda não na mesma proporção de proliferação dos livros sobre mulheres. Provavelmente, muitos homens agora também questionem ocasionalmente o que significa ser um homem, e mesmo de um modo semelhante àquele pelo qual de Beauvoir questionava o que era ser uma mulher. Contudo, seu ponto é que para as mulheres a questão "O que significa ser uma mulher?" é uma questão necessária que necessita ser respondida antes que elas possam entender a si mesmas e que esse não é o caso para os homens.

Ora, de Beauvoir pensa que, ao menos em certa medida, a outridade é fundamental e inevitável. Ela argumenta que nenhum grupo jamais se estabelece como o único, ou como uma unidade, sem objetivar os outros, que ele exclui de sua unicidade: estrangeiros, estranhos, o louco, e assim por diante (SS: 16-18). Sua implicação tácita é que o eu (ou comunidade) necessita se distinguir dessa "outridade" a fim de se definir como um sujeito unitário (ou grupo). Ela também argumenta que não podemos compreender completamente essa dinâmica "um-outro" a menos que postulemos algum tipo de dialética senhor-escravo aos moldes daquilo a favor do qual Hegel, e depois Sartre, argumentou, ou seja, a menos que admitamos que existam antagonismos mútuos entre as pessoas e algum tipo de hostilidade em relação a outras consciências. Contudo, além de postular essas questões no nível coletivo e político, em contraposição a Sartre, que foca principalmente numa consciência em conflito com outra consciência singular e considera apenas brevemente as dinâmicas sociais de formação de grupo (BN: 413-430), de Beauvoir difere de Sartre em ao menos um outro aspecto importante. Ela sugere que quando o um e o outro são forçados a entrar em contato, como através das guerras, do comércio e assim por diante, essa noção absoluta de outridade é mitigada e sua relatividade é tornada manifesta (SS: 17). Ela argumenta, por exemplo, que, quando o estrangeiro entra em uma cultura que ele previamente designou como outra, a primeira coisa que percebe é que essa cultura também o designou como outro. Em outras palavras, ele se dá conta de que essa é a atitude de ambas as partes e que existe algum tipo de reciprocidade envolvida. Além disso, após alguma experiência com esse assim chamado outro, ele também percebe que compartilha alguma coisa com essas pessoas. Percebe que são pessoas com quem, na verdade, pode se comunicar, rir e assim por diante, e, por conseguinte, em um nível coletivo e político essa outridade absoluta se desfaz.

Provavelmente, esse essencialismo sobre o processo de "outramento", assim como a afirmação posterior de que perceber a reciprocidade deste "outramento" antagônico pode nos fornecer a base para uma ética, é problemático, mas devido a esta sugestão de que a outridade tende a se desfazer através do contato, de Beauvoir se defronta com uma questão óbvia. Por que um sexo se tornou a norma e o outro, tão consistentemente, o outro, quando existem relações sociais o tempo todo que mostram que as mulheres têm algum tipo de reciprocidade e podem se comunicar? Por que a reciprocidade não foi reconhecida entre os sexos? As mulheres não são uma minoria, à medida que existem muitos grupos de pessoas que são similarmente perseguidos, e ainda assim a outridade feminina parece quase ser um absoluto devido à sua universalidade. Parece faltar a ela a contingência, ou a natureza acidental, da maioria dos fatos históricos. Ora, lembre que de Beauvoir não pode recorrer à biologia para explicar essa opressão. O existencialismo não permitirá isso devido à fórmula de que a existência precede a essência, que nesse contexto significa que não existe essência biológica que possa explicar adequadamente o comportamento humano. Por ora, porém, de Beauvoir conclui que se a mulher parece ser o inessencial que nunca se torna o essencial, isso é parcialmente porque ela própria falha em efetuar essa mudança (SS: 21). A responsabilidade pela opressão feminina reside *parcialmente* nas mulheres.

As mulheres e a má-fé

De Beauvoir vislumbra a tentação de renunciar à liberdade e se tornar uma coisa excessivamente difícil de resistir para todos os entes humanos, seja homem ou mulher (SS: 21). Ela acha isso terrível, mas assinala que é um caminho fácil de seguir porque desse modo evitamos a tensão e a angústia pressupostos em assumirmos uma existência autêntica (SS: 21). Nesse contexto, vale a pena lembrar o que Sartre diz sobre a má-fé, que é a fuga do reconhecimento de nossa própria liberdade. Percebermos que somente nós possuímos a inteira responsabilidade por nossa existência ser intimidante e angustiante, e como um resultado de sua concepção nós com frequência fingimos que somos uma coisa ou que somos compelidos a nos comportar de um determinado modo, porque é mais fácil do que confrontar a perspectiva da escolha permanente sem qualquer garantidor externo de valor. Embora de Beauvoir problematize qualquer compreensão simples da má-fé, e não empregue a noção do modo arrogante e onisciente que Sartre o faz, seu trabalho sugere que algumas mulheres, embora certamente não todas, agiram de má-fé, e ela assinala que às vezes as mulheres estão muito confortáveis em seu papel passivo como outro. De fato, num último estágio de *O segundo sexo* (SS: 641-689), de Beauvoir detalha três principais modos nos quais as mulheres são cúmplices de sua subjugação e nos quais podem adotar atitudes inautênticas e evitar sua liberdade.

Ponto-chave

Os três modos pelos quais as mulheres são cúmplices de sua subjugação

- *Narcisista* – a liberdade da mulher é negada ao investir nela mesma como um objeto bonito e considerar isso como sua única fonte de valor.
- *Mulher apaixonada* – a liberdade da mulher é negada devido à sua identidade ser investida em um objeto masculino privilegiado.
- *Mística* – a liberdade da mulher é negada ao ser investida no absoluto ou Deus.

Como vemos, em mais detalhe, em *Por uma moral da ambiguidade*, de Beauvoir argumenta que a ação perde seu significado se não for decidida livremente (e não tiver a liberdade como seu objetivo).

A ação que usa objetos externos como os garantidores de significado e valor está condenada a recair sobre si mesma, à "imanência", no termo que ela frequentemente emprega.

Todavia, além de argumentar que as mulheres podem estar de má-fé desses modos, de Beauvoir também quer sustentar que após longos períodos de opressão é possível que as mulheres não sejam mais capazes de vislumbrar outras possibilidades. Elas não podem mais ver uma situação alternativa e, quando isso ocorre, elas não estão de má-fé. Vamos explorar abaixo seu argumento para essa posição, mas por ora basta assinalar que essa posição ao menos parece conflitar com o existencialismo de Sartre. O existencialismo toma como premissa a liberdade do indivíduo e, para Sartre, alguém que não pudesse mais projetar possibilidades alternativas nem pudesse mais negar sua facticidade não seria humano. Assim, a questão óbvia é: de Beauvoir pode tematizar sua posição dentro de uma perspectiva teórica existencialista, como ela repetidamente afirma poder? De Beauvoir parece estar presa entre duas posições. Em um nível, as mulheres são cúmplices e devem ser cúmplices de qualquer subjugação, porque ela quer sustentar, como uma existencialista, que os entes humanos são sempre livres. Em outro nível ela também argumenta que muitas mulheres não são necessariamente cúmplices de sua subjugação, porque é possível ser tão oprimido que alguém literalmente não possa sequer imaginar viver em outro mundo, incluindo um mundo em que as mulheres não desempenhassem o papel de outro. De Beauvoir se equivoca com relação ao ponto de Sartre? Ela produz algo melhor que Sartre, dentro da tradição do existencialismo? Ou ela tacitamente abandona o existencialismo e mostra que ele é impraticável?

Não existem respostas fáceis a essas questões, mas, a fim de tratar desse tema, alguns filósofos contemporâneos argumentam que de Beauvoir emprega duas (ou mais) noções diferentes de liberdade aqui: a liberdade ontológica ou absoluta, por um lado, mas também uma liberdade mais prática, que é a liberdade de *fazer* algo ou efetuar mudanças concretas no mundo. Assim, de acordo com essa descrição, ela sustenta que as mulheres são absolutamente livres de um modo equivalente ao sentido sartreano, mas, apesar disso, existe também esse tema da liberdade prática para mudar coisas no mundo. Provavelmente, isso não resolve o problema, porém, como essa distinção parece fundamentalmente se fundir em uma à medida que de Beauvoir sustenta que, se falta ao escravo, por tempo suficientemente longo, a liberdade prática, se o escravo está preso por tanto tempo que não pode conceber estar fora da prisão, então isso pode, na verdade, afetar sua liberdade ontológica. Em outras palavras, se algumas pessoas são oprimidas por tempo o bastante, a liberdade ontológica pode na verdade ser modificada e reduzida. Ela pensa que isso ocorre com algumas mulheres e, portanto, elas não estão de má-fé quando não se revoltam contra a desigualdade sexual. Essa sugestão coloca tacitamente a filosofia da liberdade de Sartre em questão, embora a própria adesão de Simone de Beauvoir aos termos da filosofia existencial tornem, com frequência, difícil de compreender isso. Alguns estudiosos argumentaram que ela estava consistentemente questionando a posição de Sartre, mas sem declará-lo publicamente devido ao seu relacionamento, bem como a outros fatores semelhantes (ver KRUKS, 1990; LE DOEUFF, 1991).

O Mitsein *e o "nós"*

De Beauvoir prossegue para explicar também que uma razão para as próprias mulheres não provocarem uma mudança ou revolução é que historicamente faltaram às mulheres os meios concretos para que se organizassem em uma unidade que pudesse se colocar face a face com a unidade ou grupo correlativo: ou seja, os homens. Ela sugere que as mulheres não tiveram seu próprio passado, história, religião, nem qualquer solidariedade de trabalho e interesse como, por exemplo, o proletariado sempre teve (SS: 18-19). A classe trabalhadora compartilha o ser explorado pelos proprietários de terras, e também compartilha uma história, e por isso tem a unidade para dizer "nós" e para se reunir. De Beauvoir argumenta que as mulheres não foram historicamente capazes de dizer "nós" do mesmo modo. Embora as mulheres tenham em comum o fato de terem sido exploradas pelos homens, ela assinala que isso ocorreu de maneiras muito diferentes. Além disso, ela sugere que as mulheres nunca se uniram sob a forma como historicamente têm existido guetos de negros, de judeus e de pobres. A implicação de Simone de Beauvoir é que, quando reunidas, as pessoas podem começar a conceber um projeto comum e os descontentes podem, por meio disso, dar origem a uma revolução. Ela sugere que pelo fato de as mulheres viverem dispersas entre os homens, isso conta contra suas chances de se envolverem em um protesto coletivo e continuado.

De Beauvoir faz a afirmação adicional de que porque as mulheres estão disseminadas e dispersas entre os homens elas também tendem a se associar a raça e classe antes de se associarem a outras mulheres. Em outras palavras, ela pensa que uma mulher branca rica, mesmo que seja oprimida e relegada a um papel servil, sentir-se-á mais ligada a homens brancos ricos, por exemplo, do que a mulheres negras pobres (SS: 19). O ponto de Simone de Beauvoir é simplesmente que a identidade feminina, devido aos modos pelos quais a sociedade foi organizada, é muito vinculada à identidade dos homens ao redor delas, sejam eles pais, maridos ou filhos.

Em *Situação e existência humana* Sonia Kruks (1990) explica concisamente o que de Beauvoir pensa ser necessário para as pessoas oprimidas alcançarem algo semelhante à libertação. Kruks argumenta que a transição da opressão para a transcendência livre pode se dar somente quando "minha" situação não é, estritamente falando, minha, mas também parte de uma situação mais geral que transcende minhas experiências imediatas. Kruks, por conseguinte, reafirma a importância da conscientização de uma coletividade, de um "nós", para qualquer processo emancipatório, e é isso que de Beauvoir argumenta que as mulheres, de um modo geral, não têm tido. A afirmação de "irmandade" no feminismo dos anos de 1970 foi uma tentativa de mudar essa situação e habilitar as mulheres a se conceberem como unidas umas às outras. Afinal, uma mulher individual pode discordar de uma situação social patriarcal, mas sua liberdade pessoal não resultará em uma ação sem outras sentindo-se de modo similar. Para seu desacordo com aspectos particulares de suas vidas fermentar e se tornar uma revolução, é necessário que as pessoas ao redor delas também sejam livres e transcendentes. Essa sugestão tem uma significação ética que de Beauvoir examina em detalhe em seu trabalho anterior, *Por uma moral da ambiguidade*.

Por uma moral da ambiguidade: uma ética da transcendência recíproca

Contrário à objeção de que as descrições do existencialismo acerca da liberdade ontológica são realmente sem significado para nós se não formos livres para mudarmos as coisas no mundo e para exercitarmos nossa liberdade de *fazer* – uma posição que é melhor exemplificada pelo teórico da Escola de Frankfurt, Herbert Marcuse, em seu ensaio intitulado "Existencialismo" (1948) –, *Por uma moral da ambiguidade* tenta mostrar que a discussão do existencialismo sobre a liberdade tem um conteúdo concreto. Em outras palavras, de Beauvoir quer mostrar que o existencialismo não trata meramente de dizer que somos tão livres na jaula como se não estivéssemos em uma jaula (EA: 79). Essa caracterização pode ser parcialmente verdadeira acerca da ontologia de Sartre, mas a filosofia de Simone de Beauvoir sempre esteve mais interessada do que a de Sartre em política, mesmo que ambos fossem fortemente envolvidos em *práticas* políticas. Existem algumas razões potenciais óbvias para essa diferença, em particular, porque, como uma mulher, de Beauvoir sentisse os efeitos da opressão política de um modo que um homem branco, rico, classe média, como Sartre, não sentia. A análise de Simone de Beauvoir também enfatiza que a opressão opera contra grupos sociais particulares, mais do que no nível dos indivíduos, embora Sartre simplesmente sugira que o *Mitsein*, ou ser-com-outros, siga essencialmente a mesma estrutura conflitante daquela que ocorre entre indivíduos (BN: 413-430). Ao mesmo tempo, o trabalho dela oferece o melhor e talvez o único exemplo aceito de uma ética existencialista, ainda que retenha a insistência existencial de evitar qualquer tipo de prescritivismo moral.

Por uma moral da ambiguidade afirma que a condição trágica da situação humana, com sua urgência espontânea pela liberdade, é sempre contraposta ao peso externo do mundo. Diferente das descrições ostensivamente similares de Camus acerca do absurdo, para de Beauvoir a existência é uma mistura ambígua desses dois aspectos, e isso explica por que nesse texto ela alterca tanto com o materialismo histórico de Marx e Engels como com o idealismo crítico de Kant e outros. Estendendo-se à análise de Merleau-Ponty, ela argumenta que somos simultaneamente tanto um sujeito como um objeto e, para colocar diretamente sua afirmação fundamental, ela sustenta que *para vivermos eticamente devemos assumir a ambiguidade, em vez de fugirmos dela fingindo que somos biologicamente determinados, ou sujeitos que estão completamente fora de sua situação e podem examiná-la*. De acordo com de Beauvoir, "virmos a reconhecer e nos aceitar em nossa própria ambiguidade é a precondição necessária da vida moral" (EA: 81).

Teoricamente, a noção de Sartre acerca da má-fé deveria também pressupor uma injunção similar, uma vez que busca uma reconciliação ambígua de transcendência e facticidade, mas, na prática, isso é suplantado por sua ênfase um tanto exclusiva em somente um dos dois termos: a liberdade transcendente. É claro, nós também vimos que Sartre reconheceu que a liberdade requeria uma situação e que por liberdade ele não quer dizer liberdade para fazer qualquer coisa, para estalarmos nossos dedos e sermos milionários, mas a liberdade para interpretarmos as coisas diferentemente e para sempre termos aspirações pelo futuro e pelo que não é parte de nossa facticidade imediata. Em contraste com Simone de Beauvoir, porém, Sartre nunca insistiu que nossa transcendência requeria a transcendência de outros. Para Sartre, era quase a situação contrária, uma vez que ele argumentava que a liberdade de uma outra pessoa é a única coisa que pode inibir minha liberdade; recorde da vergonha sentida pela pessoa espiando pelo buraco da fechadura e o modo pelo qual seu projeto de espiar pelo buraco da fechadura (ou de assistir ao concerto de *rock*) é repentinamente tornado impossível, ou ao menos alterado, pela perspectiva de uma outra pessoa.

Tanto em *O segundo sexo* como em *Por uma moral da ambiguidade*, de Beauvoir, por outro lado, argumenta que a transcendência de um indivíduo (ou liberdade) na verdade requer a liberdade e a transcendência de outras pessoas. Ela sugere muito claramente que "não é verdade que o reconhecimento da liberdade de outros limite minha própria liberdade: ser livre não é ter o poder de fazer qualquer coisa que quisermos; é sermos capazes de ultrapassar o dado em direção a um futuro aberto" (EA: 91). E ela sugere que é outra pessoa que pode ajudar-nos a criar um futuro aberto. Vimos como isso se dá em relação a pessoas oprimidas necessitando ser capazes de conceber um projeto comum, mas também podemos pensar sobre o ponto de Simone de Beauvoir de um modo que seja relevante para todos nós, sejamos nós oprimidos ou não. Descobertas, invenções, indústrias, cultura, pintura e livros são todos exemplos de transcendência pelas pessoas individuais. Contudo, essas ideias e descobertas também abrem novas possibilidades concretas para outras pessoas e novas oportunidades para a transcendência. Por exemplo, o fato de que Sartre e de Beauvoir escreveram seus livros torna possível nos envolvermos com seus pensamentos e então os transcendermos em diferentes direções. Se eles não tivessem escrito seus livros, essa oportunidade não estaria aí. Similarmente, os projetos de nossos amigos nos abrem novos espaços para transcendermos.

Mas se não somos iguais a esses outros, se essas outras pessoas também não são livres, de Beauvoir argumenta que isso não ocorre. Por exemplo, se você se experiencia como superior a outra pessoa, não estará aberto para novas possibilidades que os pensamentos e o comportamento dela abrirem; em vez disso, serão descartados como medíocres. Por outro lado, se você se experienciar como inferior a uma outra pessoa, você não considerará que os pensamentos e o trabalho dela têm a ver com você; serão tratados como se viessem de um domínio mais elevado e incompreensível. Isso significa que, em um sentido fenomenológico e existencial, o mundo é um lugar menor para um ou outro desses dois tipos hipotéticos de pessoa, e isso significa que necessitamos de relacionamentos igualitários para termos a oportunidade completa de empregar nossa liberdade transcendental. Nesse contexto, de Beauvoir argumenta que a opressão é autodestrutiva mesmo para o opressor. O opressor mina sua liberdade individual ao criar um mundo no qual nem todos são livres e, com isso, limita sua própria capacidade para a transcendência se não estiver participando dos projetos de outras pessoas.

Ora, de Beauvoir pretende sustentar que todos os entes humanos apesar disso transcendem sua facticidade. Como Sartre, ela pretende argumentar ainda que "o que ocorre para mim por meio de outros depende de mim com relação ao seu significado" (A: 82). Se fui importunado a vida inteira, ainda retenho a capacidade de determinar se esse fato vai me motivar a provar que essas pessoas estão erradas, ou se me "levará" a desenvolver um complexo de um tipo ou outro. Geralmente, indivíduos conferem significado a esses fatos de seu passado. Contudo, para pessoas oprimidas, de Beauvoir argumenta que a transcendência está condenada a recair em vão sobre si mesma por estar tão completamente separada de seus objetivos. Se as pessoas *nunca* alcançam ao que sua dimensão transcendental aspira, então essa capacidade de transcender pode também estar ao menos parcialmente obliterada. Ela argumenta que "minha liberdade, a fim de se realizar, necessita se dirigir a um futuro aberto" (EA: 82), e se esse futuro não está aberto, então, com o tempo, a capacidade de na verdade projetar-me no futuro, de imaginar vidas alternativas, torna-se obscurecida. Quando as mulheres não são permitidas no domínio público ou são impedidas de ocuparem posições como intelectuais, por exemplo, então seu espaço para transcendência é limitado. Necessita haver igualdade social para a transcendência recíproca ser possível. De Beauvoir declara que se um grupo dominante "me mantém abaixo do nível que ele conquistou e na base do qual novas conquistas serão obtidas, então ele está me separando do futuro, está me transformando em uma coisa" (EA: 82). Para de Beauvoir, com o tempo as pessoas oprimidas podem ser incapazes de sequer vislumbrar outras possibilidades e são por isso incapazes de sequer reconhecer que são oprimidas.

Para de Beauvoir a vida humana envolve duas coisas: perpetuação e transcendência. É a transcendência o aspecto que é unicamente humano e, diferente da descrição de Sartre, ela sugere que a transcendência admite graus (como Merleau-Ponty sugere em sua crítica à descrição da liberdade proposta por Sartre), e é essa transcendência que necessita ser enfatizada por qualquer organização moralmente justa de sociedade. Ela sugere que, "se tudo o que a vida faz é se manter, então viver é somente não morrer" (EA: 82-83). Para de Beauvoir, "uma vida se justifica somente se seu esforço para se perpetuar é integrado em seu ultrapassamento e se esse ultrapassamento não tem outros limites senão aqueles que o próprio sujeito determina" (EA: 83).

A esse respeito, parece haver algumas similaridades entre a posição de Simone de Beauvoir e o liberalismo, que também enfatiza a liberdade de escolha (mesmo que não enfatize seriamente o bastante a angústia que essa escolha permanente pode induzir), mas, claramente, ela não é uma liberal conservadora. Ela sugere que "temos de respeitar a liberdade somente quando tem como fim a liberdade" e "uma liberdade que está interessada somente em negar a liberdade deve ser negada" (EA: 91). A insistência libertária na propriedade, nas posses, no capital, no conforto e assim por diante, não é algo que necessitamos respeitar. Em troca, existem elementos do marxismo em seu trabalho e ela consistentemente cita Marx em *Por uma moral da ambiguidade*. Ela representa o liberal conservador ao perguntar: "Mas que direito alguém tem de querer algo pelos outros?" Em outras palavras, por que deveríamos nos importar com a opressão dos outros se a nossa liberdade está sendo respeitada? O ponto de Simone de Beauvoir é que nossa própria liberdade não está sendo respeitada se outros são oprimidos. Ela oferece duas razões pelas quais deveríamos nos importar (EA: 86):

1) A fim de eu mesmo não ser um tirano (qualquer abstenção é cumplicidade).

2) A fim de que novas possibilidades sejam abertas para o escravo libertado e através delas a toda humanidade.

Ela também protesta contra o que evocativamente chama "os guardiões do mundo dado", que "apoiam o que ocorreu em detrimento do que ainda não ocorreu" (EA: 91). Claramente, Sartre concordaria com essa admoestação; os guardiões do mundo dado são talvez o primeiro exemplo de má-fé em seu trabalho. Mas para de Beauvoir nós também não podemos simplesmente descartar o passado, o que Sartre pode ser acusado de fazer na descontinuidade radical na qual ele repetidamente insiste entre o passado e o presente. Mais precisamente, como ela sugere, "abandonar o passado à noite da facticidade é um modo de depopular o mundo. Eu desconfiaria de um humanismo que fosse tão indiferente aos esforços dos entes humanos de tempos passados" (EA: 92). Ela prossegue e sugere que "uma ética genuína não nos ensina seja a sacrificá-lo seja a negá-lo (o passado): devemos assumi-lo" (EA: 95). Tanto uma rejeição do passado como sua valorização são errôneas: de Beauvoir, como Merleau-Ponty, busca um meio-termo que não pressuponha uma disjunção radical entre passado, presente e futuro, e isso é algo no qual a filosofia da liberdade de Sartre provavelmente se apoia.

Em seu livro, de Beauvoir também se distancia das aspirações universalizadoras de Kant e Hegel, e de muito da tradição da filosofia moral. Para ela, qualquer rejeição filosófica do particular, do individual, não pode ser genuinamente ética. Em troca, ela afirma a santidade da liberdade individual, acima de tudo, e então assinala que cada indivíduo necessita também de uma comunidade de pessoas livres a fim de melhor transcender suas circunstâncias, e você recordará que para ela projetos individuais desmoronam sobre si mesmos e perdem significado caso não se encontrem com os projetos e planos de outros. De Beauvoir descreve vários exemplos desse tipo de atitude inautêntica em *Por uma moral da ambiguidade* – a atitude aventureira, a atitude apaixonada, a atitude possessa – a mais importante das quais ela chama "a atitude de seriedade" (esse termo também ocorre em *O ser e o nada* de Sartre; BN: xiv, 580, 626), em que valores são considerados como sendo dados *a priori* e não escolhidos. A "pessoa séria" está intimamente relacionada à concepção de Kierkegaard acerca do segundo estágio da vida, enganosamente chamado de o "estágio ético": ele deseja um padrão moral externo e objetivo com valores incondicionados e subordina a liberdade a essa causa – pode ser o fanatismo religioso ou militar ou mesmo uma causa revolucionária, mas nos países ocidentais é mais provável talvez que seja a fama, o dinheiro e o poder. De Beauvoir pensa que esse tipo de atitude pode dar origem à tirania que ela há pouco tinha testemunhado na Segunda Guerra Mundial, na qual alguma causa é privilegiada como mais importante do que as pessoas que a adotam. Para ela, porém, os fins raramente justificam os meios (cf. EA: 124-125), e isso torna ainda mais surpreendente que ela e Sartre

Existencialismo **217**

(com seu colega Francis Jeanson) criticassem tão impiedosamente *O rebelde*, de Camus, publicado em 1951 em *Les Temps Modernes*.

Transcendência

Como deveria ser aparente, os critérios de Simone de Beauvoir para sugerir que as mulheres são oprimidas não é sua felicidade ou a falta dela (SS: 28-29). Em *O segundo sexo* ela argumenta que a felicidade é uma noção muito insubstancial para servir a seu propósito e isso pretende ser claramente uma rejeição a uma das filosofias morais dominantes de seu tempo e do nosso: o utilitarismo. O utilitarismo sustenta que qualquer situação social que leve à maior felicidade para o maior número (ou maximiza o bem-estar, ou a satisfação de preferência informada etc.), é a política ou estado de coisas mais justo. O "utilitarismo de ato" requer que façamos um julgamento calculado sobre o que conduzirá à maior utilidade, definida em qualquer uma das formas acima, para o maior número, e essa é a conduta que deveríamos adotar. Se quisermos determinar se a eutanásia deveria ser legal, nós simplesmente necessitamos determinar se, caso fosse legal, ela conduziria à maior felicidade geral do que se não fosse. É claro, essas coisas são difíceis e talvez impossíveis de determinar, mas para os utilitaristas esse é o tipo de ideal que deveria motivar nossos processos de tomada de decisão.

Ora, de Beauvoir argumenta que a felicidade é um critério enganoso. Primeiro, ela pensa que algumas mulheres podem pensar que são felizes, quando simplesmente não são conscientes das alternativas, e aqui a noção marxista da falsa consciência parece fazer uma aparição. Segundo, ela acha também esta ideia de sopesar a felicidade desajeitada e impossível (SS: 28). Em um dado momento ela retoricamente pergunta: "Quem pode realmente julgar se alguém é feliz ou não?" (SS: 28). Em troca, seu critério para dizer que as mulheres são oprimidas é a noção de transcendência, que ela às vezes considera como sinônima da noção de liberdade, e critica qualquer coisa que interprete como passividade. Conforme comenta em *Por uma moral da ambiguidade*:

> O artifício dos tiranos é encerrar o ente humano na imanência de sua facticidade e tentar esquecer que ele é sempre, como Heidegger coloca, "infinitamente mais do que seria se fosse reduzido a ser o que é"... o ente humano é um ente de distâncias, um movimento em direção ao futuro, um projeto (EA: 102).

Um ponto de vista existencial está sempre se projetando no futuro e nunca se contentando com o que ocorreu antes: conquistamos a liberdade somente ao interagirmos com outras liberdades e de Beauvoir argumenta inclusive que não existe outra justificação para a existência senão a de sua expansão para um futuro indefinidamente aberto (SS: 29). Como uma consequência, seu critério para dizer que as mulheres são oprimidas é que elas não têm as mesmas oportunidades que os homens para se expandirem no futuro e para projetarem possibilidades futuras: ou seja, faltam a elas as mesmas oportunidades para transcenderem a facticidade de sua situação. De fato, de Beauvoir argumenta que a libertação das mulheres pode até mesmo nem levar à felicidade que os utilitaristas buscam, particularmente no curto prazo. A vida pode ser bem difícil para a mulher liberada, mas sua afirmação fundamental é que: "Toda vez que a transcendência retrocede à imanência, há degradação. Se o sujeito consente nisso, é uma falta moral. Se infligido sobre o sujeito, é uma opressão. Em ambos os casos é um mal" (SS: 29). Aqui vemos, uma vez mais, que de Beauvoir pensa que as mulheres podem estar de má-fé se consentem com essa degradação e passividade, mas isso pode também ser imposto às mulheres e vale a pena notar também que de Beauvoir claramente privilegia a atividade como oposta à passividade.

Ora, algumas feministas argumentam que essas são noções deficientes. Na verdade, filósofas como Le Doeuff em *A escolha de*

Hipárquia (1991), e Genevieve Lloyd em *Homem de razão* (1992), argumentam que o existencialismo é uma doutrina que não pode apoiar o feminismo, e isso se deve particularmente à sua valorização da "atividade" e transcendência. Elas sugerem que necessitamos desconstruir, ou subverter, o que de Beauvoir quer dizer com atividade e transcendência, que são conceitos baseados em gênero que pressupõem formas de vida e ação sociais que tacitamente restringem as mulheres à esfera doméstica. Elas também afirmam que de Beauvoir por vezes simplesmente assume valores tradicionalmente masculinos e os torna os objetivos das mulheres. Ou seja, de Beauvoir às vezes parece assumir que certos tipos de projetos no mundo são o tipo mais valioso de atividade, sem pensar que talvez essa seja uma concepção masculina de valor que necessita ser colocada em questão. E não pode ser negado que de Beauvoir está particularmente interessada na vida pública, seja escrevendo filosofia ou livros de literatura, seja liderando negócios ou partidos políticos. Ela sugere tacitamente que esses são os tipos de projetos que as mulheres deveriam objetivar, uma vez que são os mais transcendentes, e, como veremos em breve, existe também em seu trabalho uma consequente desvalorização da gravidez, da maternidade, da administração do lar, e assim por diante.

Uma vez mais, porém, de Beauvoir insiste que algumas situações não podem ser transcendidas, uma vez que são estruturadas de modo a inibir as pessoas de agirem de outro modo. É muito frequente isso acontecer quando sua situação é concebida como "natural", e esse é um tema com o qual ela se ocupa extensamente em *Por uma moral da ambiguidade*, onde destaca que um dos artifícios da opressão é se camuflar por trás da assim chamada situação "natural". A retórica colonialista, por exemplo, argumenta com frequência que o grupo indígena necessita ser escravizado porque são naturalmente promíscuos, violentos, e assim por diante. Uma atitude paternalista em relação a eles é necessária porque os colonialistas conhecem (ou pensam que conhecem) seus interesses melhor do que os próprios povos indígenas e que sem isso haveria caos social. A opressão, portanto, tende a se justificar por referência ao seu valor de uso, pela sugestão de que a sociedade será mais feliz e em geral mais harmoniosa, e esse é precisamente o tipo de retórica a que se opõe de Beauvoir (EA: 95). Ela sustenta que *"nada é útil ao ente humano se ele não estiver em uma posição de definir seus próprios fins e valores, se não for livre"* (EA: 95). Ela admite que nunca podemos respeitar todas as liberdades ao mesmo tempo, mas argumenta que temos de enfrentar autenticamente essa tensão e enfatizar a liberdade em vez da felicidade.

Mas permanece o ponto de que em certas situações sociais a escolha individual se torna radicalmente circunscrita e revestida de referências à natureza. Isso pode às vezes significar que circunstâncias de opressão não possam ser transcendidas porque sua situação não é apreendida como uma dentre outras possibilidades – ela é, em troca, a ordem natural do mundo. Quando isso acontece, nenhuma escolha é possível e as mulheres não criaram essa situação e por isso não são responsáveis por ela. De Beauvoir assinala que muitas instituições sociais tendem também a erodir o desenvolvimento da autonomia nas mulheres, levando-as a perceberem suas capacidades e deficiências como naturais e imutáveis. Para ela, o casamento e a divisão do trabalho com base no sexo são particularmente problemáticos ao contribuírem para essa concepção de naturalidade que fundamentalmente faz com que homens e mulheres não experienciem um ao outro como iguais. Como veremos, isso torna a perspectiva do amor genuíno entre eles eminentemente improvável.

O amor e as relações com outros

No capítulo intitulado "A mulher apaixonada" (SS: 652-678), de Beauvoir sugere que, devido à influência de estereótipos de gênero, homens e mulheres tiveram historicamente atitudes muito diferentes com respeito ao amor. Além disso, ela argumenta que essa diferença tornou o amor genuíno entre os sexos improvável, embora seu heterossexismo pareça impedi-la de considerar a homossexualidade como uma alternativa genuína. Para colocar seu ponto de forma muito geral, as mulheres são consideradas como se dedicando completamente ao seu amante e se envolvendo em um projeto que ela chama "amor-religião" (SS: 653), mas os homens não são concebidos como se comprometendo com a mesma intensidade de abertura e abandono: para eles, o amor é tratado mais como uma propriedade. Os homens com frequência querem possuir sua amada como se ela fosse um troféu, ou muito literalmente uma posse valiosa, e mesmo quando o homem não trata sua amada como mero objeto de um modo óbvio assim, ela afirma que existem ainda diferenças importantes no modo como eles amam comparado ao das mulheres. Os homens querem ser amados e talvez mesmo amar um pouco em troca, mas eles também têm todos os demais aspectos de suas vidas. A mulher amada é um valor dentre outros, e os homens desejam integrar o amor em suas vidas, não abandonar suas vidas ao amor, como ela sugere que as mulheres são forçadas a fazer por várias razões econômicas e sociais.

De Beauvoir insiste repetidamente que esses diferentes modos pelos quais homens e mulheres amam nada têm a ver com leis da natureza. São suas situações sociais diferentes que refletem os valores diferentes que eles colocam sobre o amor. Destinadas ao homem desde a infância, habituadas a pensar e a se comportar de certos modos, muitas mulheres sonharão somente em se transcender a um desses entes alegadamente superiores. Porque a estrutura social e doméstica da sociedade condenou as mulheres à dependência, a única saída dessa situação para as mulheres é por meio da valorização de um homem como a um Deus, como o absoluto e o essencial, que por associação confere valor à sua própria vida. Nesse caso, podemos alterar a famosa frase de Marx e dizer que o amor, em vez da religião, é o ópio das massas. Ao menos, o amor é o ópio que permite às mulheres não enfrentarem sua própria opressão e a evitarem as verdades do patriarcado, exatamente como Marx diz que a religião assegurava que a classe trabalhadora fosse pacífica e dócil e não se rebelasse contra sua opressão nas mãos dos proprietários dos meios de produção.

É claro, de Beauvoir também afirma que as mulheres não conseguem com frequência deificar qualquer dos homens que elas tentam valorizar (SS: 654). De acordo com sua descrição, as mulheres sonham com esse amor abrasador absoluto, mas a familiaridade com frequência destruirá o prestígio do homem. Os homens, afinal, são humanos e falíveis, e eles claramente não são as pessoas semelhantes a Deus que a sociedade ensinou às mulheres que eles deveriam ser. De Beauvoir prossegue e argumenta que mesmo que brevemente bem-sucedido, esse projeto de amor-religião quase inevitavelmente termina em catástrofe. A mulher abandonada não tem mais uma carreira à qual recorrer, e ela também assinala que mulheres mais velhas abandonadas têm poucas chances de encontrar um outro *grand amour*. Além disso, ela sugere que uma existência assim é quase inevitavelmente problemática para a mulher apaixonada: ela vive uma vida de temor, preocupada pela possibilidade de que sua fonte de valor a deixe por alguém outro. Como de Beauvoir evocativamente diz, a mulher apaixonada:

> vive com medo e trêmula diante desse homem que detém seu destino em suas mãos sem que sequer o saiba, sem que sequer deseje... As inumeráveis mártires do amor testemunham contra a injustiça de um destino que oferece um inferno estéril como salvação última (SS: 678).

A falta de reciprocidade no modo que homens e mulheres amam inevitavelmente provoca ressentimento e também priva a mulher de sua transcendência, de se envolver em projetos no mundo. Ao se identificarem com o homem e suas buscas no mundo, as mulheres são condenadas à imanência e não podem encontrar autorrealização em seus próprios atos: elas são passivas (SS: 653).

Desconsiderando as várias oposições binárias em operação no texto de Simone de Beauvoir e a hierarquia de valores que ela atribui a eles – transcendente-imanente, ativo-passivo – podemos entender melhor seu ponto ao recordarmos as caracterizações de Sartre acerca do olhar. De acordo com sua ontologia, que não discrimina entre os sexos, todos nós achamos a experiência do olhar perturbadora, e por isso buscamos minimizar seu impacto e, em sua descrição, somos sempre livres para devolver o olhar. Contudo, a análise de Simone de Beauvoir sugere que as mulheres chegaram gradualmente a se conceber como aquele que é olhado (como o objeto dos olhares da sociedade) em contraste com o homem que permanentemente se concebe como aquele que olha, ou como o olhar julgador. De acordo com de Beauvoir, as mulheres se experienciam como objetos e como coisas passivas, enquanto os homens se experienciam como sujeitos, e os relacionamentos entre os sexos por isso se tornam ainda mais desiguais devido a essa oposição entre aquele que olha e aquele que é olhado ser tão estática. Isso significa que as mulheres não são *"pour soi"* (para-si) do mesmo modo que os homens o são. Em troca, sua existência social é predominantemente para-outros, uma vez que elas estão permanentemente presas em um olhar do qual pode não haver oportunidade para virar o jogo.

Claramente, isso não é o amor real, que de Beauvoir pensa somente poder ser resgatado em uma situação de igualdade. Ela sugere que somente no dia em que as mulheres puderem amar em sua força, não em sua fraqueza, o amor real será possível, e isso requer a independência cultural e econômica das mulheres. Para de Beauvoir "o amor genuíno deve estar fundado no reconhecimento mútuo de duas liberdades" (SS: 677) no qual os amantes se experienciam tanto como eu quanto como outro. Nenhum deles abriria mão da transcendência, e ela insiste que esse tipo de reciprocidade é possível, ao contrário de Sartre. Para Sartre, experienciarmo-nos como um objeto aos olhos de um outro é momentaneamente ter negada nossa transcendência. Na análise de Simone de Beauvoir, todavia, os outros não apenas ameaçam meu mundo, mas também potencialmente o enriquecem através da abertura de projetos futuros para mim. Além disso, para ela, todos os projetos são implicitamente colaborativos, e como tais podem ser violentos e generosos para o outro, mas não necessariamente ambos. Ela complementa essa análise em *Por uma moral da ambiguidade*, argumentando que tanto homens como mulheres necessitam desenvolver uma consciência de si próprios, inevitável e simultaneamente, como sujeito e objeto (EA: 81). Próximo do fim desse livro ela sugere que se ambos assumissem a consequente ambiguidade com uma "modéstia lúcida, correlativa a um orgulho autêntico, um encontraria o outro como companheiro e viveriam o drama erótico na amizade" (EA: 232). Nessa concepção, o amor não é inevitavelmente problemático e a descrição de Simone de Beauvoir, portanto, levanta a questão de se a ontologia de Sartre, que sugere que o amor é meramente um "ardil", é uma descrição ontológica genuína da relação ente humano-mundo ou apenas uma descrição parcial de entes humanos em uma sociedade patriarcal e capitalista.

A morte

De Beauvoir tem uma posição complicada sobre a morte, que está situada em algum lugar entre as caracterizações extremas que fazem dela Heidegger e Sartre. Em *Pirro e Cinéas* (1943), de Beauvoir adota uma posição que parece intimamente relacionada à convicção de Sartre de que a morte não pode ser minha possibilidade. Ela afirma que:

> Minha morte interrompe minha vida somente quando morro, e isso somente do ponto de vista dos outros. A morte não existe para mim enquanto estou viva; meu projeto passa direto por ela, sem encontrar quaisquer obstá-

culos. O ímpeto completo de minha transcendência não se depara com quaisquer barreiras; ela somente determina quando deve declinar, como o mar que se choca contra uma margem plana e para em um certo momento, para não mais avançar (PC: 61).

É interessante notar, no entanto, que em seu livro posterior, *A velhice*, publicado em 1970 e com sua própria morte muito próxima, de Beauvoir insiste que todos nós somos habitados pelo que ela chama um "envelhecimento generalizado" e ela também oferece uma descrição da temporalidade não diferente daquela de Heidegger em *Ser e tempo*. Além disso, em *Por uma moral da ambiguidade*, escrita somente alguns anos após *Pirro e Cinéas*, de Beauvoir escreve sobre a ambiguidade que é a mais fundamental de todas e declara que: "todo momento vivo é um deslizar em direção à morte. Mas se estivermos dispostos a olhá-la na face, descobriremos também que cada movimento em direção à morte é vida" (EA: 127). Devido não só ao reconhecimento de que cada momento vivo é um deslizar em direção à morte, mas também uma busca pelos aspectos redentores e vivificantes desse movimento, a posição de Simone de Beauvoir aqui parece muito mais próxima da concepção de Heidegger, acerca do ser-para-a-morte, do que da renúncia de Sartre a essa concepção.

O corpo

A descrição de Simone de Beauvoir sobre a corporificação é uma descrição complicada. Ela claramente enfatiza a importância do corpo, como Marcel e Merleau-Ponty o fazem. Às vezes ela também usa, controvertidamente, a experiência especificamente feminina da corporificação para explicar as origens da opressão das mulheres: para colocar o problema de um modo muito geral, a capacidade que a mulher tem de gestar a torna mais controlada pela natureza do que o homem. Em sua discussão sobre biologia e história no livro 1 de *O segundo sexo*, de Beauvoir observa que as mulheres experienciam certos fenômenos que os homens não experienciam – gravidez, menstruação, lactação e assim por diante – e que essas diferenças constituem uma diferença importante na situação das mulheres e fornecem um certo tipo de explicação sobre o fato de as mulheres terem sido tão persistentemente associadas à natureza. Esses aspectos da corporificação feminina exigem que as mulheres dispensem grandes quantidades de tempo em "funções naturais" associadas às suas capacidades reprodutivas, e isso, por sua vez, assegura que lidar com coisas como uma carreira são, no mínimo, difíceis.

> **Ponto-chave**
> De acordo com de Beauvoir, mulheres experienciam um conflito que os homens geralmente não experienciam: o conflito entre indivíduo e espécie, entre a perpetuação da espécie e sua própria liberdade pessoal.

Em outras palavras, existe um conflito na vida da mulher entre seu papel como mãe e suas aspirações com respeito ao envolvimento cívico e político. De Beauvoir vê esses dois aspectos da vida (cívica e materna) como sendo mutuamente exclusivos, e a ambiguidade da corporificação da mulher é ao menos parcialmente a fonte desse conflito, uma vez que torna muito mais difícil de atingir uma completa subjetividade transcendente (SS: 587).

Ao mesmo tempo, de Beauvoir não quer sustentar que essa seja uma condição ontológica inevitável: esses "fatos biológicos" que diferenciam os sexos não ocasionam (ou legitimam) diretamente a situação de opressão. Ao contrário, em outro lugar nesse texto ela também afirma que não existem fatos meramente neutros de um observador imparcial; fatos são sempre interpretados a partir de uma certa situação com certos fins em mente. Para retornar ao problema em questão, de Beauvoir emprega uma distinção sexo-gênero e sugere que é completamente concebível que uma sociedade possa interpretar o "fato" da gravidez de um modo diferente. Existe também uma sugestão em seu trabalho de que mudanças tecnológicas significam que, mesmo que a associação do corpo feminino à natureza em uma sociedade agrária fosse compreensível, por exemplo, isso não ocorre no processo de industrialização e do capitalismo. A esse respeito ela lamenta a falta de creches, o que significa que as mulheres são forçadas a escolher entre o cívico e o pessoal quando isso não seria necessário. De Beauvoir também sugere que, idealmente, os desenvolvimentos tecnológicos significarão que as mulheres não tenham de abrir mão de suas carreiras pela gravidez e maternidade. Ela nem sempre é clara sobre o tipo de tecnologias reprodutivas no qual está pensando, mas insiste que necessitamos liberar as mulheres de seu confinamento aos papéis maternais.

Embora isso não esteja aparente na "Introdução" a *O segundo sexo*, em outro lugar nesse texto existe de certo modo uma linha de pensamento antifamília, e ela claramente pensa a gravidez e a maternidade como um obstáculo à liberdade, que ela interpreta como limitando a mãe a um papel reprodutivo e doméstico. Nem a maternidade nem a gravidez são o que de Beauvoir considera um "projeto criativo". Projetos criativos são aqueles que dão melhor expressão ao lado transcendente da existência humana. Temos de reconhecer que de Beauvoir fala um pouco sobre o que ela denomina "maternidade livre". Ou seja, maternidade fora do casamento, e sem que as mulheres sejam o principal (ou único) cuidador, e esse parece ser seu ideal. Como ela comenta:

> A evolução econômica na situação da mulher está em vias de perturbar a instituição do casamento: ele está se tornando uma união que se forma livremente sob o consentimento de duas pessoas independentes; as obrigações das duas partes contratantes são pessoais e recíprocas... A mulher não está mais limitada à função reprodutiva, que perdeu em parte seu caráter de servidão natural e passou a ser considerada como uma função a ser voluntariamente assumida (SS: 425).

A principal questão que resulta disso, porém, é a de se as mulheres deveriam apenas assumir objetivos e aspirações masculinas, ou se em vez disso deveriam redefini-los, de modo que essa oposição binária ativo-passivo fosse colocada em questão e alguns desses projetos, como a gestação, pudessem ser pensados como valiosos. Essa questão prática de se a gestação é ou não uma restrição à liberdade, ou um projeto criativo em si mesmo, tem sido uma questão constante na literatura feminista, mas eu levanto essa questão acerca da reprodução devido ao que ela significa na atitude de Simone de Beauvoir em relação ao corpo de um modo mais geral, o que é complicado. Em muitos de seus comentários ela coloca a existência corporal na mesma condição que a consciência e insiste que uma importante reciprocidade prevaleça entre corpo e consciência. Experiências do corpo são influenciadas por nossos conceitos, e conceitos são influenciados por nossas experiências do corpo. Mas sua atitude com relação à maternidade, e sua sugestão tácita de que o corpo feminino oferece uma razão (embora não necessária) para as mulheres terem sido consideradas como tão próximas da natureza ao longo dos séculos, corre o risco de sugerir que o corpo feminino é concebido como uma restrição à liberação da mulher, e de legitimar uma hierarquia natureza-cultura com a cultura e a mente privilegiadas em relação ao corpo passivo, que é considerado um fardo: um dado bruto que não pode ser alterado. Mesmo assim, em seu próprio trabalho também existem fontes para subverter essa descrição, como vimos.

Diferença sexual e existencialismo

Embora a quantidade de literatura secundária contemporânea sobre de Beauvoir seja enorme e por isso não possa ser sumariada aqui, seu trabalho levantou algumas questões particulares sobre o relacionamento entre existencialismo e o problema da diferença sexual. Na verdade, o que se torna claro a partir de seu trabalho é que o problema da diferença sexual foi amplamente ignorado por seus contemporâneos, Sartre, Merleau-Ponty e Heidegger. Essa omissão foi analisada por muitas feministas contemporâneas, e um dos primeiros textos a examinar isso, *A escolha de Hipárquia*, de Le Doeuff, lida em profundidade com Sartre e de Beauvoir, e critica Sartre por sexismo. Le Doeuff assinala que Sartre tem muitas metáforas sexuais estranhas nos estágios finais de *O ser e o nada*: aparentemente suas descrições sexistas sobre buracos motivaram Courtney Love a adotar esse nome para sua banda de *rock*, Hole. Mais relevante para nossos propósitos, Le Doeuff também afirma que vários exemplos de situações concretas de Sartre somente incluem mulheres quando têm algo a ver com sexo. Elas nunca têm uma história ou mesmo um local de trabalho. As mulheres são somente um corpo sexuado no trabalho de Sartre, e Le Doeuff também afirma que, quando Sartre fala sobre encontros sexuais reais, não há reconhecimento da diferença entre sexos. Existe somente "minha carne" e "a carne do outro".

Embora Merleau-Ponty não seja acusado de sexismo do mesmo modo que Sartre, permanece o caso que seu projeto de analisar a corporificação, e de analisar a sexualidade, não leva em conta a diferença entre as experiências de corporificação e a sexualidade de homens e mulheres. Como feministas, a exemplo de Judith Butler, assinalaram, ele pressupõe que o que ele diz sobre os corpos se aplica igualmente tanto a homens como a mulheres, e muitas feministas querem contestar que isso seja assim. Teóricas como Butler argumentam que não podemos falar coerentemente sobre corpos neutros e abstratos, mas somente sobre corpos específicos contextualizados: ou seja, sobre corpos masculinos e femininos, sobre corpos doentes e sadios, ou sobre corpos velhos e jovens, e assim por diante. Isso levanta uma questão interessante: Homens e mulheres experienciam o mundo e seus corpos de modo diferente? De Beauvoir ilustrou a tensão entre o pessoal e a espécie que a mulher sente, assim como o modo pelo qual as mulheres são persistentemente o objeto do olhar na cultura patriarcal. Muito da riqueza de *O segundo sexo* deriva de sua análise dos modos pelos quais as mulheres experienciam o olhar de diversas e diferentes formas. Se concedemos que essas experiências são diferentes das dos homens, a próxima questão é: Essas diferenças são existencial e ontologicamente significativas? Seguindo os passos de Simone de Beauvoir, muitas feministas no presente argumentarão que são.

"Arremessando como uma menina"

Para posterior leitura acerca desse tema, o famoso ensaio de 1970 de Iris Marion Young, "Arremessando como uma menina", é uma fonte útil, mesmo que Young tenha ajustado sua posição desde então. Inspirando-se no trabalho de Merleau-Ponty e de Beauvoir, Young discute os diferentes estilos de motricidade e movimento corporais entre os sexos e, mais especificamente, por que as mulheres arremessam de modo diferente dos homens. Para ela nenhum fato físico com relação aos corpos das mulheres, incluindo diferenças musculares, faz com que elas arremessem de modo diferente dos homens. Se a diferença entre o modo pelo qual homens e mulheres arremessam fosse simplesmente relativa aos músculos, então seria esperado das mulheres que compensassem essa suposta fraqueza muscular arremessando mais ao estilo dos homens; ou seja, colocando mais de seus corpos na sua ação e maximizando as capacidades de seus corpos ao colocarem seus corpos inteiros no arremesso. Em troca, Young sugere que virtualmente todas as atividades físicas das mulheres falham em fazer uso das possibilidades espaciais e laterais do corpo, argumentando que existe também um modo de correr como uma menina, escalar como uma menina, gingar como uma menina, bater como uma menina, e assim por diante. O que une esses diferentes tipos de atividades é que o corpo todo não é colocado em movimento fluido e dirigido; mulheres concentram seus esforços nas partes imediatamente requeridas pela tarefa e, por exemplo, não usam suas pernas tanto quanto os homens ao levantarem algo. Com relação a arremessar, elas usam somente as partes do corpo imediatamente requeridas pela tarefa.

A explicação de Young acerca dessa diferença é sugerir que a tensão entre a mulher como um sujeito livre, e a mulher como culturalmente oprimida, é expressa em um nível corporificado. Em termos simples, ela pensa que as mulheres são inibidas no nível de seus corpos. Em vez de estarem com seus corpos, as mulheres estão a uma distância ambivalente deles; elas são desconfiadas e hesitantes com relação a seus corpos, que consideram ser o objeto do movimento não o originador do movimento. A fim de explicar isso, Young sustenta que em movimento as mulheres se postulam como o objeto sendo olhado, como o objeto do olhar da sociedade, e essa consciência onipresente de que elas podem estar sendo observadas significa que as mulheres são mais autorreflexivas na ação do que os homens. Mas, para resumir, o ponto de Young é que as mulheres experienciam a ambiguidade de seus corpos de um modo diferente dos homens, e sua implicação é que existe uma divisão maior entre mente e corpo para as mulheres do que para os homens.

Ora, existem várias explicações possíveis para esse tipo de diferença. É claro, meninas, historicamente, dispensaram menos tempo usando seus corpos em atividades esportivas do que meninos; elas têm menos prática em um contexto corporificado. Como Young assinala, a mulher também é ensinada a se comportar como uma menina: ensinada a não se machucar, a não se sujar e assim por diante, e a se conduzir de uma certa maneira. Ora, mesmo que queiramos sustentar que essa diferença entre movimentos corporais de homens e mulheres não seja mais tão óbvia como o ensaio de Young nos leva a acreditar, sua análise não parece mostrar que homens e mulheres possam experienciar, e de fato experienciem, seus corpos de modo muito diferente.

Poderíamos complementar essa análise assinalando o aparentemente óbvio; que o significado dos seios é manifestamente diferente para homens e mulheres. Como Grosz assinala, seios são um atributo corporal vivido subjetivamente (que é fenomenicamente experienciado) e funcionam também como um objeto dentro de uma sociedade particular, mas tanto o modo como os seios são subjetivamente experienciados quanto o modo como funcionam como objetos em nossa sociedade são obviamente muito diferentes para homens e mulheres (1994: 108). Podemos concluir disso que a relação entre interior e exterior, entre ser um corpo e ter um corpo, é também significativamente diferente para homens e mulheres. Se é assim, isso significa que as descrições de Sartre e Merleau-Ponty, que supõem ambas a neutralidade de gênero, são apenas descrições parciais do que deve ser corporificado. Isso uma vez mais levanta questões sobre se o existencialismo é simplesmente uma tematização do tipo de consciência produzida pelo capitalismo patriarcal, ou se ele realmente chega a alguma coisa universal sobre a condição humana. Ele pode explicar a diferença sexual, ou, igualmente, a diferença racial (ver *Black Skins, White Masks* (1991), de Franz Fanon), como a experiência das minorias étnicas?

Sumário dos pontos-chave

A mulher como outro

• Não existe essência que constitua ser uma mulher; *ninguém nasce mulher, torna-se mulher* (SS: 295).

• As mulheres foram designadas injustificadamente como segundas, e como diferentes dos homens (SS: 16).

Má-fé e inautenticidade

De Beauvoir vislumbra a tentação de renunciar à liberdade e se tornar uma coisa difícil de resistir para todos os entes humanos, seja homem ou mulher, mas ela acha isso terrível (SS: 21). Em *O segundo sexo* ela descreve três principais papéis pelos quais as mulheres podem inautenticamente ser cúmplices de sua subjugação: o *narcisista*, o da *mulher apaixonada* e o *místico* (SS: 641-689). Em *Por uma moral da ambiguidade* ela descreve quatro exemplos gerais de má-fé: a *pessoa aventureira*, a *pessoa apaixonada*, a *pessoa demoníaca* e a *atitude de seriedade*, o último deles subordina a liberdade a uma causa abrangente (religião, revolução, fama, dinheiro, poder etc.).

Liberdade

• De Beauvoir argumenta que a ação perde seu significado se não for decidida livremente, e não tiver a liberdade como seu objetivo. Liberdade e transcendência são mais importantes que felicidade, ou utilidade, ou quaisquer outros critérios possíveis para a "boa vida".

• Diferente de Sartre, porém, ela insiste que após um longo período de opressão mulheres podem não ser mais capazes de conceber outras possibilidades. Em vez de opor a má-fé à autenticidade e à liberdade verdadeira, nesse caso, mulheres oprimidas ocupam um ponto intermediário entre esses dois extremos.

Uma moral da ambiguidade

• Para vivermos ética e autenticamente, devemos assumir a ambiguidade da condição humana, em vez de fugirmos dela fingindo que somos biologicamente determinados, ou sujeitos racionais que estão completamente fora de sua situação e podem examiná-la.

• Em vez da liberdade de um indivíduo ser ameaçada e (momentaneamente) inibida pela aparição de outros, como a análise de Sartre acerca do olhar sugere, para de Beauvoir é a outra pessoa que abre para nós novas possibilidades no futuro. A liberdade individual completa (ou transcendência) necessita se dirigir a um "futuro aberto", que depende da liberdade de outros.

• A mudança social (inclusive quanto à supressão do patriarcado) requer o reconhecimento de um "nós": somente então o indivíduo descontente pode se encaminhar a um projeto comum e a uma revolução.

Amor

Historicamente, de Beauvoir argumenta que as mulheres se dedicaram completamente a seus amantes em um projeto de "amor-religião" (SS: 653), mas os homens não se comprometeram com a mesma intensidade de abertura e abandono; para eles, o amor é tratado mais como uma propriedade. Contudo, isso se deve às desigualdades patriarcais sociais e econômicas, e a possibilidade de amor recíproco e significativo depende do estabelecimento de igualdade genuína entre os sexos.

O corpo

As mulheres, em geral, experienciam o conflito entre espécie e indivíduo, entre perpetuação da espécie e sua própria liberdade pessoal, de um modo mais imediato e premente que os homens.

7

O legado do existencialismo: desconstrução, responsabilidade e o tempo da decisão

É difícil apontar muitos filósofos europeus contemporâneos que não tenham endossado a acusação de que o existencialismo é um humanismo, iniciada por Heidegger e perpetuada no anti-humanismo de estruturalistas como Louis Althusser e Roland Barthes. Interessado no modo como as linguagens e os sistemas produzem indivíduos como sujeitos, o estruturalismo sucedeu o existencialismo academicamente e talvez até mesmo em termos de atenção pública. O estruturalismo buscava chegar ao conhecimento estável e seguro de um sistema ou estrutura pelo mapeamento das diferenças dentro dessa estrutura e, significativamente, buscava fazer isso sem quaisquer referências à subjetividade e à consciência, que foram, como vimos, uma parte significativa da fenomenologia existencial.

Contudo, não demorou muito para o próprio estruturalismo ser questionado pelo pós-estruturalismo no final dos anos de 1960. Filósofos como Michel Foucault (ao menos do meio para o fim de seu trabalho), Jean-François Lyotard, Gilles Deleuze e Jacques Derrida foram todos importantes a esse respeito, questionando a suposição "centrista" do estruturalismo de que a compreensão de uma chave ou elemento central da estrutura – seja ela leis de parentesco, o funcionamento da linguagem, o sistema educacional, ou os dispositivos empregados em um texto literário – permite uma explicação do sistema inteiro. O pós-estruturalismo também coloca em questão o determinismo um tanto estrito do estruturalismo, insistindo, em troca, no papel das forças imprevisíveis e aleatórias na gênese de qualquer estrutura, lei ou norma. Opondo-se às pretensões quase científicas do estruturalismo à objetividade, à racionalidade e à inteligibilidade, o pós-estruturalismo, em troca, indicou certos momentos, ou "eventos", que perturbam qualquer sentido estável e seguro de significado e identidade.

A despeito dessa problematização do determinismo simples do estruturalismo, e a despeito de seu interesse em mostrar o modo pelo qual o evento resiste e excede a todas as nossas tentativas de reconstrução dele, assumiu-se, geralmente, que os interesses pós-estruturalistas permaneceram ao largo das preocupações com a liberdade, a morte, a responsabilidade e a angústia, dos existencialistas do tempo de guerra. Isso se deve em grande parte ao fato de os pós-estruturalistas terem continuado a endossar a ideia estruturalista da "morte do sujeito" e a destacar os problemas e limites do humanismo. Em termos menos provocativos, isso significa que é espúrio começar da suposição de que consciência e subjetividade são fundamentais quando são de fato produzidas socioculturalmente, embora não de um modo sobredeterminado como os estruturalistas podem ter pensado. A esse respeito, não surpreende que teóricos como Jean-Luc Nancy, Foucault, Derrida e muitos outros continuassem diretamente a associar o existencialismo ao humanismo.

Embora existam algumas razões válidas para essa recepção do existencialismo que o estruturalismo e o pós-estruturalismo provavelmente compartilham, em particular, alguns dos próprios comentários apressados de Sartre em *O existencialismo é um humanismo*, esse modo de pensar, todavia, obscurece dois pontos-chave:

> **Ponto-chave**
>
> • Obscurece as fontes dentro do existencialismo que não admitem o humanismo em qualquer sentido tradicional, mesmo no caso de a consciência ser priorizada (e essa última cláusula é colocada em questão pelos principais aspectos do trabalho de Merleau-Ponty e Heidegger).
>
> • Obscurece as similaridades significativas entre aspectos do existencialismo e alguns pensadores pós-estruturalistas contemporâneos, particularmente seu interesse compartilhado em: questões sobre responsabilidade e sua rejeição dos "cavaleiros" moralistas "da boa consciência"; sua crítica ao determinismo (incluindo o determinismo científico); sua busca pelas condições e limites da racionalidade (incluindo o modo pelo qual eventos e existência excedem nossas reconstruções racionais deles); e, finalmente, seu interesse pelo corpo.

Em certa medida, este livro já mostrou a diversidade dentro do existencialismo que problematiza qualquer associação muito apressada com o humanismo. Por exemplo, embora possamos considerar que o interesse posterior de Derrida pela questão da animalidade mina aspectos do trabalho de Sartre, os animais foram um tema constante de Merleau-Ponty dos anos de 1930 em diante (ver *A estrutura do comportamento*), e seu trabalho sempre resistiu à afirmação de que o significado é exclusivamente atribuível à consciência (uma posição que é implicada pela redução fenomenológica como Husserl a formulou). Em vez de continuar tratando desse tipo de afirmações, porém, este capítulo tratará do segundo ponto acima, destacando algumas das similaridades frequentemente negligenciadas entre existencialismo e pós-estruturalismo, particularmente o pós-estruturalismo de Derrida, que veio a ser denominado desconstrução.

Sartre e Derrida: desconstrução e responsabilidade

Embora intimamente associada ao nome de Jacques Derrida (1930-2004), é necessário declarar desde o início que a desconstrução não é um método externo que é aplicado a *livros* particulares. Mais precisamente, a desconstrução é um processo contínuo que está já sempre em operação nos *textos* – e textos, aqui, deve ser entendido no sentido mais amplo possível, incluindo contextos (ver *Limited Inc.*). Para resumir a estratégia, ao menos como foi inicialmente formulada e praticada, a desconstrução buscava reverter as oposições dominantes que sustentam um texto (ou conceito) antes de mostrar também como essas oposições já estão elas próprias sempre deslocadas no texto (e contexto) em questão. Devido ao foco inicial de Derrida em livros particulares, porém, a desconstrução é frequentemente associada às famosas declarações de Barthes com relação à "morte do autor", e está claro que, para Derrida, ao processo de ler está destinado um lugar de considerável importância e a significação das intenções autorais é diminuída. É suficiente distinguir a posição de Derrida da posição dos existencialistas? Embora seja verdadeiro que uma leitura desconstrutiva e atenta de textos ficcionais e filosóficos não fosse parte do *modus operandi* de Sartre, vimos já que o envolvimento de Heidegger em um processo de "recuperação destrutiva" em relação à história da filosofia foi uma influência importante e formativa na estratégia da desconstrução. Além disso, outros estudiosos sugeriram que a estratégia de desconstrução foi tanto influenciada como invalidada pela concepção de Merleau-Ponty de uma "hiperdialética" em seu livro final, inacabado, *O visível e o invisível* (cf. GASCHÉ, 1994: 29-30; REYNOLDS, 2004: 55-66). Embora esses pontos não possam ser considerados em detalhe aqui, parece que o foco nos textos não é suficiente, por si só, para instalar qualquer barreira substancial entre desconstrução e existencialismo.

Isso posto, permanece o caso que, na introdução de sua tese doutoral sobre Husserl, Derrida começou estridentemente se distanciando de Sartre, de Merleau-Ponty e do existencialismo. Ao mesmo tempo, ele postulou uma lacuna entre sua posição desconstrutiva e o existencialismo, que provavelmente não foi transpassada ao longo de vinte anos. Essa compreensão da desconstrução como completamente pós-existencialista, assim como a rejeição redutiva associada do trabalho de Sartre, é, porém, um tanto apressada, e vale a pena assinalar que a caracterização de Derrida acerca dos pensadores existenciais muda significativamente em seu trabalho pós-1990. Derrida observa, por exemplo, na entrevista publicada em *Um gosto pelo segredo*, que embora ele se distancie da "filosofia da existência", assim como de uma certa interpretação existencialista de Husserl, sua:

> intenção não foi certamente se afastar do interesse pela própria existência, pelo comprometimento pessoal concreto, ou pelo *páthos* existencial que, de certo modo, nunca perdi... Sob alguns aspectos, um filósofo sem o *páthos* ético-existencial não me interessa muito (DERRIDA, 2001a: 40).

Ele, então, prossegue e afirma a importância do Kierkegaard protoexistencialista para seu próprio trabalho, acrescentando que "a resistência da existência ao conceito ou sistema é algo ao qual atribuo grande importância e que estou sempre pronto a defender" (DERRIDA, 2001a: 40). A afirmação "quase existencial" de Derrida acerca da resistência da existência à construção de sistemas conceituais é muito importante aqui, uma vez que ela se vincula a uma tendência mais ampla de virtualmente todo o pensamento pós-estruturalista. Afinal, não é somente Derrida, mas também Deleuze, Lyotard e, mais recentemente, Alain Badiou, que exaltam a importância do evento e o modo pelo qual excede e não é redutível às representações racionais particulares que fazemos dele. Embora essas caracterizações pós-estruturalistas do evento não sejam unívocas em seu significado, seu uso do conceito de evento está intimamente relacionado ao de existência (ou *Existenz*), conforme é empregado por Sartre, de Beauvoir, Jaspers e Heidegger. Tanto os pós-estruturalistas como os existencialistas estão interessados em indicar certos limites do conhecimento (e. g., o modo pelo qual ele nunca pode compreender completamente o evento, ou a existência), e retornaremos a esse ponto próximo ao fim deste capítulo, quando considerarmos a afirmação acerca do futuro que é também uma parte integral do pensamento pós-estruturalista contemporâneo.

Junto com esse respaldo de Kierkegaard, todavia, é importante notar que a concepção de Derrida sobre seus predecessores existenciais imediatos na França também se tornou gradualmente mais positiva. Por exemplo, em *Memórias da cegueira* (1993) e em *O tocar: Jean-Luc Nancy* (2005), ele discute Merleau-Ponty de um modo predominantemente positivo, e seu ensaio "'Ele corria morto': Salve, salve" (2002a) fala sobre Sartre, uma vez mais, de forma positiva. Isso posto, é uma pena que esse ensaio sobre Sartre não envolva muita negociação filosófica explícita com suas ideias-chave. Afinal, pensadores existenciais, e Sartre em particular, focaram em temas relacionados à tomada de decisão, responsabilidade etc., e esses temas também se tornaram um foco constante e explícito dos trabalhos posteriores de Derrida. De fato, podemos argumentar coerentemente que o tema da responsabilidade é geralmente um tema importante para o pós-estruturalismo; de diferentes modos, um interesse pela responsabilidade para com a outridade é evidente no trabalho de Derrida, Lévinas, Lyotard e Foucault. Talvez uma reaproximação entre existencialismo e pós-estruturalismo possa ser efetuada em torno do lugar da responsabilidade, que é claramente também uma importante área de interesse para os existencialistas, mesmo que possa ser argumentado que sua ênfase seja mais claramente relacionada à responsabilidade para com o eu do que à responsabilidade para com o(s) outro(s). É esse tema que vou tratar agora, primeiro pela consideração acerca da noção relacionada de tomada de decisão.

Inspirando-se no trabalho de Kierkegaard, em vários textos diferentes, Derrida argumenta que o instante da decisão deve ser louco, dizendo-nos, provocativamente, que uma decisão requer um salto indecidível para além de todas as preparações e cálculos anteriores para essa decisão (DERRIDA, 1995: 77). Para ele isso se aplica a todas as decisões e não somente àquelas relacionadas à conversão religiosa que preocupam Kierkegaard. Uma decisão nunca é simplesmente sobre pesar prós e contras e figurar uma solução como na matemática. Podemos nos perguntar coisas como "Devo deixar minha (meu) companheira(o)?" ou "Devo usar meu cavalo ou meu bispo para este movimento particular no xadrez?" Podemos inclusive concluir que é definitivamente melhor para nós deixar nossa(o) companheira(o) atual, ou usar o cavalo a fim de tornar mais fácil um xeque-mate. Todavia, a própria decisão não resulta automaticamente disso. Ela ainda necessita ser tomada, e isso requer um salto para além de quaisquer preparações anteriores para essa decisão. Esse é o lugar em que o trabalho de Derrida se encontra com o de Sartre, para quem, como vimos, qualquer decisão deve ser igualmente injustificável e igualmente louca. Isso é dramaticamente evidenciado nos conflitos existenciais de Antoine Roquentin em *A náusea*, mas também ao longo de todo *O ser e o nada*. Derrida e Sartre se reúnem em sua rejeição a qualquer imperativo categórico kantiano que afirme que todas as decisões possam e devam ser baseadas na razão. Essa compreensão da decisão também tem consequências claras para temas afins à responsabilidade, e é em um tema assim que essa surpreendente proximidade entre Sartre e Derrida é reafirmada.

Não obstante sua complicada descrição de projetos fundamentais, Sartre rejeita a possibilidade de fornecer qualquer justificação racional para nossas escolhas. O exemplo mais famoso disso é relatado em *O ser e o nada* e em *O existencialismo é um humanismo*. Sartre recorda de um estudante seu que veio vê-lo com um dilema moral, basicamente para buscar orientação sobre se deveria cuidar de sua mãe doente em fase terminal em seu leito de morte, ou se juntar ao movimento de resistência para lutar contra os opressores nazistas de seu país. Sartre não somente se recusou a dar uma resposta como também declarou que esse tipo de conflito está envolvido em quaisquer tentativas de ser responsável. Em capítulos anteriores também vimos, significativamente, que a responsabilidade nunca é fácil no entendimento de Sartre; não há risco de estarmos autossatisfeitos, com uma boa consciência (a análise de Heidegger acerca da consciência também evita esse risco), e complacentes com as escolhas que fizemos. Ao contrário, assumir a responsabilidade é muito intimidante e tende a induzir a experiência da angústia, porque todas as decisões desse tipo são fundamentalmente injustificáveis. A esse respeito Sartre é contra qualquer forma de moralidade prescritiva que nos diga o que fazer, assim como Derrida em, para citar meramente um exemplo, *O dom da morte* (1995).

Embora permaneçam questões a respeito de se Derrida pensa ou não que a responsabilidade possa alguma vez ser assumida, como sugere a análise de Sartre, Derrida, todavia, (re)encena um dilema análogo em sua leitura do sacrifício bíblico de Abraão de seu filho Isaac, no Monte Moriá. Em *O dom da morte* Derrida indica uma tensão fundamental entre responsabilidade por todos os outros (e. g., libertar o mundo do partido nazista, no exemplo de Sartre) e responsabilidade por um ente querido singular (e. g., a mãe doente). A responsabilidade pressupõe suportar esse processo da "decisão indecidível", em que atender ao chamado de um outro particular (como Deus no caso de Abraão) inevitavelmente exigiria um estranhamento dos "outros outros" e do que a ética mais geral exige de uma comunidade que, nesse caso, obviamente se horrorizaria diante da disposição de Abraão em sacrificar seu filho. Qualquer que seja a decisão que possamos tomar, seja ela preferir um outro singular ou preferir todos os outros, ela nunca pode ser completamente justificada (DERRIDA, 1995: 70). Tanto para Derrida como para Sartre, ter uma boa consciência, assumir que nossas mãos estão limpas e que estamos agindo do lado do bom e do justo, é inevitavelmente pressagiar uma violência maior.

Embora seja verdade que Sartre é, com justiça, famoso na história da filosofia por seus muitos e variados argumentos pela liberdade, e também que Derrida raramente a discutia (veja, porém, um de seus últimos livros, *Rogues* (2005), no qual ela recebe uma atenção prolongada), qualquer oposição simples entre eles acerca do tema da liberdade seria também, eu acho, equivocada. Afinal, o conceito de "situação", de Sartre, refere-se à combinação necessária de facticidade e liberdade, e ele insiste que existe liberdade somente em uma situação e existe uma situação somente devido à liberdade. Ele também prossegue e afirma que situação e motivação para perseguir certos projetos são indistinguíveis, sugerindo que: "a situação, o produto comum da contingência do em-si e da liberdade, é um fenômeno ambíguo no qual é impossível ao para-si distinguir a contribuição da liberdade da contribuição do existente bruto" (BN: 487). Levando em conta essa ambiguidade da "situação", Sartre não parece estar tão comprometido com uma concepção do sujeito livre e soberano que decide, como podemos suspeitar, mesmo que ele esteja, apesar disso, mais próximo de uma concepção desse tipo do que Derrida. Na verdade, para Derrida, qualquer teoria do sujeito é incapaz de dar conta da mínima decisão, porque uma visão semelhante envolveria necessariamente "o desdobramento de uma imanência egológica, a implementação automática e autônoma de predicados ou possibilidades relativas a um sujeito, sem a violenta ruptura que deveria ocorrer em cada decisão que chamamos livre" (1999b: 24). Em outras palavras, se uma decisão é concebida como simplesmente resultando de certos traços de caráter, então não seria genuinamente uma decisão. Claramente, no entanto, uma decisão, para Sartre, não resulta de imanência egológica alguma – lembre que não existe traço de caráter algum da "covardia" que dite que o caminhante se entregará à sua fadiga – e sua filosofia não constitui uma teoria do sujeito nesse sentido. Mais precisamente, o sujeito é literalmente nada, exceto na reflexão, e isso assegura que, para Sartre, decisões são sempre caracterizadas por uma ruptura radical com a imanência e com o passado. Vimos que Merleau-Ponty o criticava por isso, indicando a onipresença da aquisição de habilidade habitual, mas Derrida está sugerindo agora que o tipo de ruptura sobre a qual Sartre fala é, de fato, absolutamente necessária caso exista uma coisa semelhante a uma decisão.

É claro, seria difícil negar que existem alguns pontos de diferença significativos entre a concepção de decisão de Sartre e de Derrida. Em *Políticas da amizade* (1997), por exemplo, Derrida argumenta que em vez de retornarmos a qualquer concepção soberana de livre-arbítrio, o que necessita ser considerado é o aspecto fundamentalmente "passivo" de uma decisão que é sempre tomada pelo outro, e ele insiste que não há liberdade sem o outro. Ele, no fim, conclui: *"em suma, a decisão é inconsciente* – por insano que isso possa parecer, ela envolve o inconsciente, mas permanece, apesar disso, responsável" (1997: 69). Essa sugestão de que a decisão é sempre passiva, parcialmente inconsciente, e pelo outro, destaca que Derrida não está nos remetendo a um paradigma sartreano da atividade e de projetos do para-si. Na verdade, da perspectiva de Sartre, a evocação acima acerca do inconsciente seria uma fuga da liberdade, um "jogo de desculpas", e, portanto, má-fé. Além disso, é bom lembrar que a rejeição de Sartre da compreensão de Heidegger acerca do ser-para-a-morte ocorreu precisamente porque essa concepção equivalia a viver pela perspectiva do outro. Especulativamente, estendendo esse diálogo entre esses dois filósofos franceses, existem boas razões para suspeitar que Derrida responderia a Sartre tentando mostrar que acima de tudo devemos estar sempre respondendo ao outro e vivendo para o outro. Embora Sartre possa estigmatizar essa como uma ambição impossível, para Derrida a impossibilidade dessa ambição seria aquilo que nos impele e motiva. Derrida procuraria também problematizar a facilidade da distinção de Sartre entre boa-fé e má-fé, particularmente o modo com que a última é associada a qualquer uso do conceito de inconsciente. Na verdade, poderíamos facilmente argumentar, de um ponto de vista desconstrutivo, que a assim chamada má-fé é, de fato, constitutiva de toda a fé. Essa parece ser a implicação de Derrida em "'Ele corria morto': Salve, salve" (2002a), seu último escrito sobre o trabalho de Sartre, e *Les Temps Modernes*. Portanto, embora existam algumas conexões importantes entre esses dois filósofos, eles parecem divergir quando se trata da análise de Sartre sobre conceitos como má-fé, que tacitamente restabelecem uma visão moral do eu que decide, como oposta ao interesse de Derrida pelo outro.

Uma diferença similar entre Derrida e o existencialismo é aparente com relação ao tema da morte. O existencialismo, como vimos, tende a envolver algum interesse no tema da morte, e vários livros de Derrida trataram desse tema: ver *Memórias: Para Paul de Man* (1989), *Aporias* (1993a), *Espectros de Marx* (1994), *O dom da morte* (1995), *Morada: ficção e testemunho* (2000) e *O trabalho do luto* (2001b). Derrida também escreveu sobre a concepção de Heidegger acerca do ser-para-a-morte em vários textos, mas um aspecto significativo de suas análises é que não existe qualquer valorização clara de atitude "autêntica" com relação à morte. As diferentes injunções éticas que Sartre e Heidegger derivam da morte não são tão vigorosamente aparentes no trabalho de Derrida e isso é significativo. Talvez o máximo que possa ser dito é que a posição de Derrida, ao menos em alguns de seus escritos recentes sobre responsabilidade e tomada de decisão, equivale a um "quase existencialismo". Vimos sua insistência em que a existência (e o evento) sempre resiste parcialmente a nosso conhecimento e representações dela, e seu comentário posterior de que um filósofo sem o reconhecimento desse *páthos* existencial não é do seu interesse. Vimos também sua ênfase na dificuldade de assumir a responsabilidade e a necessidade transcendental da decisão como envolvendo um salto para além das preparações prévias para ela. Todos esses temas estão profundamente em dívida para com o pensamento existencial, mas se o trabalho recente de Derrida pode ser coerentemente, embora provocativamente, descrito como um quase existencialismo, é claramente um trabalho não comprometido com a ética da autenticidade. A esse respeito sua posição filosófica pode estar mais intimamente relacionada ao trabalho de Merleau-Ponty do que é comumente assumido. Afinal, o trabalho de Merleau-Ponty poderia também ser resumido como defendendo uma forma mais moderada de existencialismo, precisamente porque não possui a ética da autenticidade que Sartre, Heidegger e de Beauvoir vinculam aos seus sistemas filosóficos, embora de modos diferentes. Eu argumento, mais detalhadamente, em favor dessa relação entre Merleau-Ponty e Derrida em minha monografia *Merleau-Ponty and Derrida* (2004), mas agora eu espero apenas ter começado a desestabilizar qualquer oposição rígida entre desconstrução e existencialismo.

Camus e Derrida: o tema da política

Existe também um vínculo importante e subestimado entre os trabalhos de Camus e Derrida, ambos nascidos na colônia francesa, Argélia, ao qual vale a pena chamar a atenção. Camus declarou famosamente que ele pertencia ao "partido daqueles sem partido". Do mesmo modo, Derrida sempre resistiu à cooptação por qualquer partido político particular, mesmo em meio às revoluções estudantis em Paris em maio de 1968. Em seu trabalho teórico, Derrida também propõe conceitos paradoxais como "religião sem religião", "fé sem fé", e assim por diante. Embora Derrida esteja emprestando esses conceitos do trabalho de Maurice Blanchot, eles também ecoam na fraseologia de Camus acima, e em alguns grupos (predominantemente marxistas) Derrida também foi criticado de modo muito similar ao que Camus foi por Sartre e outros por não assumir uma posição política. De certo modo, tanto Camus como Derrida nos muniram com os fundamentos para criticar qualquer extremo político, mas não preenchem seu caminho intermediário com conteúdo normativo algum.

A linha de raciocínio que Camus e Derrida empregam para argumentar contra extremos políticos totalitários é também curiosamente similar. Em *O rebelde*, por exemplo, Camus defendeu famosamente a rebelião em vez da revolução, porque pensava que a última fora responsável por uma enorme quantidade de massacres no século XX. Em vez de admitir a doutrina revolucionária segundo a qual "o fim justifica os meios", ele defendia a rebelião perpétua e descreveu o estado de espírito correspondente como uma "serenidade agoniada"; ou seja, como uma demanda urgente e agoniada pelo momento e simultaneamente serena, de tal modo a impedir essa demanda de se tornar um momento autoenclausurado no qual a revolução é executada (CAMUS, 1953: 266).

Ora, é quase desnecessário dizer que Derrida não é tão ingênuo quanto Camus. Diferente de Camus, Derrida vê um grau de violência como necessário e inevitável, e talvez ele esteja até preparado para autorizar um ato violento de fundação revolucionária (de um estado, de uma constituição etc.) de um modo que Camus não veria. A esse respeito Derrida não é tão rápido em se eximir da necessidade das "mãos sujas". Para ele a política tem a ver com negociação e não simplesmente com princípios morais. Todavia, permanece o caso que essa distinção entre revolução e rebelião, que Camus traça, está intimamente relacionada à distinção que o trabalho posterior de Derrida frequentemente faz entre a estrutura *messiânica* da existência, que está aberta a um outro incompreensível *desconhecido* que pode vir, e os *messianismos* históricos (i. e., as religiões islâmica, judaica e cristã), que estão abertas à vinda de um outro específico de características *conhecidas*. Tanto a concepção de Derrida sobre o messianismo como a compreensão de Camus acerca da rebelião iniciam sem um grande objetivo ou propósito de que o messias ou a revolução deveria vir. Uma convicção de que o messias, ou o tempo da revolução, chegou é, com frequência, um prelúdio de violência no qual se mata em nome do messias, ou de um futuro estado justo.

Como Camus e Derrida nos mostraram, quando o futuro é pensado como conhecido, isso tende a levar ou para o fascismo ou para o comunismo, no qual esse futuro estado de coisas pode justificar os meios violentos necessários para se chegar lá. Em vez de repetir esse erro, suas respectivas noções acerca do messianismo e da rebelião defendem um percentual de abertura em relação ao futuro e àquilo que *pode* vir; eles não tratam o futuro como preordenado ou conhecido, como os messianismos históricos e as revoluções trataram.

Retornaremos abaixo a essa ênfase no futuro que o trabalho de Derrida faz, mas também é interessante notar que em seu recente ensaio "A universidade sem condição" Derrida argumenta que a universidade deveria ser um lugar privilegiado do qual contestar alegações de soberania. Existem outros lugares que resistem ao fantasma da soberania, como a psicanálise, mas Derrida sugere que o que é necessário nas humanidades é o questionamento e a desconstrução, em vez de algum tipo de domínio soberano que responda e, desse modo, suponha impedir outras questões. O que é necessário, Derrida repete, é um princípio de "resistência", um termo que talvez pudesse ser trocado pela palavra favorita de Camus, rebelião. Na verdade, Derrida descreve as novas humanidades, ou as humanidades por vir, como o "lugar da resistência irredentista... um tipo de protagonista da desobediência civil, até mesmo de dissidência em nome de uma lei superior e de uma justiça do pensamento" (2002b: 208).

É claro, para a desconstrução esse tipo de justiça superior não pode ser nomeado, como no marxismo. O marxismo é descrito e, por isso, circunscrito ao futuro, em vez de permanecer aberto ao futuro que está "por vir". A desconstrução insiste consistentemente que esse não é o caminho a seguir, porque a resistência, por conseguinte, ameaça se tornar uma forma de ortodoxia que não é mais crítica, e consequentemente ela própria legitima a violência institucional. Rejeitando a compreensão teleológica acerca do futuro que os marxistas possuem, a estratégia de desconstrução, de Derrida, nunca pode ser finalmente completada ou bem-sucedida, mas deve, em troca, manter uma vigilância crítica constante com relação a todas as alegações de atingir qualquer sucesso radical desse tipo, seja com relação à superação do capitalismo ou a uma ruptura com os modos de pensar da metafísica tradicional. Uma vez mais, é por razões semelhantes que Camus defendia um estado de perpétua rebelião em vez da revolução, vendo a violência do século XX como uma consequência inevitável de todo pensamento absolutista.

Embora tenha sido apenas brevemente explorada aqui, essa relação entre Camus e Derrida não deveria nos surpreender excessivamente. Se pensadores pós-estruturalistas atuais podem ser, de um modo muito geral, embora talvez acertadamente, caracterizados como "a esquerda sem o marxismo", então podemos ver por que Derrida pode estar politicamente mais perto de Camus do que de Sartre e de Beauvoir, mais militantes, que ainda chegariam a ficar "sem o marxismo". Ele também estaria mais perto da política de Merleau-Ponty em *Aventuras da dialética*, no qual Merleau-Ponty rejeitava suas inclinações marxistas anteriores, discordava do apoio acrítico de Sartre à União Soviética na Guerra da Coreia, e o acusava de perpetuar um leninismo renovado, um "ultrabolchevismo".

Uma política futura?

Como foi sugerido, Derrida evoca o futuro e o "por vir" em muitos de seus escritos recentes, indicando o modo no qual todas as leis, ou normas, necessitam estar abertas à revisão e àquilo que pode vir (mas não àquilo que *deve* vir), em vez de se isolarem da mudança. Ao mesmo tempo, ele enfatiza uma concepção do futuro que não pode estar imbuída de conteúdo determinado algum; assim como a "justiça" não pode estar imbuída de conteúdo determinado algum; em troca, apelos a esses conceitos perturbam toda e qualquer determinação empírica (ou lei) de uma causa, ou estado de coisas, justa. Como resultado, a política de Derrida rejeita qualquer compreensão teleológica do futuro como tendo um propósito, porque o "por vir" deve permanecer inteiramente indeterminado e essa ênfase na diferença radical do futuro serve como uma cerca de segurança contra absolutismos de toda sorte. Embora Derrida repetidamente reconheça a necessidade da política normativa e calculada, ele evita qualquer teorização real acerca dela em favor de enfatizar uma política do futuro, e de uma diferença radical que é incalculável.

Embora possamos dizer que Derrida leve essa posição ao seu extremo, em diferentes medidas, todos os filósofos considerados neste livro estão interessados em descrever e enumerar as condições transcendentais para a ética e a política, em vez de qualquer ética normativa em si. Mesmo de Beauvoir, a proponente mais explícita de uma ética existencialista, não estava prescrevendo tipo algum de receita universal para a ação ou uma teoria monista única sobre o que é valioso (recorde que a transcendência não pode ser reduzida à felicidade). Conforme ela comenta:

> Diremos que essas considerações permanecem muito abstratas. O que deve ser feito, praticamente? Que ação é boa? Que ação é má? Fazer uma pergunta assim é também cair em uma abstração ingênua... A ética não fornece receitas, assim como a ciência e a arte. Podemos apenas propor métodos (EA: 134).

Em outras palavras, o trabalho de Simone de Beauvoir oferece, dentre outras coisas, um método para questionar que é considerado uma precondição necessária para a ação ética. A esse respeito, sua insistência constante sobre a importância de um "futuro aberto" possui algumas similaridades significativas com a importância transcendental que Derrida concede àquilo que está "por vir".

Embora este capítulo tenha focado em uma análise da desconstrução, a maioria dos principais pensadores pós-estruturalistas, de modos semelhantes, também exaltaram a importância do futuro. Contudo, isso não pode ser rigorosamente justificado aqui. Deleuze,

Existencialismo 251

por exemplo, também formula muitos pontos similares a Derrida em vários estágios ao longo de sua carreira, de acordo com um ímpeto ético-político para interrupções na ordem temporal que se abre sobre o futuro (e o futuro deve ser entendido como a pura diferença que não tem a identidade e a unidade de um sujeito anexado a ele, e minando-o). A subjetividade habitualmente antecipa o futuro, projeta-se em direção ao futuro, e priva, assim, o futuro de sua futuridade genuína; faz do futuro um "futuro-presente", e isso não é uma exposição genuína para a diferença. De fato, não é equivocado sugerir que a totalidade do trabalho de Deleuze pode ser entendida como uma tentativa continuada de perturbar esse tipo de "domesticação" da diferença e do futuro. Considere *O que é filosofia?*, onde ele e Guattari escrevem contra qualquer privilégio concedido à comunicação e ao consenso. Eles comentam que o que mais nos falta é *"resistência* ao presente" (DELEUZE & GUATTARI, 1994: 108), e já vimos a importância que Camus e Derrida conferem à resistência, e o modo como o pensamento de um futuro aberto pode contribuir para essa resistência. Além disso, como de Beauvoir e Sartre, Deleuze também rejeita determinantes transcendentes e irrelevantes de sucesso ou valor (como riqueza e religião, mas também sistemas filosóficos) e em troca argumenta famosamente que a vida deveria ser entendida de acordo com critérios imanentes (bom-mau, em vez de bem-mal, e Deleuze, portanto, estende o ponto de Nietzsche).

De um modo diferente, um compromisso transcendental com o futuro, e com o diferente, é também o ímpeto por trás das várias genealogias e arqueologias de Foucault. O trabalho de Foucault nos mostra que vários desenvolvimentos na cultura ocidental, longe de serem imutáveis ou inevitáveis, são de fato altamente contingentes, e sua análise da miríade de modos diferentes de estruturar o poder, a subjetividade etc., indiretamente funciona para ampliar o que ele famosamente chama "o trabalho indefinido da liberdade". Embora a compreensão de Foucault acerca da liberdade não seja explicitamente tematizada antes dos estágios finais de sua carreira, suas genealogias pressupõem alguma aparência de liberdade e também derivam muito de sua eficácia persuasiva das possibilidades futuras que são abertas por elas. Uma vez mais, é importante notar que Foucault deixou o futuro deliberadamente indefinido e recusou qualquer noção de história como orientada para qualquer fim particular. Embora filósofos como Lyotard, Deleuze e Foucault tivessem todos encarnações marxistas nos estágios iniciais de suas carreiras, foram, em diferentes medidas, deixadas de lado, e isso é importante. Meu argumento aqui não é o redutivo e indefensável de que todas as posições que rejeitem o marxismo sejam equivalentes. Mais precisamente, é simplesmente que existem algumas conexões subestimadas entre esses pensadores pós-estruturalistas, que rejeitam as compreensões marxistas acerca do futuro e, em troca, exaltam o aspecto indeterminado do futuro, e seus predecessores existenciais, e isso se deve, ao menos parcialmente, a certas suposições compartilhadas em suas concepções de tempo, identidade e futuro.

Na verdade, parece-me que pensadores existenciais como Sartre, Heidegger e de Beauvoir, em particular, foram influências vitais sobre esse aspecto do pensamento contemporâneo. A esse respeito, vale a pena recordar brevemente as filosofias da liberdade e envolvimento em "projetos" de Sartre e de Beauvoir, e sua insistência mais geral na importância de nossa orientação futura. Ao mesmo tempo, talvez sejamos ainda melhor servidos recordando da insistência transcendental de Heidegger na importância do tempo em *Ser e tempo*, assim como na prioridade que ele sugeria que deveria ser conferida ao "ainda não", ao "por vir", ao possível e ao futuro. Do outro lado do espectro, embora tenhamos visto que Merleau-Ponty pense que hábitos e habilidade de lidar com o ambiente sejam muito importantes, por razões ontológicas ele também critica qualquer dependência na intuição em *O visível e o invisível*, com a implicação política de que tentar adequar juízos às nossas percepções é semelhante a preservar esse *status quo* e, portanto, um conservantismo. Sua rejeição a isso promete uma política mais radical.

Embora tenhamos explorado muitas diferenças importantes entre esses pensadores existenciais ao longo deste livro, um de seus movimentos compartilhados é a tentativa de mostrar que as coisas poderiam sempre ter sido de outro modo, e que existe alguma coisa sobre a existência humana que não pode ser contida dentro da imanência de um sujeito e certamente não de um sujeito racional. Existe sempre alguma coisa excessiva, ou louca, que é parte da existência e que, para emprestar a compreensão de Derrida, podemos dizer que é tornada possível por um futuro desconhecido que assombra o tempo do que assumimos ser o presente. De uma certa perspectiva, esse pode parecer a esses filósofos europeus um ponto óbvio a apresentar, mas essa insistência na importância da dimensão futural do tempo é, de fato, frequentemente subvertida por vários outros filósofos e teóricos. Para citar meramente alguns exemplos, considere a psicanálise e sua dependência metodológica do passado (e. g., o quanto certos eventos da infância, como a "cena primitiva", são fundamentais para quaisquer sintomas da vida adulta), a fenomenologia tradicional de Husserl e o privilégio que ela confere a um momento "agora" ou ao presente, assim como grande parte da filosofia moral e política anglo-americana, que tende a oscilar entre postulações de atemporalidade ou uma dependência visível de noções como intuição. Embora possamos argumentar que as concepções dos existencialistas acerca do futuro permanecem domesticadas pelo sujeito e seus horizontes de significação, e, desse modo, não são radicalmente diferentes e "monstruosas" como alguns dos pós-estruturalistas podem preferir, não estou convencido de que esse seja o caso, e espero que os principais capítulos expositivos deste livro tenham confirmado isso. Por outro lado, mesmo que exista um elemento de verdade para uma acusação dessas contra os existencialistas, podemos ainda argumentar que o fantasma da subjetividade é um mal necessário e inevitável, e a esse respeito, sobre esse tema, já deveria ter havido um diálogo respeitoso e não caricato entre pós-estruturalismo e existencialismo.

Questões para discussão e revisão

2 Heidegger e a analítica existencial

1) O que é a diferença ôntico-ontológica? Por que os filósofos ocidentais a esqueceram?

2) Explique a distinção entre o à-mão e o simplesmente-dado. Por que ela é importante?

3) O que Heidegger quer dizer por *das Man*, ou "o impessoal"?

4) As descrições de Heidegger acerca do *Mitsein* superam o problema das outras mentes? Por quê?

5) Explique o significado dos três tipos de *existenciais* – disposições, compreensão e decadência/discurso – que Heidegger descreve.

6) Por que a análise das disposições (estado de espírito) ocupa uma grande parte de *Ser e tempo*?

7) Como a ansiedade (*Angst*) revela nosso estar-lançado? Por que isso é importante?

8) Em que bases Heidegger distingue autenticidade de inautenticidade? A crítica de Adorno acerca dessa distinção é convincente?

9) Explique a concepção de Heidegger acerca da interpretação de como tornar explícita as "estruturas prévias da nossa compreensão". Avalie se ele está comprometido ou não com uma forma de relativismo.

10) Por que a autenticidade necessariamente supõe o reconhecimento de nosso ser-para-a-morte?

11) Em que bases Heidegger argumenta que as experiências de consciência e culpa são as condições de possibilidade para a moralidade, em vez de simplesmente as experiências de nos sentirmos mal quando transgredirmos uma ordem moral já existente?

12) Por que razões Heidegger condena o humanismo em sua "Carta sobre o humanismo"? Seu próprio *Ser e tempo* é ainda um humanismo?

3 Condenados à liberdade – A ontologia fenomenológica de Sartre

1) O que Sartre quer dizer ao argumentar que para os entes humanos a existência precede a essência?

2) Quais são os dois principais componentes ontológicos da existência *humana*, para Sartre, lembrando que introduzimos um terceiro no capítulo 4?

3) O que é má-fé? Ela pode ser evitada?

4) Por que Sartre pensa que a psicanálise está de má-fé e constitui um "jogo permanente de desculpas"? Ele está certo?

5) De que modo a angústia difere do medo?

6) Explique a diferença entre angústia diante do futuro e angústia diante do passado.

7) Qual é a relação entre facticidade e liberdade?

8) Quais são os três argumentos fundamentais de Sartre para a negação e o nada que ele postula em "O problema do nada"? Por que ele pensa que eles estabelecem a liberdade humana?

9) Quais são os três aspectos ontológicos da corporificação? Explique as diferenças entre eles.

10) Se a consciência está irremediavelmente corporificada, como Sartre sugere, isso subverte a liberdade do para-si?

11) Por que Sartre discorda da posição de Heidegger acerca da morte? Quais são as diferenças entre sugerir que devemos reconhecer nossa finitude (Sartre) e que devemos reconhecer nossa mortalidade (Heidegger)?

12) A sugestão de Sartre de que estamos de má-fé ao permitir-mos que nossa vida seja dominada pelo horizonte da morte é consistente com sua posição de que a boa-fé deveria reconciliar e coordenar nossa transcendência *e* nossa facticidade? Pode-ríamos considerar a morte como não fazendo parte de nossa facticidade?

13) Por que Sartre sustenta que estar morto nos deixa como "presas indefesas" do outro?

4 Sartre – O inferno são os outros

1) Quais são os três tipos de relações com os outros que Sartre descreve?

2) Explique a prova fenomenológica do outro, proposta por Sartre, através de uma análise do fenômeno do olhar. Ela é convincente?

3) Por que Sartre pensa que as relações com os outros são necessariamente conflitantes?

4) Por que Sartre argumenta que o amor é um ardil, e é "triplamente destrutível"? (BN: 377).

5) Quais são as duas atitudes principais em relação aos outros que Sartre descreve?

6) Qual é a relação da carícia com o desejo?

7) Qual é a distinção entre a tentativa desejosa de revelar o corpo-como-carne do outro e o uso instrumental do corpo do outro como um objeto?

8) Por que Sartre pensa que a sexualidade (mas não o ato sexual) é um componente necessário do ser-para-o-outro que é ontologicamente anterior às considerações biológicas? Ele está certo?

5 Merleau-Ponty e o corpo

1) Explique a noção de corpo-sujeito, proposta por Merleau-Ponty. Ela evita uma descrição dualista da relação corpo-mente? Ela é verdadeira para nossa experiência? Por quê?

2) O que Merleau-Ponty pretende ao insistir na ambiguidade? Ele está correto?

3) Qual é o significado dos traumas de Schneider? Por que eles destacam problemas com as descrições intelectualista e empirista sobre aprendizado e comportamento? Qual é a importância da distinção que Merleau-Ponty traça entre o "eu posso" e o "eu penso"?

4) Explique o desacordo de Merleau-Ponty com Sartre sobre o fenômeno do "tocar-tocado"? Por que ele questiona a sugestão de Sartre de que tocar e ser tocado são fenômenos separados e irreconciliáveis?

5) Descreva a crítica de Merleau-Ponty à compreensão de Sartre acerca da liberdade. Ela é bem-sucedida? De Beauvoir sugere que Merleau-Ponty ataca o "pseudosartreanismo" em um ensaio do mesmo nome. Ela está certa?

6) Compare e contraste a análise de Merleau-Ponty sobre o caminhante que se entrega à sua fadiga com a compreensão de Sartre. Quem está certo?

7) Quais são os principais aspectos do desacordo de Merleau-Ponty com Sartre quanto às relações com os outros? A posição de Sartre equivale a um "solipsismo *de facto*", como Le Doeuff explicitamen-

te argumenta e Merleau-Ponty sugere quando chama a posição de Sartre um "agnosticismo com relação ao outro"?

8) O que Merleau-Ponty pretende ao usar conceitos como quiasma e reversibilidade?

9) Merleau-Ponty critica a descrição "senhor/-escravo" que Sartre faz de nossas relações com outros. Quem está certo? Por quê?

10) Avalie criticamente o quanto Merleau-Ponty permanece um existencialista a despeito de suas críticas à filosofia de Sartre.

11) Por que Merleau-Ponty se distancia da ênfase existencialista em ser autêntico? Você acha a autenticidade uma ideia importante e útil?

12) Em *O visível e o invisível*, Merleau-Ponty critica as principais categorias ontológicas de Sartre: ser e nada, bem como a "filosofia da negatividade" que dá suporte a elas. Explique e avalie o argumento de Merleau-Ponty.

6 De Beauvoir – O feminismo e uma ética existencial

1) Explique a crítica de Simone de Beauvoir às relações homem-mulher tradicionais, especialmente conforme é exemplificado em sua noção de mulher como outro.

2) Por que de Beauvoir pensa que as mulheres necessitam afirmar uma coletividade, ou um "nós", a fim de que a mudança social seja possível?

3) De Beauvoir vê o corpo feminino como um obstáculo ou impedimento para o envolvimento em "projetos criativos"? Se é assim, ela está certa sobre isso?

4) Sua análise da opressão feminina se acomoda confortavelmente à sua insistência existencial na liberdade radical? Você acha que somos completamente livres, ou acha que a opressão pode mudar o modo como pensamos, sem nosso consentimento?

5) Por que de Beauvoir discorda do argumento de Sartre segundo o qual nossas relações com outros são necessariamente conflitantes? Ela está certa? Por quê?

6) De Beauvoir discute as diferenças entre "amor/religião" e "amor como propriedade", e associa esses às mulheres e homens respectivamente. Explique essa visão e também o que ela pensa que é necessário para o amor recíproco ser possível.

7) Explique a posição de Simone de Beauvoir sobre a morte e onde ela se situa em relação ao debate entre a ênfase de Heidegger no ser-para-a-morte e a insistência de Sartre em sua impossibilidade.

Leituras complementares e referências

Existem muitos textos gerais sobre o existencialismo que merecem consideração, mas relativamente poucos têm sido lançados ultimamente. *Existencialism*, de David Cooper (Londres: Routledge, 2001), é um bom estudo temático que é diferente ao enfatizar a proximidade entre as filosofias de Heidegger e Sartre. *Situation and Human Existence: Freedom, Subjectivity and Society*, de Sonia Kruks (Londres: Unwin Hyman, 1990), presta mais atenção ao trabalho de Simone de Beauvoir e tem algumas reflexões interessantes sobre o trabalho posterior de Sartre, particularmente sua *Crítica da razão dialética*. Também dignos de consideração são livros introdutórios de fenomenologia, que, com frequência, oferecem elucidações muito úteis sobre o trabalho de Heidegger, Sartre e Merleau-Ponty, em particular. A esse respeito, eu recomendo três: *Four Phenomenological Philosophers: Husserl, Heidegger, Sartre, Merleau-Ponty*, de C. Macann (Londres: Routledge, 1993); *Introduction to Phenomenology*, de D. Moran (Londres: Routledge, 2000); e *Understanding Phenomenology*, de D. Cerbone (Chesham: Acumen, 2006). Se alguém estiver procurando por mais detalhes sobre o vínculo entre alguns pensadores existenciais iniciais, como Nietzsche e Kierkegaard, e seus desenvolvimentos no século XX, livros sobre existencialismo lançados nos anos de 1960 e no início dos anos de 1970 são a melhor aposta.

Heidegger

Devido ao meu foco neste livro ter sido sobre *Ser e tempo*, de Heidegger, vale a pena assinalar que existem três principais comentários sobre esse texto notoriamente difícil: *Being-in-the-world: A Commentary on Heidegger's Being and Time, Division 1*, de H. Dreyfus (Cambridge, MA: MIT Press, 1991), *Routledge Philosophy Guidebook to Heidegger and Being and Time*, de S. Mulhall (Londres: Routledge, 1996), e *A Commentary on Heidegger's Being and Time*, de M. Gelven (DeKalb, IL: Northern Illinois University Press, 1989). Todos são muito úteis, embora seja o de Dreyfus o que tem sido mais influente, a despeito de sua relutância em considerar a divisão 2 de *Ser e tempo* (e o material sobre a morte) mais detalhadamente. Embora fontes livres da web nem sempre sejam confiáveis, existe uma boa introdução a Heidegger (e, de fato, a todos os pensadores considerados neste livro) disponível na *Internet Encyclopedia of Philosophy* (www.iep.utm.edu/h/heidegge.htm). Em termos de contribuições críticas e coleções de ensaios sobre Heidegger, existem, uma vez mais, vários que valem a pena mencionar, incluindo *Heidegger: A Critical Reader*, de H. Dreyfus and H. Hall (orgs.) (Oxford: Blackwell, 1992) e *The Cambridge Companion to Heidegger*, de C. Guignon (org.) (Cambridge: Cambridge University Press, 1993). Também merecedor de exame devido ao seu foco na significação existencial do pensamento de Heidegger é *Existential Phenomenology: A Heideggerian Critique of the Cartesian Project*, de J. Richardson (Oxford: Oxford University Press, 1986), e o ensaio de John Haugeland "Truth and Finitude: Heidegger's Transcendental Existentialism". In: *Heidegger, Authenticity and Modernity*, de M. Wrathall e J. Malpas (orgs.) (Cambridge, MA: MIT Press, 2000, p. 43-77).

Sartre

Embora existam inumeráveis livros introdutórios a Sartre, até onde sei nenhum leva o leitor através de cada seção de *O ser e o nada* do modo que Dreyfus, Mulhall e outros fazem com *Ser e tempo*, de Heidegger. Dito isso, alguns dos primeiros livros em língua inglesa sobre Sartre podem ser úteis, como *The Philosophy of Sartre*, de Mary Warnock (Londres: Hutchinson, 1965) e *Sartre*, de Hazel Barnes (Filadélfia, PA: Lippincott, 1973). Existem também exposições mais sistemáticas sobre sua ontologia disponíveis, incluindo *Sartre*, de Peter Caws (Londres: Routledge, 1979), e *Sartre's Ontology*, de Klaus Hartmann (Evanston, IL: Northwestern University Press, 1966). "Sartre", de Christina Howells, na *Routledge Encyclopedia of Philosophy* (Londres: Routledge, 1998) é um bom lugar para começar uma pesquisa posterior, e o verbete de Christian Onof sobre Sartre para a *Internet Encyclopedia of Philosophy* (www. utm.iep.edu/s/sartre.htm) é admiravelmente claro. Num nível mais difícil e crítico, *The Cambridge Companion to Sartre*, C. Howells (org.) (Cambridge: Cambridge University Press, 1992) é útil, assim como a rejeição de Maurice Natanson à ontologia de Sartre em seu *A Critique of Jean-Paul Sartre's Ontology* (The Hague: Martinus Nijhoff , 1973). Um trabalho um tanto interessante foi feito recentemente por Thomas Busch, que explora algumas das nuances da concepção de Sartre sobre liberdade em *The Power of Consciousness and the Force of Circumstances in Sartre's Philosophy* (Bloomington, IN: Indiana University Press, 1990). Em um veio próximo, embora focando no trabalho posterior de Sartre, Thomas Flynn escreveu um livro importante examinando a relação de Sartre com o marxismo: *Sartre and Marxist Existentialism* (Chicago, IL: University of Chicago Press, 1990).

Merleau-Ponty

Existem muitos bons livros sobre Merleau-Ponty, dentre eles *Merleau-Ponty's Ontology*, de Martin Dillon (Bloomington, IN: Indiana University Press, 1988), *Merleau-Ponty*, de Stephen Priest (Londres: Routledge, 1998), *Merleau-Ponty's Phenomenology of*

Perception, de Monica Langer (Basingstoke: Macmillan, 1989), e o recentemente lançado *Cambridge Companion to Merleau-Ponty*, de T. Carman e M. Hansen (orgs.) (Cambridge: Cambridge University Press, 2004). Nem todos, porém, são muito atentos à importância de Merleau-Ponty para o existencialismo, e a esse respeito provavelmente o melhor texto para consultar seja *The Debate Between Sartre and Merleau-Ponty*, de Jon Stewart (org.) (Evanston, IL: Northwestern University Press, 1998). Ele contém todos os textos-chave no debate entre Sartre e Merleau-Ponty, incluindo alguns daqueles escritos por de Beauvoir, e é também complementado por alguns dos mais perceptivos comentários secundários sobre sua inter-relação.

Embora meu livro tenha focado nas interações de Merleau--Ponty com Sartre em seus dois principais textos filosóficos – *Fenomenologia da percepção* e *O visível e o invisível* –, existem também vários outros textos de Merleau-Ponty, cuja existência é importante que tomemos conhecimento. O que segue é um breve sumário desses textos.

Em "Hegel as Existentialist" (In: *Sense and Nonsense*, de H. Dreyfus e S. Dreyfus (trad.)) (Evanston, IL: Northwestern University Press, 1964) Merleau-Ponty sugere que Hegel pode ser redimido como uma importante figura existencialista, e ele assinala que foi Hegel que pela primeira vez enfatizou que "o ente humano é um lugar de desassossego" (SNS: 66), um tema que é comum de Kierkegaard a Sartre. Merleau-Ponty também endossa o foco do jovem Hegel na morte, e nesse texto existem alguns comentários sobre Heidegger. Em particular, Merleau-Ponty sugere que a Heidegger "falta, não historicidade, mas, ao contrário, uma afirmação do indivíduo: ele não menciona esse conflito de consciência e essa oposição de liberdades sem os quais a coexistência cai no anonimato e na banalidade do dia a dia" (SNS: 69). Isso repete a crítica de Sartre à noção de Heidegger do *Mitsein* em *O ser e o nada*.

Em "Battle over Existentialism" (In: *Sense and Nonsense*), Merleau-Ponty discute sua relação com Sartre em termos mais positivos, e o defende contra certas caricaturas de seu trabalho, embora argumente, apesar disso, que ele permanece muito dualista, "muito exclusivamente antitético" (SNS: 72).

Em "The Philosophy of Existence" (In: *Texts and Dialogues: Merleau-Ponty*, H. Silverman e J. Barry (orgs.)) (Atlantic Highlands, NJ: Humanities Press, 1992), Merleau-Ponty apresenta, retrospectivamente, uma visão geral histórica do contexto e desenvolvimento do existencialismo francês, considerando a contribuição que o idealismo de Léon Brunschvicg e de Henri Bergson teve para Sartre e para ele próprio.

Em "The Child's Relations with Others" (In: *The Primacy of Perception*, de J. Edie (org. e trad.)) (Evanston, IL: Northwestern University Press, 1964, p. 96-155), Merleau-Ponty usa tanto argumentos psicanalíticos como ontológicos para sugerir que alguma coisa está faltando no argumento de Sartre, segundo o qual o conflito é o primeiro modo de relacionamento com os outros. Em particular, ele argumenta que esse modo de conflito é dependente de, e pressupõe, uma união eu-outro mais primordial – um "transitivismo" – da criança com sua mãe, assim como com o mundo externo, de um modo mais geral.

No longo ensaio "Sartre and Ultra-Bolshevism" (In: *Adventures of the Dialectic*, J. Bien (trad.)) (Evanston, IL: Northwestern University Press, 1973), Merleau-Ponty sustenta que a distinção consciência/coisa, de Sartre, traz problemas políticos a ele particularmente com relação à sua tentativa de reaproximar o existencialismo do marxismo, sendo que o segundo busca superar qualquer tipo de forma de relação sujeito/objeto. De acordo com Merleau-Ponty, Sartre efetivamente postula o Partido Comunista como o sujeito, enquanto os trabalhadores assumem a posição equivalente à do objeto, e o resultado é que o partido é concebido como contendo o proletariado em existência; a posição de Sartre, portanto, constitui um leninismo renovado, ou um ultraboschevismo. Para Merleau-Ponty, as versões deterministas do marxismo constituem uma filosofia da objetividade, e a posição de Sartre permanece uma filosofia da subjetividade. Ambas são concebidas como fundamentalmente terroristas.

De Beauvoir

Existem, a meu ver, mais textos secundários recentes sobre de Beauvoir do que quaisquer das outras figuras com as quais este livro se ocupou, e isso é parcialmente porque seu trabalho permanece um lugar significativo de contestação dentro das várias diferentes "escolas" de feminismo. Alguns dos textos recentes mais úteis sobre seu trabalho são: *The Bonds of Freedom*, de K. Arp (Chicago, IL: Open Court, 2001); *Simone de Beauvoir, Philosophy and Feminism*, de N. Bauer (Nova York: Columbia University Press, 2001); *The Philosophy of Simone de Beauvoir: Gendered Phenomenologies, Erotic Generosities*, de D. Bergoffen (Albânia, NY: SUNY Press, 1997); e *Beauvoir and The Second Sex: Feminism, Race and the Origins of Existentialism*, de M. Simons (Lanham, MD: Rowman/Littlefield, 1999). É claro que, diferente de Heidegger, Sartre e Merleau-Ponty, os próprios escritos de Simone de Beauvoir são admiravelmente claros, e *The Ethics of Ambiguity*, de B. Frechtman (trad.) (Nova York: Kensington Publishing, 1976), deveria ele próprio ser lido do início ao fim. Embora existam muitos livros que focam sobre, e talvez sobredeterminem, a importância da relação romântica entre Sartre e de Beauvoir, o mais influente e interessante desses é o de Michele Le Doeuff, *Hipparchia's Choice: An Essay Concerning Women, Philosophy etc.*, de T. Celous (trad.) (Oxford: Blackwell, 1991).

Textos-chave

CAMUS, A. (1951). *The Rebel*. Harmondsworth: Penguin [Trad. de A. Bower].

_____ (1942). *The Myth of Sisyphus*. Harmondsworth: Penguin [Trad. de J. O'Brien].

DE BEAUVOIR, S. (2005). *Pyrrhus et Cinéas* [Reimpresso em "Pyrrhus and Cineas". In: SIMONS, M.A. (org.). *Simone de Beauvoir*: Philosophical Writings. Champaign, IL: University of Illinois Press 1. ed. francesa, 1943].

_____ (1976). *The Ethics of Ambiguity*. Nova York: Kensington [1. ed. francesa, 1947 – Trad. de B. Frechtman].

_____ (1972). *The Second Sex*. Harmondsworth: Penguin [1. ed. francesa, 1949 – Trad. de H. Parshley].

HEIDEGGER, M. (2004). *Being and Time*. Oxford: Blackwell [1. ed. alemã, 1927 – Trad. de J. Macquarrie e E. Robinson].

_____ (1996). *Basic Writings*. Londres: Routledge [Org. por D. Krell].

MERLEAU-PONTY, M. (1996). *Phenomenology of Perception*. Londres: Routledge [1. ed. francesa, 1945 – Trad. de C. Smith].

_____ (1968). *The Visible and the Invisible*. Evanston, IL: Northwestern University Press [1. ed. francesa, 1964 – Trad. de A. Lingis].

_____ (1965). *The Structure of Behaviour*. Londres: Methuen [1. ed. francesa, 1938 – Trad. de A. Fischer].

_____ (1964a). *The Primacy of Perception*: And Other Essays on Phenomenology, Psychology, the Philosophy of Art, History and Politics. Evanston, IL: Northwestern University Press [Org. por J. Edie].

_____ (1964b). *Sense and Non-Sense*. Evanston, IL: Northwestern University Press [Trad. de H. Dreyfus e S. Dreyfus].

_____ (1964c). *Signs*. Evanston, IL: Northwestern University Press [Trad. de R. McCleary].

SARTRE, J.-P. (2001). *Existentialism is a Humanism* [Reimpresso em GUIGNON, C. & PEREBOOM, D. (orgs.). *Existentialism*: Basic Writings. Indianápolis, IN: Hackett – 1. ed. francesa, 1946].

Existencialismo **269**

_____ (2000). *Nausea*. Harmondsworth: Penguin [1. ed. francesa, 1938 – Trad. de R. Baldick].

_____ (1994). *Being and Nothingness*: An Essay in Phenomeno-logical Ontology. Londres: Routledge [1. ed. francesa, 1943 – Trad. de H. Barnes].

_____ (1992). *Notebooks for an Ethics*. Chicago, IL: University of Chicago Press [Trad. de D. Pellauer].

_____ (1991). *Transcendence of the Ego*. Nova York: Hill and Wang [1. ed. francesa, 1938 – Trad. de H. Barnes].

_____ (1965). *Situations*. Londres: Hamish Hamilton [Trad. de B. Eisler].

_____ (1956). *"No Exit", and Three Other Plays*). Nova York: Vintage [Trad. de S. Gilbert e L. Abel].

Referências

ADORNO, T. (2002). *The Jargon of Authenticity*. Londres: Routledge.

DELEUZE, G (1994). *Difference and Repetition*. Nova York: Columbia University Press [Trad. de P. Patton].

DELEUZE, G. & GUATTARI, F. (1994). *What is Philosophy?* Nova York: Columbia University Press [Trad. de H. Tomlinson et al.].

DERRIDA, J. (2005a). *Rogues*: Two Essays on Reason. Stanford, CA: Stanford University Press [Trad. de P. Brault e M. Naas].

_____ (2005b). *On Touching*: Jean-Luc Nancy. Stanford, CA: Stanford University Press [Trad. de P. Kamuf].

_____ (2002a). "Salut, Salut: Dead Man Running". *Negotiations*. Stanford, CA: Stanford University Press [Trad. de E. Rottenberg].

_____ (2002b). *Negotiations*. Stanford, CA: Stanford University Press [Trad. de E. Rottenberg].

_____ (2002c). "The University Without Condition". *Without Alibi*. Stanford, CA: Stanford University Press [Trad. de P. Kamuf].

_____ (2001a). *A Taste for the Secret*. Cambridge: Polity.

_____ (2001b). *The Work of Mourning*. Chicago, IL: University of Chicago Press [Org. e trad. de P. Brault e M. Naas].

_____ (2000). *Demeure*: Fiction and Testimony. Stanford, CA: Stanford University Press [Trad. de E. Rottenberg].

_____ (1999a). "'Eating Well', or The Calculation of the Subject: An Interview with Jacques Derrida". *Who Comes After the Subject?* Nova York: Routledge [Org. e trad. de J. Nancy et al.].

_____ (1999b). *Adieu to Emmanuel Lévinas*. Stanford, CA: Stanford University Press [Trad. de P. Prault e M. Naas].

_____ (1997). *Politics of Friendship*. Londres: Verso [Trad. de G. Collins].

_____ (1995). *The Gift of Death*. Chicago, IL: University of Chicago Press [Trad. de D. Wills].

_____ (1994). *Spectres of Marx*: The State of the Debt, the Work of Mourning and the New International. Nova York: Routledge [Trad. de P. Kamuf].

_____ (1993a). *Aporias*. Stanford, CA: Stanford University Press [Trad. de T. Dutoit].

_____ (1993b). *Memoirs of the Blind*: The Self-Portrait and Other Ruins. Chicago, IL: University of Chicago Press [Trad. de P. Brault e M. Naas].

_____ (1989). *Memoires*: For Paul de Man. Nova York: Columbia University Press [Trad. de P. Kamuf et al.].

_____ (1982). "The Ends of Man". *Margins of Philosophy*. Chicago, IL: University of Chicago Press.

DESCARTES, R. (1986). *Meditations on First Philosophy*. Cambridge: Cambridge University Press [Trad. de J. Cottingham].

DILLON, M. (1988). *Merleau-Ponty's Ontology.* Bloomington, IN: Indiana University Press.

DREYFUS, H. & DREYFUS, S. (1999). "The Challenge of Merleau-Ponty's Phenomenology of Embodiment for Cognitive Science". In: HABER, H. & WEISS, G. (orgs.). *Perspectives on Embodiment*: The Intersections of Nature and Culture. Londres: Routledge.

FANON, F. (1991). *Black Skin, White Masks*. Nova York: Grove.

FOUCAULT, M. (1970). *The Order of Things*: An Archaeology of the Human Sciences. Nova York: Vintage.

GASCHÉ, R. (1994). *Inventions of Difference*: On Jacques Derrida. Cambridge, MA: Harvard University Press.

GROSZ, E. (1994). *Volatile Bodies*: Towards a Corporeal Feminism. Sidnei: Allen & Unwin.

HOWELLS, C. (1999). *Derrida*: Deconstruction from Phenomenology to Ethics. Cambridge: Polity.

KRUKS, S. (1990). *Situation and Human Existence*: Freedom, Subjectivity and Society. Londres: Unwin Hyman.

LLOYD, G. (1992). *Man of Reason*. Mineápolis, MN: University of Minnesota Press.

LE DOEUFF, M. (1991). *Hipparchia's Choice*: An Essay Concerning Women, Philosophy etc. Oxford: Blackwell [Trad. de T. Selous].

LYOTARD, J.F. (1984). *The Postmodern Condition*. Mineápolis, MN: University of Minnesota Press.

MARCUSE, H. (1948). "Existentialism: Remarks on Jean-Paul Sartre's L'Etre et Le Neant". *Philosophy and Phenomenological Research*, viii, p. 317-330.

REYNOLDS, J. (2004). *Merleau-Ponty and Derrida*: Intertwining Embodiment and Alterity. Athens, OH: Ohio University Press.

YOUNG, I. (1990). "Throwing Like a Girl". *Throwing Like a Girl and Other Essays in Feminist Philosophy and Social Theory*. Bloomington, IN: Indiana University Press.

Cronologia de eventos-chave, textos e pensadores

1843-1855 Em vários textos o filósofo dinamarquês Søren Kierkegaard (1813-1855) questiona a ortodoxia religiosa de seu tempo, assim como a ênfase iluminista na racionalidade. Em troca, ele exigia um compromisso vivo e um "ato de fé" que para ele deveria pressupor o enfrentamento da perspectiva do "temor".

1879-1890 Em *O nascimento da tragédia* (1879), o filósofo alemão Friedrich Nietzsche (1844-1900) propõe uma relação mais dionisíaca e excessiva com o mundo, em oposição à racionalidade apolínea que ele achava extremamente dominante. Em seus últimos livros, ele diagnosticou o ressentimento e a moralidade escrava que afligiam seus tempos, e tentou encorajar uma relação mais afirmadora da vida com o mundo através de ideias provocativas como a "vontade de poder", o eterno retorno do mesmo, e o *Übermensch*.

1900-1920 Edmundo Husserl (1859-1938) foi o fundador da fenomenologia, um modo de pensar que focava nas nossas experiências e tentava discernir as essências dessas experiências. O trabalho de Husserl, e particularmente seus *Investigações lógicas* (1900) e *Ideias* (1913), foram apropriados de modos muito diferentes por Heidegger (que foi seu aluno e assistente por um tempo), Sartre, Merleau-Ponty e muitos outros.

1913-1932	Escrevendo seus primeiros trabalhos logo após a Primeira Guerra Mundial, o filósofo alemão Karl Jaspers (1883-1969) desenvolveu a noção de *Existenz*, argumentando que não temos um eu determinado ou essencial; o eu é, em troca, somente suas possibilidades e o que ele pode se tornar. Jaspers sugeriu que a revelação da falta de qualquer eu essencial se verifica melhor em "situações-limite", que incluem a morte, o sofrimento e a culpa (*Filosofia*, 1932), e isso influenciou diretamente o trabalho de seu compatriota Heidegger.
1927	Martin Heidegger (1889-1976) publica seu famoso trabalho existencial, *Ser e tempo*, que imediatamente atraiu grande interesse na Alemanha, uma vez que se ocupava das disposições, do enfrentamento da perspectiva da nossa própria morte, e de como esses fenômenos jogavam luz sobre uma questão que ele pensava ter a filosofia ocidental esquecido: a questão do ser.
1933	Heidegger se torna reitor da Universidade de Friburgo. Na época era um apoiador do nazismo e fez muitos comentários controversos (e introduziu políticas) que parecem, muitos, ter sido antissemitas.
Início dos anos de 1930	As traduções de Emmanuel Lévinas do trabalho de Husserl são publicadas na França, tornando o método da fenomenologia disponível para filósofos como Sartre e Merleau-Ponty.
1938	O romance notavelmente evocativo de Jean-Paul Sartre (1905-1980), *A náusea*, é publicado para aclamação geral, junto com sua monografia filosófica, *A transcendência do ego*.
1939	Início da Segunda Guerra Mundial e da ocupação alemã da França. Tanto Maurice Merleau-Ponty (1908-1961) como Sartre prestaram serviço militar. Em 1940, Sartre foi capturado e aprisionado; na prisão ele continuou a estudar *Ser e tempo*, de Heidegger.
1941-1949	Com a libertação, Sartre obtém rapidamente uma fama maior com base em seus romances, assim como peças como *As moscas* e *Entre quatro paredes*, mas também devido a seu envolvimento político. Ele, de Beauvoir e Merleau-Ponty foram os fundadores e coeditores da influente revista política, literária e filosófica *Les Temps Modernes*.

1942	Albert Camus (1913-1960) publica seu tratado filosófico sobre o absurdo, *O Mito de Sísifo*, que argumentava, dentre outras coisas, que a única questão filosófica verdadeiramente séria é a de cometer ou não suicídio. Seu fascinante romance *O estrangeiro* foi, porém, muito mais significativo com relação a levar a disposição do existencialismo para uma audiência mais ampla.
1943	Sartre completa sua grande obra, *O ser e o nada*, que rapidamente se tornou o texto central do existencialismo francês, uma vez que se ocupava da liberdade, responsabilidade e autenticidade.
1945	Merleau-Ponty publica seu importante livro, *Fenomenologia da percepção*, que endossava e sutilmente refinava o existencialismo de Sartre, focando na importância de nossa corporificação.
1945	A conferência pública de Sartre, "O existencialismo é um humanismo", dava ao existencialismo um tom mais otimista, o qual Heidegger mais tarde recusou em seu ensaio "Carta sobre o humanismo".
1947	Simone de Beauvoir (1908-1986) publica *Por uma moral da ambiguidade*, que desenvolveu a importância ética do existencialismo. Ela também publicou muitos romances existenciais durante e após esse período.
1949	De Beauvoir publica seu extremamente influente tratado acerca da situação das mulheres, *O segundo sexo*.
1951	O lançamento de *O rebelde*, de Camus, em 1951, gera um furor na *Les Temps Modernes*, porque ele se recusava a consentir com qualquer tipo de revolução marxista. Essa disputa resultou no final rancoroso da amizade entre ele e Sartre (que se tornara mais intimamente alinhado com o Partido Comunista após a Guerra da Coreia). Foi também um tema político com relação ao marxismo o responsável pelo final da amizade entre Merleau-Ponty e Sartre, alguns anos mais tarde.

Final dos anos de 1950/início dos anos de 1960	O estruturalismo de teóricos como Roland Barthes, Claude Lévi-Strauss, Louis Althusser, Michel Foucault (seu trabalho inicial) e outros começam a assumir o centro das atenções da vida intelectual francesa.
1960	Camus morre tragicamente em um acidente de carro. Sartre publica *Crítica da razão dialética*, que buscava congregar existencialismo e marxismo.
1961	Merleau-Ponty morre antes de completar seu grande trabalho, *O visível e o invisível*. Os conflitos na Argélia, por se tornar independente da França, ficavam mais agressivos.
1964	Theodor Adorno (1903-1969) publica uma crítica pungente a Heidegger em um trabalho chamado *O jargão da autenticidade*. Sartre recusa o Prêmio Nobel de Literatura.
1967	Jacques Derrida (1930-2004) publica três livros muito influentes que foram associados ao pós-estruturalismo: *Gramatologia, A escritura e a diferença e Discurso e fenômenos*. Seu trabalho, junto com o de filósofos como Gilles Deleuze, Jean-François Lyotard e Michel Foucault, problematiza certas suposições estruturalistas e tem sido muito influente até nossos dias.
Maio de 1968	Revoltas estudantis em Paris e ao redor do mundo.
1980	Sartre morre, e entre 50.000 a 100.000 pessoas se aglomeram em seu funeral pelas ruas de Paris.
1986	Simone de Beauvoir morre.

Índice

Abraão (do Monte Moriá) 16, 243

Absurdo, Teoria do 24, 31s., 54, 128, 212, 275

Adorno, T. 45, 257, 276

alteridade 133, 183, 193-195, 204

Althusser, L. 236, 276

à-mão 41, 45-49, 55, 59, 63, 72, 78s., 167

ambiguidade 59, 163, 186-188, 196, 260
  entre Merleau-Ponty e Sartre 25
  Por uma moral da ambiguidade, de Beauvoir 83, 200, 202, 207, 211-213, 216s., 219, 225s., 233s., 275

amor 27, 127, 147-151, 155
  como ardil para superar o olhar 150, 225, 259
  como propriedade 222, 235, 262
  como religião 222, 235, 262
  "mulher apaixonada" 207, 221s., 233

Angst/ansiedade 17, 53, 62s., 70s., 105, 257

angústia 13, 18, 23, 53, 64, 207, 237, 243
  em Sartre 16, 81-83, 105-108, 113s., 131, 139, 152s., 175s., 189, 214, 258

animal 62, 84, 238

aprendizado 58, 259s.

arco intencional 173s., 187

atitude de seriedade 217, 234

ato de fé 15-17, 89s., 180, 241s., 273

ausência, de Pierre no café 98

autenticidade/inautenticidade 13, 22s., 41, 50-53, 59-61, 64, 69s., 72, 75, 78s., 81, 113, 186, 188, 223s., 257, 261

Badiou, A. 240

Barthes, R. 236, 239, 276

Blanchot, M. 247

Butler, J. 230

Camus, A. 11, 22, 24, 30-34, 54, 71, 105, 212, 218, 247-250, 252, 275s.

casamento 108, 113, 222, 224, 228

ciência 11, 23, 27s., 40, 45, 117, 121, 165, 251

cientificismo 28

cogito pré-reflexivo 84s., 97, 117, 120-122, 130, 140, 167, 183, 193

conhecimento (epistemologia) 34, 39, 46, 52, 58, 93, 118, 164, 167, 187, 236, 240, 245, 266

consciência 25, 72-76, 237, 243, 258

consciência/*cogito*, reflexivo, pré-reflexivo 84-86, 130, 167

contingência 32, 53s., 155, 206, 244

corpo
corpo-sujeito 163, 166, 186, 189-191, 193, 260
e alteridade 183-186
em Heidegger 29, 36
em Sartre 116, 124, 134-136

278 Pensamento Moderno

intencionalidade corporificada 177-179, 181

　motricidade corporal 163, 231

corpo/mente 135, 163, 189

cuidado (*Sorge*) 52, 61, 64

culpa 24, 33, 53, 74-76, 142, 258, 273s.

Dasein 36, 38, 41-58, 93, 125

das Man, o impessoal, o rebanho, o "a gente" 24, 41, 50, 59, 63s., 67, 79, 125

decadência 41, 51, 53, 59-62, 71

decisão 15-18, 24, 60, 76-78, 100-102, 108, 112, 174-180, 186, 236, 246

desconstrução, estratégia da 238, 249

Deleuze, G. 22, 236, 240, 251-253

Derrida, J. 17, 22, 24, 65, 74, 236, 238-241

Descartes, R. 29, 44s., 54, 84, 92-94, 116, 135, 137, 184

desejo 31, 39, 52, 86, 103, 108, 112, 153-160, 190

destruição 97-99, 109, 131, 145, 194

determinismo 61, 75, 100, 149, 185, 237s.

Deus 13, 15-17, 19s., 22, 38, 69, 81, 105, 108, 146, 196, 207, 222s., 243

dialética 13, 15, 81, 160, 189, 193, 195-197, 200, 205, 239

　hiperdialética 239

diferença ôntico-ontológica 37s., 56, 77

diferença sexual 200, 223, 229s.

domínio de uma técnica 176, 178, 186

Dostoievsky, F. 22, 34

dupla sensação, duplo toque 122s., 165, 169-171

Dreyfus, H. 177

Dreyfus, S. 177

dualismo(s) 91, 99, 123s., 130, 164, 167, 170, 201

empirismo 164s., 169, 187

empírico-transcendental, duplo 164

entrelaçamento 170s., 188, 193

Epicuro 65-70, 128, 156

equilíbrio 49, 159, 167, 173, 186, 196

espaço 168-170, 214s.

estar-lançado 32, 36s., 53-59, 63, 70, 78s.

estruturalismo 236-242, 276

eterno retorno 21, 273

ética 19, 24, 75
  da ambiguidade 83, 200s., 204-233
  em Sartre 114, 147
  sem autenticidade 247

"eu posso" (vs. "eu penso") 166-169, 177, 260

existencial, analítica 35, 38, 41-43, 60, 64

Existenz 23s., 42, 240, 274

facticidade 55, 78, 88-91, 100, 104, 110s., 115, 124, 131s., 155, 158, 174, 179-185, 197, 208-219, 244

Fanon, F. 233

felicidade 19, 31, 75, 218-221, 234s., 251

feminismo (igualitário, social construcionista, da diferença) 200

Foucault, M. 22, 164, 236s., 241, 252, 272, 276

Freud, S. 115

futuro 55s., 61, 65, 67-69, 90, 103s., 107s., 178, 197, 213-219, 234, 241

desconstrução e o futuro (o "por vir") 247-251, 253s.

projetos futuros 225

gravidez 202, 220, 226s.

Grosz, E. 201, 232

hábito 48s., 63s., 72, 76, 124, 144s.

habitualidade corporal 167, 172-182, 176s., 186, 196s., 226, 244, 251,

Hegel, G.W.F. 13, 15, 30, 34, 80, 92, 130, 136, 189, 205, 266

hermenêutica 11, 57-59

estrutura prévia de nossa compreensão 57, 257

humanismo 22, 216, 236-238, 243s., 258

"Carta sobre o humanismo" (Heidegger) 35, 77, 81, 258

Husserl, E. 12, 24-30, 44, 64, 80, 82s., 91, 106, 122, 136, 163, 184, 238-240

idealismo 164, 212

imanência 187, 199, 208, 219, 224, 244, 254

impossibilidade 68, 125, 132, 188, 245, 262

inconsciente 100, 115, 245

indecidível 241, 243

indiferença 54, 66s., 128, 153s., 157, 159, 216

intelectualismo 164, 169, 187, 260

intencionalidade 28, 168, 177-179

intersubjetividade 86, 147, 190

intuição 98, 253

Jaspers, K. 12, 16, 23s., 34, 42, 60, 240, 274
justiça 195, 249s.

Kant, I. 19, 40, 88, 91, 137, 212, 242
Kierkegaard, S. 15-20, 23s., 28, 34, 42, 64, 105s., 217, 240-242, 263, 266

Lacan, J. 185
Le Doeuff, M. 112, 194, 219, 230, 260, 268
lei 76, 236, 249s.
leitura 239
Lévinas, E. 25, 195, 204, 241, 271, 274
literatura (e filosofia) 32, 34, 47, 81, 157, 163, 172, 220, 229
Lyotard, J.-F. 22

má-fé 43, 81, 90, 109-115, 132, 144-146, 154, 182, 200, 206-209, 212, 216, 219, 233s., 245s.
Marcel, G. 12s., 16, 28, 80, 165, 226
Marcuse, H. 211
Marx, K. 16, 216
Marxismo/marxista 61, 81, 221-224, 245-253, 265-270, 275
masoquismo 147-153, 157, 161, 190
medo 41, 53, 55, 64-70, 76, 106s., 109, 131, 147, 223
memória 50, 85
messiânico (Derrida) 248
mestre/escravo
  dialética 147, 155s., 160, 170, 177-179, 189, 195-197, 205, 249, 260
  moralidade (Nietzsche) 20-22, 128, 273

metafísica 16, 23, 32, 36-40, 47, 77, 82, 89, 193
da presença 36, 40, 46-49, 54
Mitsein (ser-com) 49, 51, 74, 192, 198, 209, 212, 257, 266
moralidade 13, 17-23, 75, 81, 128, 243, 258, 273
mortalidade 13, 65, 81
morte, apreensão autêntica/inautêntica da 11-13, 19, 24, 245s.
em de Beauvoir 225s.
em Heidegger 41, 60, 64-72
em Sartre 123-130

nada 17, 39, 92-99, 131, 171, 193, 258
Nancy, J.-L. 237, 241
náusea 13, 53, 81
náusea, A (Sartre) 11, 81, 242, 274
negação 88, 92-99, 124, 131, 175, 181, 185, 189, 194, 258
Nietzsche, F. 12, 19-24, 34, 39, 40, 86, 110, 116, 128, 163, 252
Genealogia da Moral 20
sobre o eterno retorno 21, 38, 273
niilificação 63, 89, 95s., 124, 181, 184, 196
niilismo 22, 52, 83

ódio 157-159
olhar, o 117, 139-148, 151-161, 183s.
oposição 224, 229, 239, 244, 247, 266, 273
outro, a mulher como 203s., 231-233

passado 53-56, 61, 64, 69, 75, 85, 89s., 107-114, 124, 131, 172-184, 193, 197, 203, 214-217, 244
percepção 47, 58, 98, 101, 124, 163-165, 170, 187, 194

Platão 29, 38, 40, 77, 83, 116

Política
em de Beauvoir 200, 204-206, 211, 220, 227s.
em Derrida 244-255
em Heidegger 53
em Merleau-Ponty 250
em Sartre 81

pós-estruturalismo 22, 77, 236-240, 250s., 276

prescrição moral 24, 212, 243

projetos criativos 228, 261

psicanálise 103, 114-116, 258

psicologia 50, 61, 73, 114, 165

questionamento 42, 91-97, 249, 251

quiasma 171, 188, 193, 261

racionalidade 13, 15, 18s., 52, 81, 237s., 273

racionalismo 164

razão, concepção iluminista da 15, 31, 81

rebelião 248-250

reciprocidade 147, 157, 159, 192, 201, 208, 223s., 228s.

redução fenomenológica 25-27, 44, 64, 82, 163, 238
a *epochē* 25-28, 184
inabilidade para completar 163
redução eidética 26

relações conflitantes com outros 162, 183, 190-192, 205, 212

religião 15s., 209, 222-224, 233s., 247s., 252, 262

resolutividade 64, 69, 76s.

responsabilidade 43, 104-111, 162, 206s., 236-246, 275

ressentimento 19s., 273

reversibilidade 188, 193, 261

sadismo 147, 153, 157-161, 190

Schneider 168s., 185, 260

Senciente/sensível 21, 62, 75, 170

ser (como oposto aos entes) 24, 37-43, 52s., 77s.

ser-com-outros (*Mitsein*) 49-51, 74, 192, 198, 209, 212, 257, 266

ser-em-si 90s., 131, 183, 192

ser e o nada, O (Sartre) 13, 42, 53, 77, 80-147, 183, 189, 193, 217, 230, 242, 264-266

Ser e tempo (Heidegger) 25, 35-77, 80, 92, 226, 253, 257s., 264s.

ser-no-mundo 43-49, 53, 55, 61, 76, 78, 84, 91, 103

ser-para-a-morte 64-72, 124-132, 225s., 245s., 262

ser-para-o-outro 52, 90s., 136-161, 183s.

ser-para-si 50, 82, 90s., 124, 131, 144, 160, 175, 183s., 191s.

sexualidade 29, 182, 204, 221, 230, 260

si-mesmo-impessoal 41, 50s., 59, 63, 67, 71-76

simplesmente dado 40-49, 73, 78

singularidade 19, 125, 186, 195, 205, 243

Sísifo, O Mito de 30-32

situações-limite 23s., 60, 87, 215, 274

solipsismo 49, 74, 133s., 143s., 154, 184, 188, 191, 194s., 260

subjetividade 68, 126, 130, 135s., 140, 147, 152-155, 160, 171, 182-187, 195, 236s., 252-255 tédio 13, 31, 41, 53, 104, 106

tempo 30, 38, 40, 65, 72, 94, 101, 219, 236, 253s.

temporalidade 41, 187, 226, 254

teologia 17

tocar/tocado ("duplo toque") 27, 169-172

transcendência 14, 23, 89, 91, 110, 115, 124, 131s., 164, 187, 210-226, 234, 251
  do outro 148, 161

transcendental 74, 120, 164, 184, 246, 251-253

Übermensch 20, 273

urgência 44, 57, 92, 98, 102, 106, 124, 138, 141, 167s., 172s., 189, 191

ver 55

verdade 18-25, 29, 32s., 39, 64s., 93-95, 112s., 125, 144, 193, 254

vergonha 74, 106, 141-147, 152, 161, 183

violência 110, 243, 248-250

visível e o invisível, O (Merleau-Ponty) 170, 172, 193-195, 239, 253, 261, 266

xadrez 177s., 242

Young, I.M. 231s.

SÉRIE PENSAMENTO MODERNO

Esta série provê introduções curtas, acessíveis e interessantes às principais escolas, movimentos e tradições da filosofia e da história das ideias, desde o início do Iluminismo. Todos os livros da série são escritos para que alunos de graduação tenham contato com o assunto pela primeira vez.

Títulos

Hermenêutica
Lawrence Schmidt

Fenomenologia
David Cerbone

Utilitarismo
Tim Mulgan

Existencialismo
Jack Reynolds

Naturalismo
Jack Ritchie

Pós-estruturalismo
James Williams

Racionalismo
Charlie Huenemann

Idealismo alemão
Will Dudley

Ética da virtude
Stan van Hooft

Marxismo
Geoff Boucher

Nietzscheanismo
Ashley Woodward

Empirismo
Robert G. Meyers

Hegelianismo
Robert Sinnerbrink

Feminismo
Peta Bowden e Jane Mummery

Pós-colonialismo
Jane Hiddleston

Conecte-se conosco:

 facebook.com/editoravozes

 @editoravozes

 @editora_vozes

 youtube.com/editoravozes

 +55 24 2233-9033

www.vozes.com.br

Conheça nossas lojas:

www.livrariavozes.com.br

Belo Horizonte – Brasília – Campinas – Cuiabá – Curitiba
Fortaleza – Juiz de Fora – Petrópolis – Recife – São Paulo

  Vozes de Bolso

EDITORA VOZES LTDA.
Rua Frei Luís, 100 – Centro – Cep 25689-900 – Petrópolis, RJ
Tel.: (24) 2233-9000 – E-mail: vendas@vozes.com.br